叢書・ウニベルシタス　1074

左翼のメランコリー

隠された伝統の力　一九世紀～二一世紀

エンツォ・トラヴェルソ
宇京賴三 訳

法政大学出版局

左翼のメランコリー——隠された伝統の力　一九世紀〜二一世紀◉目次

序　3

第一章　敗者のメランコリー　27

敗者とともに遭難　28
敗者の左翼　33
系　譜　55
ヴァルター・ベンヤミンの二律背反　64
メランコリックな賭け　70

第二章　マルクス主義と記憶　77

記憶の入口、マルクス主義の出口　78
未来の記憶　81
神話と記憶　99

過ぎ去った未来 102

第三章 メランコリックな映像――敗北した革命の映画 107

映画と歴史（歴史の映像形態） 108
戦後の体制復古 111
植民地革命 120
記憶の場 126
赤い影 130
スペインの亡霊 138
サンティアゴの思い出 144
U－トピア 151

第四章 植民地主義の亡霊 155

マルクスと西欧 157
ヘーゲル的母型 162
歴史なき民 166
暴力と反抗 170
遺 産 176

亀　裂　180

第五章　時の一致……187

ポルトボウ　188
パ　リ　193
マルクスを再解釈する　202
共時態——一九四〇年と一九九〇年　206
歴史主義　213
革　命　221
ユートピア　228

結　論……235

原　注　241
訳者あとがき　283
人名索引　巻末

凡例

一　傍点は原書の強調イタリック。
二　『　』は原書の作品名イタリック。
三　「　」は原書の引用符。
四　〔　〕は訳者による補足。
五　原注は各章ごとに番号（1、2、3……）を付し巻末にまとめた。

左翼のメランコリー——隠された伝統の力　一九世紀〜二一世紀

序

「社会主義と野蛮の世紀の歩みでは、野蛮がいくぶん先行した。我々は、二〇世紀の初めに先人が抱いたほどの希望もなく二一世紀に入った」

——ダニエル・ベンサイド『うんざりしたジャンヌ』(一九九一)

本書は一九世紀から二一世紀までの左翼文化のメランコリックな広がりを探訪することを目指すものである。「左翼文化」とは、定めがたく不均質で、開かれたままの、未解決の概念である。ここで問題となる左翼は、政治学の一般的アプローチによる純粋に位相的《トポロジック》な用語では定義づけられない。それはむしろ存在論的《オントロジック》な用語で定義づけられるだろう。つまり、歴史の流れのなかで、社会変革のために闘った運動のことであり、その計画と闘争の中心に平等の原理を置いていた。(1) その文化は多くの政治的潮流だけでなく、多様な知的・美的感性を内包する。それゆえ、私は多くのテクスト同様に映像も分析することにした。そこでは、理論的著作に提示された思想、政治的なドキュメント、自伝的な語りや書簡にある証言などが、宣伝ポスターや絵画、映画と隣り合っている。二〇世紀の革命文化を支配したマルクス主義には、大きなスペースが割かれている。したがって、本論では、「左翼文化」の概念は理論と経験、思想と感情、情熱とユートピアの総体をカバーしている。左翼の記憶は勝利と敗北から成る広大な大陸である。つまり前者は、高揚はするが、大抵の場合束の間で、後者はしばしば持続する。メランコリーとは感情、気分、精神状態である。したがって、左翼文化を理解するには、必然的に思想や概念の垣根を越えてゆかねばならない。

一九八〇年代の初め、人文科学領域における記憶の氾濫は、二一世紀初めの典型的な「記憶の契機」にほとんど無関係だったマルクス主義の危機と一致している。だが、歴史のマルクス主義的概念は記憶の処方を前提としていた。つまり、過去の出来事を未来に投影できるよう歴史意識に組み込まねばならなかった。過去の闘争の「戦略的」記憶、未来に向けられた記憶が問題であった。共産主義の終焉がこの過去と未来の弁証法を断ち切り、我らの「現在主義的」時代に伴うユートピアの消失が、マルクス主義的記憶をほぼ消滅させるに至った。過去と未来の緊張は毀損された「否定の弁証法」になった。こうした文脈により、マルクス主義の隠れた伝統に属する敗者の回想（Eingedenken 記憶化＝意識化）――ヴァルター・ベンヤミンはその最も明白な代弁者だった――として、メランコリックな歴史観の再発見が助長されたのである。

一世紀以上もの間、急進左翼はマルクスの有名なフォイエルバッハ論の第十一テーゼ、即ち、「哲学者たちは世界を解釈しただけである。肝腎なのは、それを変革することである」に鼓舞されていた。[2] 一九八九年、左翼が、過去の世界変革の試みの失敗を自覚したあと、「精神的な宿なし《ホームレス》」になったとき、再検討を迫られたのは、世界を解釈しようとした思想そのものである。そして一〇年後、「別の世界が可能である」と宣する新たな運動が興ると、彼らはその知的・政治的アイデンティティを再構築せねばならなくなった。彼らは、目に見え、考えることかまたは想像することのできる未来を欠いた世界で、それまでになかった実践を、またいくつかの点で理論さえもつくり上げながら、自己を再構築せねばならなかった。彼らは、先人の他のみなしご世代と違って、自己の「伝統を構築すること」はできなかった。無数の敗北にもかかわらず、まだ理解できる炎と血の時代から、出口の見えないグローバルな脅威の新しい時代への移行は、メランコリックな色合いに染まった。それは、必ずしも悲しみと思い出の閉じられた世界への後退を意味するのではない。むしろ新しい時代への移行を包み込む心情と感情総体の問題である。それは、明日への思想とプランの探求と、過去の革命的経験の消失に伴う喪と悲しみとを共存させる唯一の方法である。それは、しばしば担うのが重いにもかかわらず、過去の重荷を降ろそうとしない左翼のメランコリーであり、アルカイックでも無力でもない。それはまた、現在の闘争に参加しながらも、積み重なった敗北のバランスシートから逃れられない左翼のメランコリーである。新自由主義によって描かれたグローバルな秩序を甘受はしないが、二〇世紀末に敗北した革命の最後の世代が加わったあの大群衆たる、歴史の敗者と感情移入し、同一化を行うことによってしかその批判の武器を先鋭化できない左翼。しかしながら、実り豊かになるためには、このメランコリーは、回避・迂回という通常の戦略、抑圧という古典的策略を避けて、認知され、受け入れられなくてはならない。革命敢行こそが失われた同志の喪に服する最良の仕方として現われた時代があった。だがその時代は過ぎ去り、闘いの刺激によって昇華された悲しみは、もはや今日の話題ではないか、まだ話題にもなっていないのである。

この聞きなれてはいるが「知られていない」過去、つまりは体験され、伝えられ、次いで抑圧され、結局は新しい世代には無関係になった過去において、知的論争はあまり形式化されていない文化的な試みにかかわる。この左翼のメランコリーの痕跡は、革命的な想像世界の多様な文化活動において、教義的著作や理論的議論におけるよりも、はるかに容易に認められる。もっとも、後者はこれに付随する集団的想像力を介して再解釈されると、隠された意味のいくつかの地層を示すことがある。それゆえ、本書は、概念と映像＝イメージにヒエラルキーをつけることなく、左翼文化を定義づけ、表現するためにそれらを等しく重要なものと見なして双方の間を絶えず揺れ続ける。そして二つを結びつけ、その相互の反響をとらえ、多くの古典的著作が絵画、写真、映画などと共有するものを示している。本書はまた、ヴァルター・ベンヤミンとともに「思想の形象Denkbilder＝thought-images」[3]とでも形容される異質の情報源にも依拠する。問題は、記念碑を立てるとか、墓碑銘を記すことではなく、多岐多様でしばしば対照的な記憶の風景を探索することである。犠牲者の記憶を、その闘いを排斥はせずとも、無視して神聖化する支配的な人道主義的言説と違って、革命的メランコリーは敗者に目を向ける。これは、過去の敗れた闘いに結びつく悲劇を、贖いの約束も内包する重荷、負債とみているのである。

ここでは、このメランコリックな星座はさまざまな角度から検討されている。つまり、敗北の文化の諸特徴を素描し、記憶のマルクス主義的概念を再構成し、書物と映像によってつくり上げられた喪を物語ることである。本書は、ギュスターヴ・クールベとレオン・トロツキーを経て、カール・マルクスからヴァルター・ベンヤミンまで、この左翼のメランコリーを体現する人物像を強調して描く。またマルクス主義的思想家たちの実り豊かでもあり、敵対的でもあった出会い、遅すぎるかまたは逸した出会いを、彼らのメランコリーがとったさまざまな道を示しながら取り上げる。マルクス主義的メランコリーとポストコロニアルのメランコリー——植民地革命の挫折から生まれたもの――は困難な結合を示しているが、これはある時は深い無理解、ある時は急激な一致から成り、共産主義と脱植民地化の裏切られた約束によって固められている。その代わり、ダニエル・ベンサイドとヴァルター・ベンヤミンの死後の出会いは白熱的なもので、一九三九年と一九八九年という二〇世紀の二つの主要な転換期が響き合うことによって可能となった。実際、ベルリンの壁崩壊後、一九六〇年代と一九七〇年代に生きた反逆者たちは、一九三〇年代の敗北から生まれた歴史の概念を発見することになったが、これが再びアクチュアルなものとなり、現在に強烈に鳴り響くメランコリーに充塡されている。

＊　＊　＊

左翼のメランコリーは新しいものではない。二一世紀の初めに不意に出現し、歓迎すべきか嘆くべきかを読み解かねばならないものとして現われたのではない。またフロイトのカテゴリーのどれかの表面的な適用に暗示されるような左翼の病気――病的な喪――でもない。一九八九年の歴史的な転換点はただそれを示しただけで、つくり出したのではない。左翼のメランコリーは、控えめでひっそりと、しばしば隠れたままでつねに存在しており、大部分の場合、公的な言説からは放逐され、プロパガンダには検閲され、つねに白日の下に身をさらすことを避けている。ここでは、ハンナ・アーレントからあの定義を借りて、これを「隠された伝統」と呼ぶことにする。一九四四年、アーレントは、どんな宗教的または政治的な順応主義にも妥協せず、シナゴーグにも既成権力にも服従しないパリアとしてのユダヤ人の歴史をそのように(「隠された伝統die verborgene Tradition」)定義づけた。彼女から見ると、その最良の代表は二人の異端のユダヤ人ハインリヒ・ハイネとベルナール・ラザール、映画にシュレミール(へまでどじな男)、放浪者、アウトサイダーという人物像を導入した芸人チャーリー・チャップリン、苦悩せる比類なき作家フランツ・カフカであった。(4) この「隠された伝統」にならって、左翼のメランコリーは社会主義と共産主義の規範的な物語には属さない。それは、大抵の場合、勝利と大いなる征服、掲げられた旗、崇められた英雄、未来への確信という、まやかしと偽りの栄光の叙事詩とはほとんど何も共有するところがない。むしろ、革命の歴史に次々に生じた敗北の伝統——ローザ・ルクセンブルクが死の前日に指摘したもの——に含まれる。それは次のような者たちのメランコリーである。パリ・コミューンの血まみれの鎮圧後のブランキとルイーズ・ミシェル。ヴロンケの獄中で第一次世界大戦の殺戮とドイツ社会主義の敗北について考察したローザ・ルクセンブルク。ファシストの獄中で、ヨーロッパ革命の失敗後、「陣地戦」と「機動戦」の関係を再考したグラムシ。メキシコへの最後の亡命で、コヨアカンの掩蔽壕化した家の壁の奥に閉じ込められたトロツキー。パリに亡命中、「隷属させられた先祖」の観点から歴史を再構築したヴァルター・ベンヤミン。検疫期間中のエリス島からメルヴィルについて書く、マッカーシズムのアメリカの敵性外国人（enemy alien）のC・L・R（シリル・ライオネル・ロバート）・ジェームズ〔一九〇一—一九八九、トリニダード人のジャーナリスト、作家〕。一九六五年の大虐殺後も生き残ったインドネシアのコミュニストたち。ボリビアの山中で、キューバの道が袋小路に入ったことを覚ったチェ・ゲバラ。

本書は、この隠された伝統に顔を戻してやり、そのいくつかの注目すべき局面を捉えて、理論においても絵画や映画においても、その主要な代弁者を示すことを目指している。悲しみと喪、押しつぶされそうな挫折感、失った友や同志、取り逃がした機会、奪われた既得権、盗まれた幸福などが、社会主義の初期からその歴史にまつわりついている。それはまるですべてが可能となる革命的昂揚、つまり、共に活動し、集団行動に喜びを感じ、またすべての重荷を捨て、空を浮遊し、歴史に意味を与えることができるように感ずるその絶頂の弁証法的裏地のようなものである。この左翼のメランコリーは、解放された未来のイメージを描きながらそれを超克した表象によって隠蔽され、抑圧されるか昇華された。かくして、それは地下の伏流水か強力な潮流のように革命運動を灌漑しているが、目には見えず、教訓的で励ましとなる物語によってトラウマを祓われるか、中和されている。ヴァルター・ベンヤミンを敷衍するならば、左翼文化には、インクの染みた吸取り紙のようにメランコリーが染み込んでいると言えるかもしれない。「しかし吸取り紙の思い通りにいくなら、書かれたものはあとに何も残らないだろう」(5)。本書が表面に浮かび上がらせようとするのは、まさにこの隠されたテクスト、この心情と記憶の知的下層土である。

＊　＊　＊

共産主義の終焉は熱狂の波と、短期間だが真に民主的な社会主義への希望をもたらした。しかしながら、すぐさま人々は二〇世紀の表象そのものがまるまる崩壊したことに気づいた。左翼のあらゆる流れが不安に捉われ、その中に多数の反スターリン主義運動があった。東ドイツの最も有名な反体制派作家クリスタ・ヴォルフは、この奇妙な感情を自伝的物語『天使たちの町（ロスアンジェルス）』で描いた。つまり、彼女は存在停止した国から追放されて、精神的に「宿なし」になったような気がしたという[6]。共産主義の「記念碑的」だが既に信用を失った正史のわきに、十月革命とともに生まれた別の歴史があり、そこには当然いくつかの別の出来事が含まれるが、そのなかにスペイン内戦から六八年五月革命までの歴史もあった。この別の歴史は革命と野蛮の共生的関係に支配された世紀の風景を思い描かせるが、これは時には革命へ、時には野蛮へとつねに揺れ動くものだった。しかし、一九八九年一一月の衝撃は、ベルリンの壁の瓦礫の下にこの物語を埋めて、葬り去ってしまった。二〇世紀の弁証法は突然壊れてしまったのである。新しいエネルギーを解放するどころか、国家社会主義の終焉は社会主義そのものの軌道を涸渇させてしまった。共産主義の歴史総体がその全体主義的次元に矮小化され、そしてこの形態で、伝達可能な集団の記憶として現われて、共有された表象、二一世紀初めのドクサ〔本来は哲学用語で臆見。ここでは共通認識、共通意見の謂〕にまでなった。もちろん、革命の反共産主義的物語は新しいものではなく、少なくとも一九一七年から存在していたが、共有された歴史的意識、明白な支配的表象に変じた。解放の約束として世紀の舞台に侵入したあと、共産主義はそこから疎外と抑圧の象徴として退出したのである。ベルリンの壁の解体のイメージは、エイゼンシュテインの傑作『十月』の一種の裏返しの展開として現われた。革命の映画は決定的に「巻き戻された」のだった。実際、現実社会主義が崩壊したとき、共産主義への期待は既に涸渇していた。一九八九年、二つが重なり合うと、その衝突が革命の歴史を全体主義のカテゴリーに包摂してしまう共通の語りを生ぜしめた。かくして、保守主義的歴史記述は――フランソワ・フュレがその象徴的体現者だが[7]――列聖化されたのである。

一九八九年秋、「ビロード革命」は、社会主義のための二世紀間の闘いを〔電気〕ショートさせて、一七八九年への回帰を画したかのようだった。自由と民主主義的主張が、古典的な自由主義モデルと一致して唯一の地平として立ち現われた。即ち、一七八九年〔フランス革命〕と一七九三年〔恐怖政治開始のジャコバン派革命〕や一九一七年〔ロシア革命〕、さらにまた一七八九―一七九三年と一七七六年〔アメリカ独立宣言〕のショート、つまり自由と平等のショートである[8]〔フランス革命は自由を獲得するための自由主義的革命であり、ジャコバン派革命は解放と社会的平等を実現するための革命である」。革命はつねにユートピア、新思想を生み出す工場だった。それはつねに希望をもたらし、新しい地平を定め、未来を建設した。しかしながら、「ビロード革命」は例外だった。それは、いわば何も生み出さなかったのだ。それは、西欧の市場社会の勢いに委ねられた未来よりもはるかに、その国民的過去――ソ連に数十年間没収された後に荒々しく「取り戻された」過去――を渇望していた。バツラフ・ハベルのような劇作家・批評家が、憲章77の反体制派を率いて賞賛を勝ち取ったが、彼はチェコ共和国大統領に選ばれたあと西欧政治家の色褪せたコピーになった。(9) 東ドイツ文化は異常な豊かさを示しており、シュタージの重苦しい管理統制下に置かれても、寓意的で暗示的な著作において行間に読み取れるよう権力批判を展開していた。だが今ではほとんど無気力なままである。ポーランドでは、一九八九年の転換期は民族主義的な波を生ぜしめたが、ヤツェック・クロン、クシシュトフ・キェシロフスキ、ジグムント・バウマンなど誰ひとりその域から出ることができなかった……未来に投影されるどころか、こうした革命は過去に憑りつかれた社会を生み出した。中央ヨーロッパの至るところに、ソビエト社会主義に盗まれた国民的過去の奪還を目指す博物館や国民遺産的施設が出現したのである。(10)

二〇一一年、新たな革命の波がアラブ世界を席捲し、チュニジアやエジプトの独裁制を倒し、やがてリビア砂漠やイエメン、シリアの内戦であちこちが泥まみれになった。この激動の波はまだ消えていないが、強烈で確かな希望に満ちたものであることは明らかだった。しかしながら、ベン・アリやムバラクの独裁制と対決し、打倒した人々は、いかにしてまた何によってそれを交替させるのかが、よく分かってはいなかった。民族主義から汎アラブ主義、イスラム主義から社会主義まで、すべての過去のモデルが信用を失っていたのだ。こうした革命の限界は現代の限界である。それは、二〇世紀の革命の敗北の結果であり、世界中の叛乱者たちに重荷を背負わせることになった。二〇一一年春の蜂起にはモデルも、未来への地平もない。つまり、過去の例に習うことも、闘って勝ち取るべき未来も想像できなかったのである。

フェミニズムもこの歴史的変動に無傷ではいられなかった。それが古典的社会主義のいくつかの公理——とくに、歴史と行動能力（agency）の「男性的」な見方に暗に同一化される、その「性差的な」普遍主義——を徹底的に再検討したにしても、それは、未来に向けられた解放概念を古典的社会主義と共有していた。フェミニズムは革命を解放の包括的なプロセスと見なし、階級を超越し、社会の組織形態同様、性差の関係を完全に再構築するものと捉えていた。それは共産主義を、単に階級搾取と性的ヒエラルキーが廃止されるだけでなく、平等が性差の認知を前提とする平等主義的社会として再定義した。[11] そのユートピア的想像力は、家系、労働の性区分、公私の関係などが全面的に再定義される世界を告げていた。フェミニズムの跡に従って、社会主義革命もまた性的革命、肉体の解放、抑圧された欲望の充足などを意味していた。社会主義は単に社会構造の根本的変化だけでなく、新しい社会形態の創出も意味していた。フェミニズムの闘いはしばしば未来を先取りし、解放された共同体を予示する解放体験として実践された。資本主義社会では、それは、権利の平等と性差の認知を要求していた。左翼の中にあっては、それは、一九二〇年代の共産主義から継承した革命の軍国主義的な概念の源泉である男性的パラダイムを批判していた。女性にあっては、新しい主体性をつくり上げていたのである。

しかし、この実践と経験のアンサンブルは共産主義の終焉後、忘却されるなかでその「愛憎」の混合物となった。一九八九年の転換期に続くフェミニズムの闘いとユートピア思想の涸渇は、それ自身のメランコリーをもたらした。左翼に倣って——また内部で——、フェミニズムは解放された未来という消え失せた夢と、過去を変革する試みの疲弊を混ぜ合わせて、それ自身の喪に服した。今日、リベラルな民主主義と市場社会は、法的平等の達成と個人的自己実現によりその勝利を宣する。他方、社会主義的フェミニズムの終焉は飛躍的なジェンダー研究の発展と相俟って、退歩的なアイデンティティを唱える多様な政治家〔極右とかポピュリズムの政治家〕を生み出した。ジェンダー研究がもたらした視線の変化は極めて実り豊かであることが分かったが、退歩的なアイデンティティを唱える政治家は、性と種の概念を、歴史的抑圧のしるしとは見なさない極めて強い傾向を示した。だが、この歴史的抑圧こそ、性と種の概念を、最終的には他者性の物（もの）化された認識に適応する不変的で実体化されたジェンダーのカテゴリーに変えるために打倒すべきものだったのだ——ロッシ・ブライドッチ〔一九五四—、哲学者、フェミニスト〕はこれを「メタフィジックな」[12]カテゴリーと形容したが。ウェンディー・ブラウン〔一九九五―、政治学者、フェミニスト〕によれば、ジェンダーは、「何か曲げられ、拡散され、乱され、再意味化され、転換され、劇化され、パロディー化され、広げられ、反対され、模倣され、規制され……だが解放されないもの」[13]になり始めたのだという。

マルクス主義哲学者エルンスト・ブロッホは、歴史的に実現不能な社会に憑りつく空想的でプロメテウス的な夢（ルネサンスに夢想された飛行物体のような抽象的で幻想的なユートピア）と、現在における革命的変化を予想させる先取り的期待（一九世紀と二〇世紀の社会主義のような具体的なユートピア）を区別した。今日、前者の消滅と後者の変貌は容易に観察できる。一方で、サイエンス・フィクションからエコロジーに及ぶ多様な形態で、悪夢的な未来の逆ユートピア（地獄郷）的なヴィジョンが解放された人類の夢に取って代わり、社会的な想像空間の狭い境界内に閉じ込めてしまった。他方では、集団的解放の具体的なユートピアが無尽蔵な商品・物質消費をはぐくむ個人的な衝動に大挙して変わってしまった。解放的集団運動の「暖流」を追い払って、ネオリベラリズムは経済的理性の「寒流」を導入した。ユートピアは物化された世界で私（わたくし）化によって破壊されたのである。[14]

ラインハルト・コゼレック〔一九二三―二〇〇六、歴史家〕によると、過去に意味を与えるのは現在である。同時に、過去は歴史の当事者にその期待を表明させうる思い出と経験の貯水池を提供する。換言すれば、過去と未来は共生的な絆によって結ばれ、相互に作用しあう。[15] しかしながら、今日もはや目に見える「期待の地平」はない。ユートピアは過去のカテゴリー――過ぎ去った時代に想像された未来――になったようである。ユートピアは現在から離れ去ったのだから。歴史は苦悩、つねに開いたままの傷の遺産として現われる。ある歴史家たち、とくにフランソワ・アルトーグは、一九九〇年台に出現した歴史の体制を「現在主義」と呼称した。即ち、過去も未来もその内に吸収し、溶解する膨張した現在である。[16]「現在主義」には二つの次元がある。それは伝えられたあらゆる経験を破壊する文化産業によって物化された過去と、またネオリベラルな時間性によって破棄された未来である。つまり、ノルベルト・エリアスが述べた「大時計の専制」ではなく、株式市場の独裁、恒久的だが、またコゼレックの語を借りると、「予測的な構造」[17]を欠いた加速化によって特徴づけられた時間性である。

二五年前、現実社会主義の終焉はユートピア的想像力を麻痺させ、いわば禁じてしまい、人間社会の「越えがたい地平」としての終末論的な資本主義ヴィジョンの束の間の成功をもたらした。[18] 資本主義は最良の未来を保証するものと見なされた。ヴァルター・ベンヤミンの定義づけによると、それは「宗教」、金銭の宗教、現代の主たる世俗信仰になった。[19] 哲学者ジョルジョ・アガンベンが指摘するように、《banque》のギリシア語（trapeza tes pisteos 金融機関）は「pistis 信仰、信用」と同じ語源を有する。[20] 今日、この宗教は危機に瀕し、もはや幻想は生まない。つまり、銀行にひとの運命を託すことは安心ではなく、怯えとなる。二〇〇八年の危機以来、確かにネオリベラリズムは醜い顔をさらしたが、つぶれたわけではない。むしろ激化した。いかなる新しい解放のユートピアもまだ生まれていない。別の社会、さらには別の文明モデルという理念は依然として思考不能である。

したがって、二一世紀は新しい形の幻滅をもたらした。一〇〇年まえ、マックス・ウェーバーが描いた「世界の幻滅」——道具的理性の支配する非人間的時代としての近代性——のあと、我々はオールタナティブの失敗から生じた第二の幻滅を経験した。この歴史的袋小路は行きどまりになった弁証法の産物である。「否定の否定」——Aufhebung（弁証法）のヘーゲル的・マルクス的観念——の代わりに、我々は資本主義の強化と拡張、その敵対物の除去の時代を迎えた。人間生成における希望——エルンスト・ブロッホがnoch-nicht（いまだ－ない）と呼んだもの——は永遠なる現在において撤回されることになる。(21)

＊　＊　＊

一九六〇年代と一九七〇年代の間の急進左翼にとって、世界革命は、異なってはいるが弁証法的に相関する三つの地域圏に広がるプロセスだった。西欧諸国では反資本主義的、「現実社会主義」諸国では反官僚的、第三世界では反帝国主義的であった。(22)キューバ革命（一九五九）とヴェトナム戦争終結（一九七五）の一五年以上の間、この見方は抽象的あるいは教義的な図式ではなく、まさに現実の客観的な記述として現われた。ヨーロッパでは、六八年五月革命が政治的急進化の波の延音記号《フェルマータ》となり、西欧世界の数か国、autunno caldo（熱い秋）のイタリアからポルトガル革命までに影響を及ぼした。チェコスロヴァキアでは、プラハの春が公然とソ連支配に挑戦し、今にも他の「現実社会主義」諸国に広がりそうだった。ラテンアメリカでは、いくつかのゲリラ運動がキューバの例に続いた――大抵の場合、悲劇的な結末を伴ったが。少なくともチリのピノチェト将軍（一九七三）とアルゼンチンのホルヘ・ビデラ（一九七五）の軍事クーデタまでは、社会主義は遠き未来のかすんだ夢というよりもむしろ近い未来の選択肢として考えられていた。アジアでは、ヴェトナムの戦士がアメリカの帝国主義支配に歴史的敗北を科した。こうした反抗の波にのる一体感が世界の若者たちに影響を与え、思想を政治的実践として根底的に変えた。恐らく歴史上初めて、革命文化が世界規模で登場し、そして――イデオロギーを越えて――小説、映画、歌、ヘアースタイル、ファッションなどにおいてさまざまな形となって現われたのである。

自らが英国におけるその主役の一人だったタリク・アリが名づけたあのstreet fighting years（街頭闘争時代）では、[23] 記憶は礼拝の対象ではなかった。むしろ、闘争に組み込まれていた。フランスでは、アウシュヴィッツの思い出が多くの知識人や活動家たちの反植民地闘争への参加に明白な役割を果たしていた。ヴェトナム戦争中、ニュルンベルク裁判は、一九六七年、アメリカの戦争犯罪を告発するためストックホルムに極めて多数の知識人を集めたラッセル法廷にとって、一種のパラダイム（範例）だった。ジャン＝ポール・サルトル、ノーム・チョムスキー、アイザック・ドイチャー、ヘルベルト・マルクーゼ、ペーター・ヴァイスなどが一九三〇―一九四〇年代の反ファシズム闘争の航跡にその闘いを刻み込んだ。反戦運動にとって、ナチの暴力とアメリカ帝国主義との比較は常套句だった。[24] ナチの犯罪の記憶は過去の犠牲者を記念するのではなく、現在の不正と闘うために役立った。ラッセル法廷後援の国際会議の際、サルトルはゲリラ掃討作戦を「全面的ジェノサイド」と呼び、また工業社会批判のユダヤ系ドイツ人哲学者ギュンター・アンデルスは、より強力な象徴的価値を与えるために法廷をクラコヴィッツ、可能であればアウシュヴィッツに移すことさえ要求した。[25] 西欧でも第三世界でも、記憶は現在の政治的参加との関係でしか維持されていない。マイケル・ロスバーグがエメ・セゼールを引用して指摘したように、それは「反動」をもたらすことになった。[26] ヨーロッパでは、反帝国主義闘争が反ナチズムのレジスタンスとの連続性に結びついた。南半球の世界では、ナチズムは過激な帝国主義の一形態と考えられていた――例えば、エメ・セゼールは『植民地主義論』でそう提示している。

　この強力な波が一九八〇年代には涸渇した。そのエピローグは一九七九年一一月のニカラグア革命で、これはカンボジアの大殺戮現場の極めて衝撃的な発見と重なった。ヨーロッパでは、ホロコーストが次第に集団の記憶の中心を占めるようになっていた。反ファシズムは公的な記念の形でマージナル化され、以後は犠牲者の思い出専用になった。闘いの記憶は証言や、人権擁護を称える記念祭に席を譲った。フランスでは、六八年五月革命が段々と「文化的変貌」の角度から解釈され、まるで革命劇を演じながら、若者がド・ゴール主義の社会をリベラリズムの方に揺さぶろうとするカーニヴァルのようだった。[27] イタリアとドイツでは、一九七〇年代が「鉛の時代」となり、その間、まるまるひと世代がテロリズムだけに矮小化された。[28] ドイツでは、極左主義はヒトラー青年隊《ユーゲント》に比較するのが一般的になった。[29] 闘争時代は新形態の個人的快楽主義に引き付けられた「ウルトラ自由主義的な」若者たちに取って代わられ、闘争の抑圧は、過去の経験を捨て去り、政府、メディア、企業などで責任ある地位を占める世代を生み出すことになった。公共圏では、闘争の消滅はジェノサイドの記念祭の登場を促した。世界革命の挫折後、その三つの展開圏は犠牲者の記憶の場となった。つまり、西欧はホロコーストの記念祭に、中央ヨーロッパは現実社会主義に、南は奴隷制の遺産に憑りつかれることになった。そして反ファシズム、人間の顔をした社会主義のための闘い、反植民地闘争には犠牲者の喪が取って代わったのである。[30]

＊＊＊

一九五九年、テーオドア・W・アドルノは、「過去の総括」という概念の偽善的用法を隠れ蓑にして、西ドイツ連邦共和国——またヨーロッパ——を襲った記憶喪失を強く批判し、こう述べている。この「非常に疑わしい」用語は、「過去を誠実に検討したものであることも、明晰な意識でその幻惑を断つことができることも意味するものではない」。それどころか、「決定的に新たにページをめくり、できれば記憶そのものからそれを消し去ること」を意味していた。[31] 今日、半世紀以上隔てても、ホロコーストはヨーロッパの記憶の中心的位置を占めており、アドルノの判断は依然としてアクチュアルである。今日、現代社会と現代文化は類似の記憶喪失に罹っており、そこでは、過去の全局面——反ファシズム、反植民地主義、フェミニズム、社会主義、革命——が飲み込まれ、「記憶の義務」の支配的なレトリックにとって不適切、さらには不都合なものになっている。

この陰鬱な風景のなかで、解放闘争の遺産は、もはやいわば幽霊のような形でしか残っていないので、ほとんど見えなくなっている。精神分析にあるように、幽霊が、終わって完了し、保存されたものと見なされた経験の思い出に憑りついているのである。それは、過去からふいに浮かび上がる顔、肉体から離れた、骨なき幽霊のように我々の精神に住みついている。幽霊の類型学を描きながら、ジョルジョ・アガンベンは特殊なジャンルの幽霊、つまり、単独で生きるのではなく、「悪心をもってそれらを生み出したものを執拗に探し求める幼生の」幽霊に注意を引き付ける。[32] スターリン主義はこの種の「幼生」幽霊を生み出した。一八四八年六月後とかパリ・コミューン後のような他の復興の時代と異なり、一九八九年の転換期から始まった時代は敗者にゆがんだ社会主義の記憶、解放された社会の全体主義的パロディーしか提供できなかった。単に社会主義の「予測となる」記憶――未来に投影されることに役立つ記憶――が麻痺したままであるのみならず、検閲されるのは被った敗北の喪そのものである。暴力とジェノサイドの犠牲者が公的記憶の前面を占めるのに対し、革命的経験は幽霊姿で二〇世紀の表象物に住みついている。敗者たるその行為者はいかなる贖いにも無縁だった。彼らはもはや――一七九〇年にエドマンド・バークを脅かし、一八四七年にマルクスとエンゲルスに希望をもたらしたような――「来るべき」存在を予告する亡霊ではなく、「過去の現在、死者の回帰、世界的な喪の働きが葬り去ることができなかった幽霊の再出現」[33]の執拗さを示している。今日ヨーロッパに憑りついている亡霊は未来の革命ではなく、過去の敗北した革命である。

我々はつねに革命は「決して時を得ておらず」[34]、予想もしていないときに起こったことを確認して自らを慰めることができる。数年前、エルリ・デ・ルカは一九七〇年代の騒乱の時代の遺産を、ギリシア神話の森の木の精エウリュディケの悲劇的運命と比べてスキャンダルをもたらした。愛する新妻の早逝を諦めきれず、オルフェウスは冥界に降り、妻を生の世界に連れ戻そうとしたが、失敗に終わった。[35]そのアレゴリーにおいて、デ・ルカは一九七〇年代を、正義に恋してそれを獲得すべく武器を取った「集団のオルフェウス」が侵入した一〇年として描いた。そして、オルフェウスのように、二〇世紀の革命家たちは勝利を目前にして失敗した。オルフェウスが振り返った視線を元に戻すと、エウリュディケは消えていた。同様に、世界規模の闘争が一巡すると、反抗者たちはまた孤独になった。マルクスと違って、デ・ルカが革命を天からの襲撃ではなく、地下の死者の世界にたとえたのは意味深い。天からの襲撃と冥界への旅は、上述したユートピアから記憶へ、未来から過去への移行の両極である。左翼のメランコリーは社会主義とかよりよい世界への期待感の放棄を意味するのではない。そうではなく、社会主義を、その記憶が失われ、隠され、黙してなお救済されることを求めている時代に再考することを前提とする。このメランコリーは失われたユートピアを嘆くことに狭められてはならない。むしろその再構築に取り組まねばならない。ジュディス・バトラーが言うように、それが「喪失の変形効果[36]」として働けば、実り豊かなものであることが分かるかもしれない。

実り豊かな喪の作業は行動を麻痺させるのではなく、意識的かつ自己省察的な意味で刺激するが、その明白な例は、共産主義の終焉の少し前に出現した世界的流行病、エイズの荒廃した帰結に対するゲイの活動家たちの例である。一九八九年、ダグラス・クリンプは、この精神的外傷が、受動的態度と、私的領域と苦悩への後退を流布させるどころか、新しい活動主義の波に刺激を与え、これは喪に刻印されて、メランコリーと心痛からその力を引き出すのだと指摘した。ゲイの活動家は喪失感に苛まれて生き、彼らの不安に脅かされ、彼らが哀れむ人々と運命を共にするが、彼らにとって、このメランコリーは活動への激励であった。大多数の犠牲者は若く、生存者は彼らの貴重な友人や、愛する人々を奪われ、孤独な無力感を覚えていた。彼らの生は根本的に変わった。破壊された共同体を再建し、友情や楽しみをつくり直し、不信の目で見られ、敵意に取り巻かれて脅威のもとで生きるという圧迫感で性的慣行さえ見直さねばならなかった。彼らの多くは恐怖心で麻痺させられ、自己憎悪に向かう死の衝迫を伴う罪悪感で襲いかかる恥辱の烙印を内在化した。こうした悲劇的状況で死の衝迫に対応しえたゲイの活動主義は、喪と不可分だった。このメランコリーは逃亡ではなかった。それは実り豊かな再構築の働きをもたらし、医療、心理的な援助、権利擁護、新しい連帯ネットワークの創設に守られていた。Act Up〔同性愛者の権利擁護団体〕はこのメランコリーの所産だが、これは必然的に政治的次元を帯びた。ダグラス・クリンプは、この経験の意味を本書の精神をいみじくも反映する表現で要約した。「闘おう、確かにそうだが、我々の喪にも服そう。即ち、喪と活動主義（mourning and militancy）である」[37]。

第一章　敗者のメランコリー

左翼のメランコリーは多様で、闘争人生が終わって蓄積された個人的思い出から取り逃がした機会を後悔することまで、また反抗に変わる喪から過去の闘いの記念までといくつかの形態をとる。しかしながら、その主たる顔はずっと敗北のままである。敗者に深いメランコリーを生むのはつねに苦しく、しばしば血まみれで、時には歴史的広がりを帯びる失敗――即ち、不可逆と見なされた獲得物を無と化し、力関係を変え、計画と夢を壊し、実存の道程を変えることになる失敗である。このメランコリーは後悔とか懺悔とは無関係である。これは敗北と喪失の重みから生まれるが、しばしば追放の形をとる。

敗者とともに遭難

社会主義の歴史は敗北の星座を形成するが、これが二〇〇年近くもの間社会主義を形づくってきた。その思想と願望を破壊するどころか、この悲劇的でしばしば血まみれの潰走はそれらを強固にし、正当化した。闘争後倒れても敗者には矜持と尊厳の感覚が生まれ、その信条を強化さえする。追放され、遠ざけられた革命家たちはしばしば悲惨と窮乏、喪失の苦しみを味わうが、周囲から孤立することはめったにない。一九世紀パリのハインリヒ・ハイネ、カール・マルクス、アレクサンドル・ヘルツェンから、次世紀のニューヨークへの反ファシストの移民まで、亡命者はつねに左翼と社会主義運動から歓迎され、貴賓席まで与えられるのである。

しかしながら、一九八九年の敗北は別種のものである。つまり、仮借なき闘いの後に、生き残ったわけではないし、いかなる誇りも生まなかった。それは二〇世紀を終わらせ、現実社会主義の崩壊を越えて、一九一七年に始まった革命のサイクルを閉じた。この敗北は極めて重かったので、多くがこれに対峙するよりもむしろ避けることを好んだ。この反乱の世紀で残っているものは瓦礫の山でしかなく、残骸をどう取り除き、どこから再建を始めるかも、またそれが可能かどうか、あるいはその価値があるかどうかさえも分からなかった。そのような歴史的敗北から生じたメランコリーはひと世代続いたが、たぶん事態に対応し、喪に服して、新しい始まりに備えるために必要な前提であった。最も広まった反応はまず逃避で、これはアレクサンダー〔一九〇八―一九八二、精神分析学者〕とマルガレーテ・ミッチャーリヒ〔一九一七―二〇一二、精神分析学者〕が戦後のドイツで描いたものにも似た「服喪ができない状態」(1)を伴う。国家社会主義の遺産の害を免れるための口実を探したのと全く同様に、共産主義がさまざまな仕方で抑圧された。つまり、名前を変えたり、「忘れたり」、自己否定したり、またはネオリベラルな資本主義の普遍的な物化が提供する無数の捌け口の中からどれかを選択したり、である。しかしながら、ドイツでのように、この過去は「過ぎ去らない」。また戻ってくるので、我々はこれに対峙しなくてはならない。

この黄昏のメランコリーは、革命が共産主義の形態をとった世紀を受け継ぎ、歴史的サイクルから生じたもので、先在する別のメランコリーに比べられるかもしれないが、これらはともに無尽蔵の苦悩の顔のコレクションを成す。新世界にコルテスの船とともに来た馬、銃、細菌によって破壊された中央アメリカの文明は、その苦悩を、マリオ・バルガス・リョサが『密林の語り部』(2)で想起したような、もはや存在しないか、もう語り手のいない言語で表現した。同様に、ホロコースト後、イディッシュの詩人たちは消えた世界の言語で書いた。つまり、メランコリーが豊かな知的伝統に感化を与えたのである。多くの歴史家が強調したように、メランコリーはルネサンス期にはユダヤ人病と見なされていた。(3)医師で学者のフェルナンド・カルドーソによると、メランコリーはまずそして何よりも「追放の傷と抑圧から生まれた悲しみと不安」(4)を表わしていた――このカルドーソは、ヨセフ・ハイーム・イェルシャルミの研究では、一七世紀、異端審問のスペインとイタリアのゲットーの間で花開いたマラーノ〔隠れユダヤ教徒。スペイン語では豚で、レコンキスタ時代の蔑称〕の文化の最も重要な代表の一人である。三世紀後の一九三〇年代、アメリカに亡命したヴァールブルク研究所〔現在はロンドン大学付属の人文科学研究所〕の三人の学者エルヴィン・パノフスキー〔一八九二―一九六八、美術史家〕、レイモン（レイモンド）・クリバンスキー〔一九〇五―二〇〇五、哲学者〕、フリッツ・ザクスル〔一八九〇―一九四八、美術史家〕が、彼らの最も有名な著作の一つをサトゥルヌスとメランコリーに捧げたのは、この伝統からである。(5) この失われた過去のメランコリーは多くの場合、ノスタルジックな味わいがあるが、それはシュテファン・ツヴァイクの自伝やヨーゼフ・ロートの小説にあるハプスブルク神話の称揚や、V・S・ナイポール卿〔インド系の作家〕の散文にある大英帝国へのレクイエムのようなものである。

この保守的なメランコリーのパラダイムの象徴的人物は、あの旧制度崩壊を諦観した、崇高な語り手、シャトーブリアンである。一八〇二年、彼は『キリスト教精髄』の一章を鳥の移動に割き、人間のそれと比較した。自然が定めた追放は人間が命じたものとは全く異なる、と彼は指摘している。鳥は単独では出発せず、ひと群れをなして必要なものはすべて運び、戻ってくることを知っている。「鳥はしばしその幸福のために追放されるだけである。鳥は隣のものや、父、母、兄弟、姉妹と一緒に出発する。そしてあとに何も残さない。鳥は心もまるごと運び去る。孤独な暮らしは鳥に食料と食器を準備させていた。森は鳥に敵対しない。結局、鳥は生まれた岸辺に戻って死ぬ。そこで川、木、巣、父なる太陽を再び見出すのだ」。反対に、亡命者はいつか祖国に戻れるかどうかも分からない。「彼を国外に追いやる追放令はこの世から追放したようなものだから」[6]。フランス革命と闘った亡命貴族の卓越した代表であるシャトーブリアンは、八年間の亡命後パリに戻ってそう書いた。トックヴィルより数十年前、彼は革命という区切りが不可逆なものであり、絶対主義の時代は決定的に過ぎ去ったことを理解していた。しかし、王政復古下で教育を受けたトックヴィルとは違って、彼は旧制度の崩壊を当事者として生きたのであり、観客とか、あとから来た解説者としてではなかった。

シャトーブリアンは、ハンス・ブルーメンベルクが有名な評論で分析した遭難のメタファーを見事に体現しているが[7]、この評論はルクレティウスの『事物の本性について』の第二の書にある次の一節で始まる。「風で広い海が逆巻くとき、岸辺から他人の遭難を眺めるのは心地よい。ひとが苦しむのを見て大きな喜びがあるからではない。自分がどんな災害から免れているかを見て楽しいのである」[8]。ルクレティウスが自然災害の観客の反応を描いたのに対し、ブルーメンベルクはメタファーを歴史に移し、一八〇六年、ナポレオンの勝利の次の日、イエナの荒廃した戦場を訪れたゲーテの例を挙げている。同時に、彼はメタファーそのものを変えて、現代の精神を予告するパスカルの『パンセ』をこう引用している。即ち、我々はもう観客ではなく、「乗り込んでおり」(9)、保護されて、離れた観察台から周りの災難を眺めることも、免れることもできない。それは我々のうちに宿り、我々は当事者なのである。災難を免れて遠くから見る者の安堵感は我々の知らない特権である。我々自身が遭難したのだ。沈んだ船から浮かんだ何かの破片にしがみついて生き残ろうとせねばならない。換言すれば、我々は敗北を逃れることも、外部からそれを描くとか、分析することもできないのである。左翼のメランコリーは遭難後に残ったものである。その精神が、嵐のあとに来た救難ボートから素描された、多くの「生残り」の書き物を生んだのである。

ブルーメンベルクのメタファーの認識様態的価値は、遭難者、最も「波をかぶった者」さえもが経験した崩壊を遠くに見やる眼差しを一瞬、束の間でも決定的な瞬間に、投ずることができる能力からくる。『ゲルマントのほう』の語り手が、長き不在のあと祖母の家に戻って、その肖像画をまえにして突然、祖母を写した写真家にとってと同じく、見知らぬ老女を見ているような印象にとらわれたように、敗者はその敗北を外部の観察台から見ることができる。一瞬の間をおいて、彼は終わった経験への情緒的な係わりを消し去って、まるで写真を見るようにそれを観察できる。もちろん、慣れ親しんだ世界から切断されたイメージは情緒的には損なわれているが、あらゆる感情移入とか同一化から解放されて、図像解釈的なアプローチに対応するので、そのようなズレは認識論的な面では実り豊かになりうる。ジークフリート・クラカウアーによると、「内的傾向としてのメランコリーは、哀切な対象に魅惑を与えるだけでは満足しない。それは別の、より重要な効果を有する。つまり、（あらゆる批判的アプローチに必要な前提となる）自己離反化（外在化）を促すのである」[10]。死して埋もれた過去への病的愛着を強めるどころか、このメランコリックな見方は受けたトラウマを克服させてくれるのである。

敗者の左翼

概念史の創始者ラインハルト・コゼレックは原則として、過去の解釈における敗者の認識論的な優位を措定した。即ち、「短期的には、歴史が勝者によってつくられることがありうるが、長期的には認識の歴史的獲得は敗者から生ずる」[11]。勝者は不可避的に、その功績を神の摂理に帰する過去の弁証論的見方に陥る。コゼレックによれば、ヨハン・グスタフ・ドロイゼンとフランソワ・ギゾーはこの自己満足的な歴史的再構築の雄弁な二つの例である。前者は、ドイツが世界的列強の地位に上昇する時代の一八五五―一八八四年に書かれた記念碑的なプロイセン史の作者であり、後者はルイ・フィリップの君主制の到来がその保守的自由主義の勝利を確立した年の一八三〇年、フランスの文明史を出版した。逆に、敗者は過去を洞察力ある批判的な眼差しで再考する。即ち、「敗北から引き出された経験は、それをもたらしたものの後に残った認識の潜在力を秘めており、とくに敗者自身の歴史のために、彼が一般的な歴史の書き直しを強いられる時にそうである」[12]。コゼレックによると、この立場の最も顕著な例はやはりカール・マルクスで、彼は一九世紀の革命の歴史を敗者の労働者階級の観点から詳しく書いている。敗者に対する彼の感情移入は、彼が自らを亡命社会主義者でマージナルな知識人と見なしていたがゆえに、より一層深く強かった[13]。驚くべきことに、コゼレックはヴァルター・ベンヤミンを引用していないが、後者にとって、勝者への感情移入の眼差しは、実証主義的歴史家フュステル・ド・クランジュに体現されているもので、それはまさに「史的唯物論が断絶した方法」だった[14]。マルクス主義的歴史記述における重要な傾向は、イギリスの「下層の歴史」からインドのサバルタン〔搾取・抑圧された社会的従属者・下位階級の者〕研究まで、この実り多いアプローチを採った。エドワード・P・トンプソンはイギリスの労働階級の観点から産業革命を描き、ラナジット・グーハはインドの植民地史を再解釈し、抑圧された農民の「小さな声」を採集し、イギリスの植民者からも、同化したインド人エリートからも距離をおいた[15]。

コゼレックはこの勝者と敗者の二分法を師の一人であるカール・シュミットから借用した。終戦時、ドイツ占領米軍に投獄されていた頃に書かれた小論文で、シュミットは敗者としてのトックヴィルの肖像を描き、この地位とその過去の見方にある本質的な絆を捉えた[16]。敗北の経験は彼の批判的眼差しを鋭くし、彼を一九世紀の最も重要な歴史家にした。トックヴィルを近代民主主義の旗手として示す自由主義的な歴史記述に反して、シュミットは彼を敗者の階級に属することを自覚した明晰な保守主義者と見なした。この政治思想家は、民主主義の到来によって影が薄れた社会集団である貴族階級の代表としてフランス革命に関する作品を書いた。彼はアメリカに関する著書でこの変化を詳細に分析しているが、それは不可避的な民主主義的変貌プロセスに対する深い諦念に想を得たものである。トックヴィルは「カテコン（katechon）」を諦めた敗者の保守主義者だった、とシュミットは示唆している。[17] この「抵抗」――抑え、留保し、制止する力――を意味する神学的概念カテコンは、アンティキリスト〔キリストの悪魔的な対立者〕の到来、即ち、不信心と頽廃の時代への最強の障害として、パウロのテサロニケ人への手紙〔第二の手紙2：6―7〕に現われる。[18] 第二次世界大戦まで、シュミットの政治的神学はカテコンの観念に深く結びついていた。ジョゼフ・ド・メストルとドノソ・コルテスの伝統において、彼はヒトラーをボリシェビズムと反対の一種の世俗的カテコン、アンティキリストの現代の化身として描いた。しかしながら、一九四六年には、シュミット自身が自らを敗者と見なしていた。ファシズムにおけるささやかな幻想も失った限りにおいて、諦念した敗者。

シュミットに想を得て、コゼレックはトックヴィルの敗者の見地をマルクスに移した。マルクスの航跡に従うと、シュミット（またはトックヴィル）と何人かのマルクス主義的思想家、とくにフランクフルト学派の者たちとの比較対照ができるかもしれない。ヴァルター・ベンヤミンは歴史の概念についてのテーゼでそのような逆転の試みを示唆しており、そこで彼は「マルクスの学校で教育を受けた歴史家」の観点にたち、「メシアは単に救済者としてくるのではない。アンティキリストの勝利者としてくる」と謎のように書いている。[19] ベンヤミンとは反対に、テーオドア・W・アドルノはもはや革命を信じず、トックヴィルのように、いかなるカテコンにもすがることのできない敗者として書いた。旧制度を知らない貴族のこのフランスの歴史家と全く同様に、アドルノはロシア革命を経験しなかった。トックヴィルは、アドルノがレーニンやトロツキーを少しも信頼しなかったように、王政復古を信用しなかった。このドイツの哲学者は、全体主義の不可避的な到来（その政治的形態が何であれ、普遍的な物（もの）化）を毅然として甘受した。その著作においては、歴史の否定的弁証法はただ瞑想的な批判に値するだけで、可能な救済はない。彼によると、支配に対する社会的とか政治的な選択肢はなく、また芸術的創造さえも、文明の翳りによって科された傷跡を示すだけである。[20] 進歩は幻想に過ぎなかった。道具的理性は啓蒙思想の解放のあらゆる潜在性を涸渇させてしまい、批判理論はもはやいかなる有効な政治的行動にも感化を与えなかったのである。

ギゾーがトックヴィルに与えた定義、「敗北を受け入れる敗者」[21] はまた、その生涯の終わりに一九世紀社会主義の伝説となった人物、オーギュスト・ブランキにも適用されるかもしれない。

彼は、トロの城の獄中から観察した出来事、パリ・コミューンの血まみれの抑圧から一年後の一八七二年、極めて謎めいた書『天体にやどる永遠』を書いた。見かけは広大にもかかわらず宇宙が有限であることについて、時にはナイーブな長い瞑想をした後、彼は宇宙と歴史を永遠の繰り返し、不易の運動の結果として描いた。人間を一種の避けがたい地獄に閉じ込めたのも同じ構造である。進歩を偽りの絵空事の観念として示し、人間に対する不信を表明した後、彼は暗に敗北の永遠の繰り返しに言及している。この自然と生の変わらざる性格は、野蛮の不断の再生産の結果でしかなかった。解放は錯覚であり、彼自身の生は、倦むことなく関与した革命の難破船に没したままのようだった。その頃革命の循環的概念を通して、ブランキはメランコリーに避難所を見出し、未来へのあらゆる希望を捨てた。彼の書の最後の語句は挫折の絶望的な告白のように響く。「いつでもどこでも、地球の底辺では同じドラマに同じ舞台背景、同じ狭い舞台に騒々しい人類。自らの偉大さに思い上がり、自らを宇宙だと思い込み、その獄中でも果てしない広がりの中でのように生き、やがてはその恐ろしく深い侮蔑のなかで驕りの重荷を背負って地球とともに滅びるのだ。ほかの天体でも同じような単調さ、同じような退嬰。宇宙は絶え間なく繰り返され、その場で足踏みしているばかり。永遠は同じ芝居を平然と無限に演ずるのだ[22]」。

この暗い一節はヴァルター・ベンヤミンを魅惑したが、彼はこれを、一九三九年の独ソ不可侵条約、第二次大戦勃発、亡命生活を送った国フランスの降伏後という悲劇的な歴史状況のなかで読んだ。『ツァラトゥストラはかく語りき』の一〇年前に書かれたブランキの本が、彼には、「永劫回帰」、そのニーチェ的な語調で全く驚くべき宿命的な崩壊の強烈なヴィジョンとして立ち現われた。「この希望なき諦め、これが大革命家の最後の言葉である」、とベンヤミンは指摘し、一九世紀のフランス革命のカリスマ的指導者は既成秩序への異議申し立てを諦めたのだと結論づけた。彼の社会への論告求刑は「極めて強力な幻覚」でもって表明され、「その結果への全面的な服従」[23]の形をとった。支配への反抗は無駄だった。ミゲル・アバンスールが示唆したように、ベンヤミン自身がブランキの磁場の真っ只中で、恐らくメランコリーと革命の弁証法的関係を探りながらも、その間で引き裂かれたままだったのであろう。[24]

ブランキは革命的闘士であり、思想家であった。一八四八年の革命を回想して、トックヴィルは彼の肖像を極めて軽蔑的に描き、ほとんど肉体的な嫌悪感をも隠さなかった。パリのバリケードの首領は彼に猛烈な非難の念を呼び起こした。もっと新しくは、こうしたトックヴィルの語調はマルクス主義的歴史家エリック・J・ホッブズボームに見い出される。彼は二〇世紀を共産主義の時代と見なし、旧制度に対する貴族の先達と全く同様に、この歴史的経験を決定的に過ぎ去った時代と見なしていた。フランス革命と共産主義の自称トックヴィル的歴史家フランソワ・フュレとの比較は不可避である。ホッブズボームとフュレは徹底的に軽蔑し合っていた。雑誌『ル・デバ』への論稿で、前者は『幻想の過去』（フュレが共産主義を葬った本）を「冷戦の遅い産物」と称したのに対し、後者は『極端な時代』(二〇世紀に関するホッブズボームの大著)を歴史によって断罪されたイデオロギーの遺跡と見なしていた。[25] フュレはこのフランスの政治思想家を持ち出すが、二人のうちよりトックヴィル的なのは確実にホッブズボームである。ホッブズボームは目的論的歴史観を一切放棄していた。彼はもはやその社会主義的達成を信用していなかったのだから。自己に忠実で、彼は、たとえ途中で目的《テロス》を失ったとしても、依然マルクス主義的歴史家であった。共産主義はファシズムに対する有効なカテコンだったが、しかし彼は資本主義の克服には成功しなかった。[26] 逆に、フランソワ・フュレは自由主義的目的論を採用していた。彼は代表的民主主義と市場経済は歴史の終わりと摂理による完成を予告することを前提としていたから。フランスの歴史家は勝利者の尊大さで書き、イギリスの同僚は敗者の意識で鋭くなったペンで書いた。[27] たぶん一九九〇年代初めにジャック・デリダを引き付けたのは、まさにこの敗者、亡霊のマルクス、その革命的次元を切断されたマルクスであろう。マルクス主義が世界中で現実の革命に感化を及ぼしていたとき、これは彼の関心を引かなかった。それが彼には、空虚なメシア的希望、あるいは彼自身の表現では、「目的なき終末論[28]」としてしか受け入れられないものになった。

ブレヒトのある有名な詩は、一五九二年、鳥のように飛びたいという欲望に燃えて、二つの翼を備えた粗雑な機械を作ったウルムの仕立屋の話を語っている。ものごとの自然(と宗教)の理を唱えて、司教は、人間は空を飛ぶことはできない、仕立屋に飛べるものなら飛んでみろと言った。仕立屋は大聖堂の窓から粗末な翼で跳び下り、地面に墜落した。司教は賭けに勝った――自然の道理は変えられなかった――が、数世紀後、人間は鳥のように飛ぶことに成功した。ウルムの仕立屋はそれほど馬鹿ではなかったのだ。彼はただ時代に先んじて、早なりの想像力をもっていたのだ。今日、彼の失敗は先駆者の試みのように思える。

ルーチョ・マグリは、このブレヒトの詩をメランコリックに明晰な新刊で想起しながら、共産主義が類似の運命をたどるかもしれないと示唆している。[29] なるほど二〇世紀には失敗したが、そのユートピアが未来に実現されることを誰にも否定できない。長期的には、人間社会はユートピアなしでは存在できない。こうした見方は、その現実主義的で幻滅した事実、つまり、資本主義の歴史は人間の悲劇と苦しみでつくられているという事実の確認であるにもかかわらず、なお励ましであらんとした。なぜ社会主義の歴史が異なっていることがあろうか? 一九二〇年代、ソ連の経済学者エフゲニー・プレオブラジェンスキーは似たような考えを主張し、「初期の社会主義的蓄積」過程を、産業資本主義の初期の醜悪さとの類推で理論化した。[30] マグリの考察はナイーブでも楽観的でもない。彼は共産主義の敗北を単なる敗北した闘争に矮小化しようとはしなかった。彼はそれを悲劇に変わった歴史的転機として描いた。いわゆる「ブルジョワ」革命は持続性のある帰結をともなった。アメリカ革命は現行の憲法を生んだ。フランス革命は人権宣言を生み出した。今日、それらの遺産は価値観と原理原則を共有する世界を形成している。ナポレオン戦争後、ヨーロッパの王政復古は一七八九年の社会的政治的な獲得物をすべて消し去ったのではない。一八一四年、絶対主義は終息したが、「旧制度の残存性」は産業・金融資本主義の台頭も、ブルジョワエリートの到来も阻止しなかった[31]。十月革命の帰結は、その所有関係も政治形態も存続しなかった限りでは、それほど深くも持続可能なものでもなかった。ソ連の民主主義が一九二〇年代の内戦中に消滅したのに対し、集団主義的経済は一九九〇年代まで続いたが、今では何も残っていない。社会主義は未来を体現していることを証明することなく、二〇世紀を彗星のごとく横切った。ただ掘ってループを描いているだけだった。「老いたモグラは掘り続けたが、目が見えず、どこからきてどこへ行くのかも知らない。ただ掘ってループを描いているだけだった」[32]、とマグリは書いている。

ベルリンの壁の崩壊直後、ペリー・アンダーソンはマグリを補完する予測を表明した。彼は、長い砂漠の横断後、自由主義の勝利に類似した共産主義の救済の可能性を排除しなかったが、また同じく、一七―一八世紀にパラグアイでイエズス会士がつくった原住民共同体の消滅に匹敵する忘却の可能性も冷静に想像していた[33]。共産主義は政治的な企てとしても倫理的な企てとしても失敗した。人間の解放を宣言したが、他方で新たな独裁形態を生んだのだ。そのような結末の途方もない雑多で、不均質な現象のあと、これがどうして生き残ることができようか？　共産主義のありうる運命として忘却を措定することは、敗北が敗北した闘争以上のもの、最終的敗北になりうることを認めることを意味する。実際には、そのような可能性を容認しようとするマルクス主義的思想家はつねにごく少数だった。もちろん、社会主義の道にはひとつならずの障害物があったが、ともかくも最終的勝利は確保されていた。もちろん、革命の歴史は王政復古、独裁的な転換期、テルミドール的反動をもたらしたのだから、敗北の歴史であるが、エルンスト・ブロッホが指摘したように、人類が立って歩くことを学ぶには数千年が必要だったのである。マルクスやマルクス主義者の書物から、一種の言外の暗示的テクストとして、悪魔祓いの訓練の様相を帯びる敗北理論を抜粋するのは容易にできるだろう。

マルクスは、ナポレオン三世のクーデタ直後の一八五二年に書かれた『ルイ・ボナパルトのブリュメール一八日』において、ブルジョワ革命とプロレタリア革命の根本的な相違を強調して、こう書いている。前者が「急速に成功から成功へと」移るのに対し、後者は「それ自体が絶えざる批判に付され、それ自身の流れを中断しつづけ、獲得物と思われるものを再検討し、それをもう一度やり直し、情け容赦なく彼ら以前の試みの優柔不断、弱さ、悲惨を嘲笑する」(34)。そして彼ら自身の敗北から多くを学びとるので、彼らには、敵をよく知り、同盟者を選別し、武器を選び、その企てを明確にすることができる。同時に、未来は彼らに属するのだから、こうした敗北により無と化されることはない。「社会革命はその詩を過去の時代ではなく、ただ未来からのみ汲むことができる」(35)。マルクスは一八四八年六月の敗北、この最終的にはパリの労働者を無力化し、

「数年間、闘争に不適切」とした敗北を無視したのでも、凡庸化したのでもない。結果は無力感と受動性だったが、そのような崩壊が決定的であることはなかった。「歴史的過程は彼らの頭上で再び続けられることになった[36]」のだから。

一八七一年五月、パリ・コミューンの血まみれの鎮圧後すぐ、マルクスは『フランスの内乱』を書いたが、その報告書では、この敗北の弁証法がより一層明確かつ強く再確認されている。「〔社会主義が〕芽生える大地は近代社会そのものである。たとえ大量の流血を代価としても、それが根絶やしにされることはない……労働者のパリはコミューンとともに新しい社会の栄光の先がけとして永久に称えられるだろう。その殉教者の思い出は、労働者階級の大いなる心に敬意をもって保存されるだろう。その絶滅者を、歴史は既に永遠なる晒台に釘付けにし、その司祭たちのどんな祈りも彼らを解放することはないだろう[37]」。パリ・コミューンは虐殺で終わった。「血まみれの一週間」で、三五〇〇〇人がフランスの首都の街頭で処刑された。のちには、一〇〇〇〇人の闘士がニューカレドニアの流刑地に送られた。ほぼ三〇人に一人のパリ市民が殺されるか流刑に処せられた[38]。反乱した労働者断罪を目的としたキャンペーンが鎮圧後も続いたのである。ゾラとロンブローゾ〔一八三五―一九〇九、イタリアの精神科医、犯罪学の父〕の跡に続いて、何人かの作家と知識人がコミューンを、市民社会のなかでの犯罪的噴出とか、野蛮の隔世遺伝的復活として描いた。そのような敗北の広がりは圧倒的なものだったが、社会主義の歴史的展開に対するマルクスの信頼を揺るがすことはなかった。三〇年後、大衆的社会主義党がヨーロッパのすべての国に存在していたのである。

このコミューン解釈は、その大筋において何人かの当事者たちのものと違わなかった。ジュール・ヴァレスは第二共和国時代からパリの社会主義的ボヘミアンの代表的人物で、コミューン議会の選出メンバー、人気の高い自らの新聞「人民の叫び」の編集長としてコミューンに積極的に参加していた。一八七一年の抑圧を奇跡的に免れて、約一〇年間ロンドンに亡命した後、彼は三巻の自伝的小説『ジャック・ヴァントラ』を書いたが、その最終巻『叛徒』(一八八二)がコミューンに充てられている。まずこれは、一八八〇年、第三共和国が発した恩赦を受けてパリに帰還した直後、『ル・ヌーヴェル・ルヴュ』に連載小説として掲載されたが、歴史的な悲劇的敗北の感動的描写で始まり、救済の約束によって終わっている。この本の銘句はコミューンの犠牲者に捧げられている。「一八七一年の死者たちに。社会的不正の犠牲となり、不当な世界に対して武器を取り、コミューンの軍旗の下に苦悩の大いなる連盟を形成したすべての人々に[39]」。終わりは、反革命の暴力に言及しているから、始まり同様にメランコリックであるが、希望のメッセージも含んでいる。虐殺を免れると、ヴァントラは国境を越え、フランスの空を見上げながら、闘争人生の二つの時期の間の幕間劇としての亡命生活を始める。「今国境となる小川を渡ったところだ。彼らにはもう捕まらないだろう！　人民が通りで押し返され、闘いで後退したとしても、私はなお人民とともにいられるだろう。パリと思われる方の空を眺めると、赤い雲が浮かんで、どぎつい青色だ。まるで血の染みた上っ張りだ[40]」。

コミューンのもう一人のカリスマ的人物、ルイーズ・ミシェルの回想録は悲しみと喪で一杯だ。彼女はそれを、ニューカレドニアに亡命した後、一八八〇年代の前半に書いたが、その頃は再びフランスの政治生活に参加していた。コミューンの悲劇的結末から一〇年以上あと、彼女はそれを殉教者の雰囲気で包みながら描き、倒れた同志に哀悼の意を表し、彼らの犠牲の模範的性格を主張した。コミューンを歴史的観点からみて、彼女はその無名の主人公たちが最後は報われるような、解放された、一種の未来のお告げとして描いた。「コミューンは四方八方から締め付けられ、見渡すかぎり死しかなかった」が、それでも「未来にドアを全開にしていた」のであり、それがその運命であった。次のくだりでは、メランコリーが新しい闘いを告げている。「パリの船は打ち捨てられ、まさに新しい岸辺に打ち捨てられて、碇の上で揺れ、最良の船乗りたちは鮫の群れに放り込まれた。だが船は岸にたどり着くだろう。この船は、私たちの喪と希望の上で赤と黒の旗をたなびかせ、なんと美しいこと！　これは五月の永遠なる日々への人類全体の復讐なのだ[41]」。この来たるべき社会主義とか「無政府主義的共産主義」の実験室としてのヴィジョンは、亡命中の当事者たちの書き物をつくり上げるが、それは彼らの対話者エリゼ・ルクリュからピエール・クロポトキン、カール・マルクスからウィリアム・モリスまでのものも全く同様であった。

彼ら各人にとって、一八七一年五月の血まみれの敗北を思い出すことは、無力とか絶望とかの喪ではなかった。それは、そこを通してコミューンの遺産——社会変革の想像上の政策であり、またその実践的経験でもあるもの——が同化され、伝えられることになる不可避の道であった。(42)

ギュスターヴ・クールベは恐らく一九世紀の挫折した革命の最も重要かつ洞察力鋭い美的解釈者であっただろう。彼の絵画作品は、ボヘミアンとフランス社会主義のメランコリックな広がりを示す敗北の文化にひとつの形を与えた。他の芸術家と異なり、彼はアレゴリーの形以外ではバリケードを描かなかったが、彼以前の誰も、これほどの感情移入と感動をもたらす力を込めて、一八四八年五月の敗北を喚起した者はいなかった。ヨーロッパ文学における一八四八年の遺産に捧げられた立派な作品において、ドルフ・エーラーは、パリで革命に出合った四人の作家、即ち、ボードレールとハイネの詩、またフロベールとヘルツェンの小説が六月の虐殺にどれほど憑りつかれているかを強調している。第二帝政下、オスマンは、バリケードの記憶をとどめる広場、通りや街を消してパリの地形図を描き直した。サン・ミシェル広場には、泉水の上に、降参したサタンを足で踏みつけて剣で脅す大天使像が出現した(図1—1)。これは、革命を抑圧した帝政秩序と、人民の反乱の「デーモン」に対するブルジョワジーの道徳的政治的勝利のアレゴリックな表現である、とエーラーはボードレールを引用して指摘している。(43) 一八五一年、ドラクロワが描いたルーブル美術館のアポロンの間のフレスコ画は、類似の働きをしている。即ち、蛇を殺すアポロの絵像が無政府主義と人民の反乱の力に対する秩序の勝利を喚起しているのである。[44] 並行して、社会主義的画家たちは、こうした保守的な祝賀の仰々しく、自己満足的な新古典派スタイルから離れて、敗者の記憶を伝える敗北の文化を創造して喪の作業を行なっていた。ドラクロワがルーブルの天井画を描いたのに対し、クールベは全く同じく壮大な絵『オルナンの埋葬』を完成していた。これは近代芸術における人民の最初の写実的表現であり、すぐさま一八四八年革命

図1.1　フランシスク＝ジョゼフ・デュレ、ガブリエル・ダヴィウッド『サン＝ミシェルの泉水』（1858-1860）

図1.2　ギュスターヴ・クールベ『オルナンの埋葬』（1849）

の葬礼のアレゴリーと解釈された絵である[45]（図1―2）。この圧倒的な絵は人々を驚かした。そこには、普通の人々が、定番であった支配階級や国王、皇帝に代わって中心的な位置を占めていたのである〔ちなみに、この絵は『画家のアトリエ』とともに一八五五年の万博に出品されたが、ともに拒否された〕。

一八六〇年代、クールベは傷ついた動物の死が繰り返しテーマとなる狩猟場面にいくつかの絵を捧げた。その最も有名な絵は、傍らで獲物に喰らいつこうとはやる猟犬に囲まれて、狩人に鞭打たれ、くたばって地面に横たわる鹿の苦悶を表わしている（図1―3、『鹿の臨終』）。この絵は一八四〇年革命敗北の心かき乱す、異常に強烈なアレゴリーである。同じアレゴリックな手法が、コミューン鎮圧後の彼のいくつかの作品を特徴づけている。一八七一年、クールベは、ほとんど擬人化された瀕死の魚の苦痛を表わす静物画を連作してコミューンの敗者に敬意を表している[46]（図1―4、『鱒』）。彼はそうした絵を「写実的アレゴリー」

と呼んでいたという。

コミューンの闘士たちの跡に続いて、ローザ・ルクセンブルクは、ヴァレスやルイーズ・ミシェルと同じような総括を、一九一九年一月、スパルタクスの反乱末期、彼女自身が抑圧された革命の殉教者、象徴となる少し前に書かれた有名な論説で素描した。彼女の最後のメッセージは

図1.3　クールベ『鹿の臨終』(1867)

図1.4　クールベ『鱒』(1873)

義勇軍《フライコール》による暗殺の前日に書かれたが、ベルリンの労働者の敗北を来たるべき勝利を告げる言葉で称揚していた。彼女は一月の蜂起が失敗を余儀なくされることを自覚していた。つまり、ドイツの首都は孤立し、社会民主主義は叛徒の労働者を見捨てたのである（グスタフ・ノスケがその血まみれの弾圧者の象徴になった）。ローザ・ルクセンブルクはこの時期尚早の絶望的な反乱に反対したが、それが止められないと分かると、指揮を執った。論説で、彼女は一九世紀のすべての革命運動——一八三一年のリヨンの織工から英国のチャーチスト運動までと、一八四八年の革命からパリ・コミューンまでの運動——の痛烈な失敗を想起したが、それは、社会主義がより強く大きな基礎をもとにしてつねに甦ることを強調するためであった。スパルタクスの闘士たちの潰走はこの長い敗北の系譜に属するが、これ以前のものと同様に、不可避的な再生を約束していた。最後の一文は慰めとも教訓ともなるヴィジョンを示している。「社会主義の道は、革命闘争を考慮すれば、敗北で覆われている。それでも、この歴史は否応なく、一歩一歩、最後の勝利に至る！　こうした敗北がなければ、今日我々はどうなっているのか、我々を鼓舞する経験、知識、力、理想主義をどこから汲んできたのか？　プロレタリア階級闘争の最後の闘いの、まさに直前にまでいたった今日、我々はこの敗北に野営しており、その敗北の一つだけで諦めることはできない。その一つ一つから我々の力の分け前、我々の明晰さの一部を引き出すのだから[47]」。そして、社会主義運動はこの逆境の連鎖を通して培われたのであり、それゆえ、その勝利は「こうした敗北の土壌に花咲く」ものである、と結論づけている。パリ・コミューンを外部から観察していたマルクスとは反対に、ローザ・ルクセンブルクはスパルタクスの反乱に感化を与え、自らが死ぬまでその抑圧を生きたのである。敗北は社会主義の目標も、それを実現する革命勢力の力量も再検討することはなかった。彼らは失敗から戦略的、戦術的な教訓を引き出しさえすればよかった。最終的な敗北はなく、敗北した闘いがあっただけなのだから。

しかしながら、ほかの文節では、ローザ・ルクセンブルクはより悲観的で、ほとんど絶望的な態度を表わしている。一九一五年には、ヨーロッパに対して取るべき二者択一を示している。即ち、社会主義か野蛮か、である。彼女から見ると、どちらも等しく可能なのである。野蛮の深淵に文明が没落することは事故ではなく、打倒すべき歴史的傾向である。戦争反対の廉で投獄されていた獄中で書かれた論説『社会・民主主義の危機』において、彼女は、「帰結として、古代ローマのように、人口減、荒廃、退化、巨大墓地を伴う帝国主義の勝利とあらゆる文明の頽廃」を排除していない(48)。彼女の著作におけるこのコントラストをどう説明するのか？　恐らくは、敗北した際、社会主義への信念を再確認する義務を感じたのであろう。

そのような意志的態度に育まれた復元力を示したのは、彼女だけではなかった。一九三九年秋、メキシコ亡命以来のヨーロッパの出来事を追いながら、トロツキーは第二次世界大戦中の国家社会主義の勝利という仮定を排除しなかった。それは「文明の墓標」を意味し、また同時に、抑圧された人類の歴史的救済者としてのマルクス主義的な労働者階級観の根底的な再検討を意味したであろう。しかしながら、翌年彼は、ローザ・ルクセンブルクの社会主義か野蛮かという二者択一を、同じ不屈の人類学的オプティミズム精神でもって再確認した。「人類にとって唯一の解決策は世界社会主義革命である。二者択一などは、野蛮に再び陥ることだ」[49]。彼にとって、第四インターナショナルは、スターリン主義に取って代わるべき新しい共産主義の流れであり、その創設に彼の全エネルギーが費やされたが、たとえ「敗北の唸り声」の下で生まれても、「労働者を勝利に導くために」前進していたのである[50]。

一九四三年五月一二日、ワルシャワ蜂起のゲットーの廃墟しか残っていないとき、ロンドンのブント代表ザムエル・ジゲルボイムは、ポーランドのユダヤ人絶滅に対する世界——まず、そして何よりも連合国——の消極的な態度への抗議の印として、自殺した。彼の自殺は、証言と政治的警告として提示されたのだから、絶望の果ての行為というだけではなかった。「わがワルシャワ・ゲットーの同志は英雄的な闘いのなかで武器を手にして倒れた。私には彼らのように死ぬことも、彼らとともにいることも許されなかった。だが私は彼らと、また彼らと共通の墓に一緒にいるのだ。私としては、最後に、ユダヤ民族の絶滅を知りながらも容認した世界の消極的態度に抗議したい。今のような時代には、人間の生命の無限の価値を感じる……たぶん私の死は、まだ生きている最後のポーランド・ユダヤ人を救うことが少しでもできるかもしれない人々の無関心を破ることの助けになるだろう」[51]。二〇世紀の最も悲劇的な時期の一つのときに書かれたこの一文には、社会主義の未来への信頼の儀礼的な再確認が続いた。彼の死は、社会主義のための闘争に刻み込まれたがゆえに意味があった。「戦前ポーランドで暮らしていた数百万のうち生き残った僅かなユダヤ人が、真の社会主義の自由と正義が支配する新しい世界の解放に立ち会えるまで十分に生き続けてほしい。私はそのようなポーランドが立ち現われ、そのような世界が生まれるものと信じている[52]」。

ジゲルボイムの遺言は、破局の最中にあって、すべてが失われたように見えたときでさえ、この敗北の弁証法が重きをなし、その慰めの働きを果たすことを証明している。ヴァルター・ベンヤミンもそれを免れられなかった。歴史の概念についてのテーゼで、彼は国家社会主義の勝利の可能性、敵が「勝利し続け」、「死者さえも安全ではないこと[53]」を喚起している。しかし彼はまた、各世代が過去から受け継ぎ、破局を通して道を切り開くために利用できた「弱いメシア的な力」も指摘している。彼にとって、この敗北でつくられた「過去への虎の跳躍」は「マルクスが考えたような弁証法的跳躍、革命であった[54]」。

植民地戦争の時代、第二次世界大戦の最も暗い時期が政治的なオプティミズムの波に取って代わられた。歴史は大股で社会主義に向かって歩み、野蛮を背後に置き捨てていた。一九六七年一〇月ボリビアで、チェ・ゲバラはゲリラ運動が失敗したことをはっきりと理解したが、歴史は彼の側にあるという感覚から見放されることはなかった。殺される直前、護衛たちと話しながら、彼は失敗を認めたが、革命は「不滅」[55]であるとも付け加えた。ワルシャワ・ゲットーの闘士たちとは反対に、彼は死が彼を殉教者に変え、彼の犠牲が沈黙と無関心の世界で行われることはないことを知っていた。

この「栄光の」敗北のサイクルは、社会主義への信頼を疑い、再検討するどころか、力強く強化した悲劇的にして歴史的なモメントとして称えられ、終わるのはラテンアメリカにおいてである。一九七三年九月一一日、軍事クーデタがチリで人民連合政府を倒し、二〇年続く残酷な独裁政権を樹立し、南米大陸の政治風景を変えた。サルバドール・アジェンデ大統領の最後の演説はクーデタのちょうど朝、包囲されたモネダ宮殿から、自殺の直前に放送され、この長い社会主義の殉教の伝統を不朽にし、そして完了させた。淡々と述べられた最後の演説と、兜をかぶり、肩に機関銃をのせてMIR（左翼革命運動）の警護兵に囲まれた最後の姿は、彼をまっすぐ社会主義のパンテオンのチェ・ゲバラの横に運び、その犠牲にほとんど神話的な次元を与えた。彼が来たるべき破局を予想して、この演説文を前もって書いていたことはあり得るが、そのメッセージは明解だった。その自己犠牲が無駄にはならないことは確かだった。彼は高ぶりもせずに述べている。「前に進むのです。そして遠からぬ未来に再び幅広い大通りが開かれ、より良い社会建設のために自由な人間が前進することを忘れないでください」。ファシズムの軍隊は暴力で勝利したが、未来は人民のものである。「歴史は我々のものであり、歴史をつくるのは人民なのです」[56]。一年後、アフリカ系キューバ人の歌手パブロ・ミラネスは、アジェンデの言葉に明らかに準拠した有名な曲でそのイメージに欠けていた抒情性を贈った。「ぼくは再び通りを歩く／血まみれだったサンティアゴの通りを／解放された美しい広場で／ぼくは立ちどまり、なき人々に涙する」[57]。

系譜

メランコリーは、たとえ本当は二〇世紀末に共産主義の挫折とともに浮上したに過ぎないとしても、つねに左翼の隠れた一面であった。トマソ・カンパネラ〔一五六八―一六三九、イタリアの哲学者〕はメランコリーとユートピアが相互に催眠術的に牽引し合い、はねつけ合うと見ていたが、彼に遡る伝統にしたがって、左翼文化はつとめてメランコリーをそのメシア的希望の背後に隠そうとした。

メランコリーはいくつかの定義があり、その意味が時代によって変化した概念である[58]。その現象学は悲しみから恋の倦怠や諦めにまで広がるが、とくに敗北と喪に集中する。古代人はそれを人体における「黒胆汁」の過剰から生じた病気と定義づけ、それが悲しみと消極性を生み、時には癲癇のような重病に至らしめるとした。体液の均衡の破綻を示すので、メランコリーは体液の平等性、つまり完璧に均衡のとれた体液システムの反対と見なされた。この精神状態は秋という寒さが芽生え、自然が変化する季節に対応するもので、それは人体の特定の年齢期、つまり成熟、青年から老齢への移行期などと全く同じであるとされた。中世には、メランコリーはもはや体液のような自然なものではなく、心の病になった。肉体の欠陥とは見なされなくなり、ひとつの精神的傾向として立ち現われたのである。アケーディアacedia〔ギリシア語kêdos「注意」が原意〕とは憂鬱、悲しみ、絶望、心の荒廃を意味した。その極めて顕著な形態において、無力、消極性、無気力、怠惰、臆病さ、さらには人生嫌悪感さえ示すようになった。

しかしながら、喪と諦めはメランコリーの主要な特徴として残る。ヴィットーレ・カラパッチオの『キリストの流刑』(一四六五―一四六七)では、すべてが失われたように見える。無力感がこの絵に憑りつく喪の顔をおし包み、圧倒する。メランコリー、死、喪の繋がりはルネサンスからロマンティシズムまでの絵画史のトポスである。[59] アンドレーア・マンテーニャの『死せるキリスト』(一四八〇、図1―5)の世俗的同等物を、二〇世紀左翼の芸術的表現のいくつかに見出すことは難しくない。その中で最も意義深いのはたぶん、ベルリンのスパルタクスの反乱鎮圧後に彫られたケーテ・コルヴィッツの『カール・リープクネヒト追悼』(一九二〇、図1―6)と題された木版画であろう。[60] より新しくは、チェ・ゲバラの何人かの伝記作者が、ボリビアのバジェグランデ近郊の村で死刑執行人たちによって晒された、その死体写真と古典絵画のキリスト殉教の表現の親近性を強調している[61]（図1―7）。コルヴィッツが間違いなく着想を得たマンテーニャの絵のように、彼女の版画は合同かつ集団的次元を与えながら悲しみの場面を示している。ドイツ社会主義指導者の死体をめぐるプロレタリアートの喪は、聖母や聖ヨハネ、マグダラのマリアなど

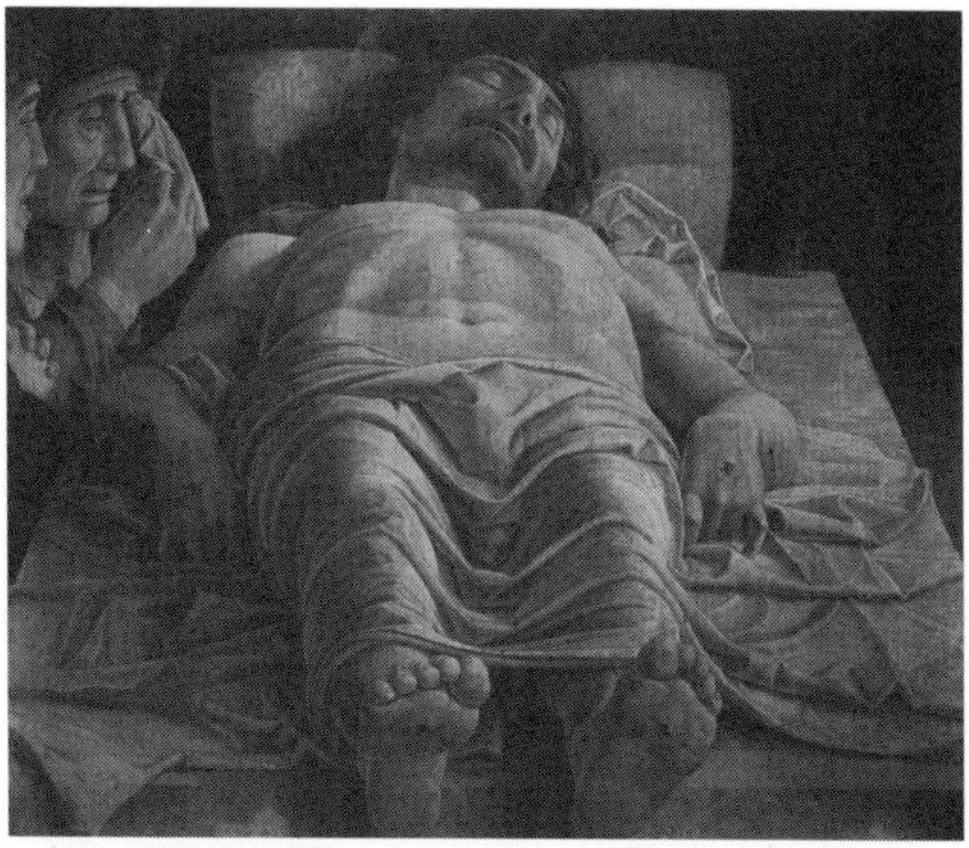

図1.5　アンドレーア・マンテーニャ『死せるキリスト』（1480）

図1.6　ケーテ・コルヴィッツ『カール・リープクネヒト追悼／1919年1月15日を記念して』（1920）

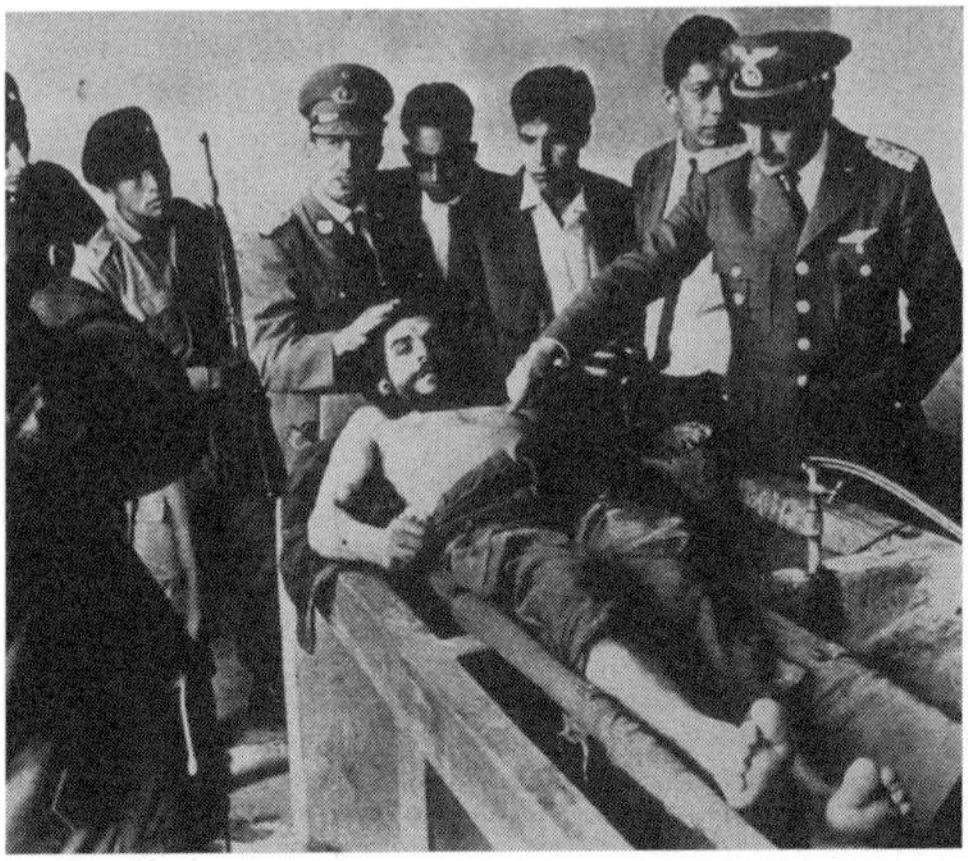

図1.7　チェ・ゲバラの遺体（1967年10月10日、ボリビア、バレグランデ）

の家庭的敬虔さを超越しているが、彼らみなが板に横たわる死せる顔を悼み悲しんでいる。チェ・ゲバラの死体写真は異なったジャンル――軍と警察の検証――に属し、宗教的なオーラとか慰めの意図などは微塵もない。神話の創出というよりは、いわば戦利品である。それを革命の喪の聖像的なイメージに変えたのは、反乱の時代にそのように受容されたからである。レジス・ドブレが指摘したように、「伝説が生まれたこのキリスト的死体――目を開き、板で頭を起こされ、豪華なベッド代わりにセメントの洗濯槽に横たわった死体――、これを世界に晒したのは彼の敵どもである[62]」。

一六世紀の初めから、メランコリーはアルブレヒト・デューラーが制作した銅版画『メランコリアI』（一五一四）と一体化されるが、これはその異論の余地ある、謎めいた意味にもかかわらず、美的規範を確立し、持続的な図像学的伝統を形成した作品である（図1―8）。アビ・ヴァールブルクによると、デューラーの傑作はメランコリックな精神が敵に勝利するポジティブでオプティミズム的作品となろう。画の中央の女性の周りの道具類――水時計、球体、コンパス、六分儀、梯子など――は、左奥部で太陽のように君臨するメランコリアとともに自然力に打ち勝つ能力を象徴している。「デューラーは理性の働きのおかげでサトゥルヌスのデーモンを無害なもの

図1.8　アルブレヒト・デューラー『メランコリアⅠ』(1514)

にした」[63]。サトゥルヌスは擬人化され、暗く恐ろしい脅威というよりも内省的気質になっている。ヴァールブルクによれば、デューラーの版画は宗教的な蒙昧主義に対するユマニスムの闘いにおける基本的段階を象徴しようとしている。[64] ルネサンス期には、このプロセスは始まったばかりで、メランコリーはまだ「古いデーモンの恐怖から」解放されていないが、この変化は止められなかった。しかるに、ヴァールブルクの二人の弟子はこの楽観的な解釈をひっくり返した。エルヴィン・パノフスキーとフリッツ・ザクスルにとって、デューラーは宇宙を知りたいという人間の野心の敗北を、科学の道具のおかげでその神秘を暴きながら表現しようとした。彼の作品は、メランコリックな精神よりはむしろ、自然を克服できない人間の知識の限界の自覚から生まれた。したがって、デューラーの描く〔神と人間の間の〕仲保者たる女性は神の創造物に対する人間の無力を表現していることになろう。[65]

ルネサンス期に、メランコリーは新しい基本的な特徴を獲得した。内省である。もはや単なる感情とは見なされず、精神的傾向、理性の働きとなり、その対象とされた象徴がサトゥルヌスである。いくつかの点で、このデューラーの解釈は、パスカルの哲学とラシーヌ劇に深く浸透した悲劇的な世界観に対するリュシアン・ゴルドマンの分析に近い。[66] パスカルとラシーヌは合理主義の到来を世界の聖なる秩序に対する脅威と考え、そのことが彼らに人間存在の悲劇的なヴィジョンをもたらし、信仰の世界に引きこもる気を起こさせた。しかしリュシアン・ゴルドマンは別なことを表明しようとした。メランコリーの古典的伝統と左翼文化の繫がりである。彼によると、デューラーの版画は、二〇世紀の革命の敗北が古い目的論的歴史観の反証となるのだから、マルクス主義の危機と左翼のメランコリーをともにアレゴリー化していることになる。パスカルとラシーヌのメランコリーは理性によって解体された宗教的世界観の苦悩を表わしているのに対し、左翼のメランコリーは科学としての社会主義概念の挫折から立ち現われた。しかし世俗化は――宗教的な原理主義の形を除いては――もはや信仰への逃避を認めないので、敗北の文化は瞑想と内省においてメランコリックな退歩の形をとったのである。

メランコリーの現代の表象の大部分は、彫像が強烈な影で暗くなった、無人の幾何学的な広場の中央に横たわっているジョルジオ・デ・キリコの形而上絵画のように、空虚感を表わしている。我々の子孫が二〇世紀の社会主義を、何もない空間に孤立したモニュメント、「古さという価値」を魅力にする過去の遺跡として記憶するという可能性は否定できない。そのような遺跡の魅力はその時間的な摩耗から生じる、とアロイス・リーグルは有名な論稿『現代の記念碑信仰』(一九〇三)で強調している。「歴史的価値」が「過去の連続体における一時期」を際立たせ、「それをまるで現在に属するものであるかのように眼前に置く」のとは反対に、「古さという価値」はただ時間の痕跡を示し、記念碑に死せる事物のオーラを与えるだけである。(67) この場合、ペリー・アンダーソンが提起した仮説によると、社会主義は、一六―一七世紀にパラグアイでイエズス会士が築いた平等主義的共同体のように、集団の記憶から消える。それに感情移入をこめて着目した数名のロマン派作家を除いて、次世紀には「人間性の法則に反し、急速に消滅を余儀なくされる人為的な社会的構築物」と見なされた[68]。一九八九年以後、社会主義の記念碑が一貫して破壊されたのは、恐らくこの全く無害な「古さという価値」まで認めないとする秘かなる目的によってであろう。

二〇世紀の転換期、精神分析がメランコリーの解釈を、古典的伝統から受け継いだ基礎概念を再構成して豊かにした。ジークムント・フロイトが有名な「喪とメランコリー」を発表したのは、一九一五年、第一次世界大戦がその破壊的な次元全体を示し始めたときである。メランコリーの症状の記述は中世から受け継いだ古典的表現と変わらないが、その病理学的側面を強調している。「メランコリーは精神的な観点から深刻な苦しみの鬱病、外的世界に対する関心の停止、愛する能力の喪失、あらゆる活動の抑制、自尊感覚の減退などによって特徴づけられるが、この自尊感覚の減退は自己非難や自己卑下によって現われ、錯乱した処罰期待感にまで及ぶことがある[69]」。

フロイトによると、喪の症状は自己卑下を除いて類似しているが、喪は一時的な精神状態であるのに対し、メランコリーはしばしば持続的な傾向に変わる。メランコリックな人間はその悲しみも苦悩も捨てたがらない。そしてある程度まで、その苦しみを享受する。喪とメランコリーは愛する対象、それが人間であれ、抽象的な範疇（祖国、自由などの理想）であれ、その喪失（または不在）から生じるが、その結果は異なる。喪は人間が喪失から生じる苦悩を超克し、最後はこの失った対象から離れるプロセスである。そうなると、リビドーのエネルギーは相手（人間、理想、価値観など）を変えることはできず、服喪者に均衡を取り戻させる。これとは反対に、メランコリックな者は失った愛から離れることができず、それにナルシスト的に同一化し、その苦悩を一種の内省的孤立に変えて、外的世界から切断されてしまう。換言すれば、メランコリーは未完了で耐え難い「病的な喪」[70]である。今日、とくにロベール・エルツのおかげで、研究者は喪を、単なる「別離」としてよりも、服喪者と故人の関係の「転位」[71]プロセスとして理解する傾向にある。

フロイトの用語では、左翼のメランコリーは耐え難い喪の結果と定義づけられるかもしれない。つまり共産主義は、ユートピアの終焉が、失った理想からの別離も、新しい愛の対象へのリビドー的転位も阻止する時期に終わった経験でもあり、また取り換え不能な喪失でもある。それはウェンディー・ブラウンが示唆した解釈である。彼女から見ると、左翼のメランコリーはその当事者主体が新しい「予見的な批判精神」を見出すのを阻止する「保守的傾向」となろう。[72]ただし、失った対象から距離を取り、その消失を克服するあらゆる可能性を阻害するのはまさに新しいヴィジョンと精神の欠如である、と反論を受けるかもしれない。この「保守的傾向」はまた責任放棄と裏切りに対する抵抗の形とも見られよう。ユートピアの終焉の文脈では、実り多い幸運な喪はまた敵との同一化を意味するかもしれない。つまり、失われた社会主義が容認された資本主義に取って代わられるのである。社会主義的な選択肢が欺瞞めいていることが分かると、現実社会主義を排斥したことは多くの者にとって、幻滅して、商業資本主義と新自由主義を受諾したことになったのである。この場合、メランコリーは支配との妥協を断固として拒否することになろう。フロイトモデルを離れ、メランコリーにもう病的性格を結び付けないならば、それは喪のプロセスの必然的前提、つまり、喪を麻痺させる代わりに、喪に先行し、喪を可能なものにする段階として見ることができよう。そうして、当事者主体が再び積極的になることを助ける段階でもある。換言すれば、メランコリーは回復復元と行動能力を含めて多様な可能性に開かれたプロセス、ジュディス・バトラーによると、当事者主体が生き残りに必要な後退を体験するプロセスとして見られるだろう(73)。

ヴァルター・ベンヤミンの二律背反

いくつかの著作において、ヴァルター・ベンヤミンは、感情移入によって支配階級に一体化する歴史家のアケーディアとワイマール共和国の「左翼のメランコリー」を指弾した。彼にとって、アケーディアは歴史主義の方法論――レオポルド・ランケやフュステル・ド・クランジュなどのフランスの継承者のような実証主義的学者が表明したもの――でもあり、ドイツ社会民主主義が体現した政治姿勢でもある。つまり、歴史主義は歴史的事実を客観的かつ必然的な達成として説明したのである。社会民主主義は「機械論的な」進歩を盲目的に信じ、消極性と秩序の宿命論的受容を助長したのだ。この二つは同じ「心の怠惰」[74]を証明している。歴史主義は過去を弁明称揚する見方を前提とし、その英雄や特権的な主体と見られる勝者のために記念碑を立てるが、他方、社会民主主義は歴史の流れを変えるどんな試みも冒険主義、過激主義として排斥した。まさに彼らに対してこそ、ベンヤミンは新しい歴史の概念と、過去を再活性化し、現在を変革することを目的とする革命的政治行動を求めたのである。

彼から見ると、この歴史記述的・政治的なアケーディアには、ワイマール共和国下で、新即物主義（Neue Sachlichkeit〔一九二〇年代のドイツの文芸思潮〕）にその美的同等物があった。一九三一年、彼はこの芸術的・文学的風潮に対して、その最も有名な代表の一人である詩人で小説家のエーリヒ・ケストナーを狙い、極めて激しい攻撃を加えた。新即物主義の本質はおもしろおかしく、子供っぽくて遊戯的なうわべのもの以外の何ものでもなく、その背後に、前衛の芸術的モダニズムに魅せられた新しいブルジョワエリートの趣味に対する恥ずべき追従的態度を見て取るのは容易であった。エーリヒ・ケストナーやクルト・トゥホルスキーのような才気ある作家たちの主要な特徴はその政治的な無能力であり、これは革命的思想や目標を「気晴らしや娯楽の対象」に変えてしまい、結果としてそれらを文化的消費製品として物化することになった。彼らの作品は株式市場終了後の街のカフェのように賑やかで人を惹きつけている、とベンヤミンは嘆いた。ジークフリート・クラカウアーはその評論『サラリーマン』（一九三〇）において、ワイマール社会の新興ブルジョワ階層とホワイトカラーに向けられた大衆文化の空虚さを指弾しているが[75]、これに呼応して、ベンヤミンは新即物主義の文学的達成の「苦しまぎれの愚かさ」を強調している。彼によると、そうした作品はブルジョワ社会の崩壊を示し、千年来のメランコリーの最後の変貌であった。「こうした詩句から聞こえてくるぼこぼこいう音は〔革命的〕転覆というよりも鼓脹〔胃腸内にガスが溜まること〕に属する。昔から、便秘には鬱病症状が伴う。だが体液が社会という肉体で停滞すると、その臭気が我々を襲ってくる。ケストナーの詩は大気を害するのだ[76]」。

ルカーチの跡に従って、新即物主義の知識人たちの貧しさと「精神的避難所の欠如」を強調したクラカウアーとは反対に[77]、ベンヤミンは彼らを、美術史から借用したカテゴリーであるメランコリーの具現として描いた。彼の批判は、罪としてのアケーディアア、同意、怠惰、服従に向けられた精神状態としてのアケーディアア、つまりルネサンス文化に属する見方を再現していた。アケーディアと、メランコリーという肉体的気質の内的燃焼が生んだ病気が区別され始めたのは、この時代からである[78]。『ドイツ悲劇の根源』において、ベンヤミンはハムレットを「鬱病の範例[79]」

として特徴づけ、この定義に真に政治的な含意を与えた。つまり、メランコリーはまず、そして何よりも指揮、決定のできない王の無能力を意味していた。しかしながら、別の箇所では――この本の別のくだりでさえも――メランコリーの異なった概念を示唆している。その謎めいた性格がしばしば注釈者の論議を呼んだ有名な自伝的断片で、彼はメランコリーの遊星、「迂回と遅延の星」である「土星の下に生まれた」と自称していた。[80] このドイツバロック演劇論の別なくだりでは、彼はメランコリーを認識論的なパラダイムとして分析している。感情移入的でメランコリックな世界探索は廃墟の野原に追いやられ、新しいヴィジョンを生む、と彼は示唆した。「メランコリーは知見のため世界を裏切る。だが絶えずその瞑想に深く沈潜しながら、その瞑想のなかで死せる事物を拾い上げ、救済する」[81]。換言すれば、彼の目的はメランコリーの伝統的なヴィジョンを物体と表象の現象学的アプローチに変えることであった。[82] もちろん、そのような考え方で彼はクラカウアーに近づいた。『サラリーマン』の批評で、ベンヤミンはメランコリーを、革命的救済に先立つ過去の思い出に結び付けたが、それは彼が「くず拾い」、つまり、デューラーの『メランコリア』に散在する物体を想起させるような、捨てられ、失われ、忘れられた物の収集人のメタファーによって喚起した務めである。「このように、この著者は当然ながら結局は孤立者のままである。不平家であって、指導者ではない。創立者ではなく、座を白けさせるトラブルメーカーなのである。そして仕事にも狙いとするものにも孤立したありのままの彼を思い描くとすれば、こうなる。朝早く、不機嫌でちょっと酒臭いくず拾いで、棒の先で言説のぼろ屑や言語の襤褸切れを拾い上げ、ぶつくさ言いながら手押し車に投げ込むが、ときおりは悪態をつきながら〝人間性〟、〝内面性〟、〝沈潜〟と名づけられた金ぴか物を朝風になびかせてもいる。早朝のくず拾い――革命の日の夜明けの」[83]。

かくしてベンヤミンは、メランコリーそれ自体は否定しないが、ただいかなる政治的な内実もなく、批判的潜在力を欠いた、新即物主義の美学が体現する気質だけは認めなかった。この宿命論的、消極的で臆面なきメランコリーに対して、彼は過去の廃墟の瞑想に結びつく異なったメランコリーを擁護した。こうした遺跡から生まれる悲しみは我らが祖先の苦悩、つねに救済を待っている歴史の苦悩を表わしていた。ジョナサン・フラットレーによると、「こういうヴィジョンから現われ出るのは、政治化された、黒胆汁質のメランコリー、過去の物象に同意することが現在世界への関心と情熱を育み、そのメカニズムそのものになるようなメランコリーである」[84]。結局のところ、それは彼自身の歴史概念の心臓部なのである。

ベンヤミンの二律背反は共産主義的メランコリーの特徴を区別させてくれる。ペール・ラシェーズでコミューン兵士が壁まで沈黙して行進して以来、労働運動は――スターリン主義体制がその指導者たちに古代エジプトのファラオのような防腐処置を施して挙げてきた仰々しい埋葬にもかかわらず――つねに希望の世俗的典礼として喪に服してきた。イタリア共産党の指導者パルミーロ・トリアッティの葬儀は、一九六四年、ローマで行われ、本当に民衆の感動を呼ぶ契機となり、いくつかの芸術作品をもたらした。例えば、ピエル・パオロ・パゾリーニ（『大きな鳥と小さな鳥』、一九六六）やタヴィアーニ兄弟（『危険分子たち』、一九六七）の映画、レナート・グットゥーゾの名祖となった絵などである[85]（『トリアッティの葬式』、一九七二）（図1—9、10、11）。この絵は、悲しみに沈む人々の顔——その中には共産主義運動の歴史的人物の何人か、レーニン、グラムシ、サルトル、アンジェラ・デイヴィス、エンリコ・ベルリンゲルなどの顔——と、景観を圧する赤い旗とのコントラストから成っている。社会主義と未来を象徴しながら、この旗の群れは亡き指導者の喪失を崇高化している。喪は希望と不可分なのである。この革命的典礼は、世俗的形態で、エルンスト・カントロヴィッツが中世の葬式について分析した「王の二つの身体」〔二つの身体とは自然的身体と政治的身体のこと〕と類似の働きをしている。つまり、闘いに倒れた同志の遺骸の追悼が、弔意を捧げる人々の赤い旗に刻まれた彼らの理想の不滅性の再確認に役立っているのである[86]。

メランコリックな賭け

しかしながら、一九八九年以後、この喪の文化は消えた。喪失は越え難いものと思われた。も

図1.9, 10　パゾリーニ『大きな鳥と小さな鳥』(1966)

図1.11　レナート・グットゥーゾ『トリアッティの葬式』(1972)

はやその喪に服することも、政治運動のダイナミックな上げ潮に乗せてそれを崇高化することもできなかった。前述した歴史的敗北――一八四八年、パリ・コミューン、スパルタクスの反乱、ワルシャワ・ゲットーの蜂起、ボリビアのチェ・ゲバラのゲリラ闘争――には偉大さと栄光の趣があった。確かに、それらは回顧的な批判の対象になったが、絶望をまき散らすことはなかった。称賛を巻き起こし、勇気を与え、忠誠心を強化した。シャルル・ペギーやダニエル・ベンサイドのいう「失望と幻滅」を生む暗い敗北、「ひと世代が再起できないような」敗北ではなかった。(87)共産主義の終焉が封印したのはこの型の崩壊だったのである。

認識論的な姿勢とか過去のアレゴリックなヴィジョンである前に、前述したように、メランコリーは気質、精神状態、気分である。左翼の大敗北は敗北主義を呼び起こさなかった。それは、革命的ユートピアに内包される希望によって超克されたのである。生は気質、情緒、理性、思想、経験などの諸要素、マルクス主義的歴史家レイモンド・ウィリアムズが「感情の構造」として定義づけた関係的連続性がある諸要素、即ち、思想や価値観が知覚され、「生きられ、感じられる」(88)仕方の連続体などから成っている。それはとくに、社会主義のように、集団運動によって具体化され、数世代の感情を構造化したような思想にとって有益である。このメランコリックだが士気を殺ぐものではなく、消耗させるが暗くはない敗北のメタボリズムの秘密はまさに、破局的な経験（敗北、抑圧、屈辱、迫害、追放）の苦悩と、歴史的展望として、かつまた共有された期待の地平として生きられたユートピアの持続との融合に存するのである。

ジャン・アメリーとプリーモ・レーヴィが、アウシュヴィッツに強制収容されたコミュニストが暴力と非人間化に耐えることができた精神的源泉に関して行なった観察は、メランコリーと諦めを拒むユートピアとの、この弁証法を的確に描いている。アメリーとレーヴィは、たぶんあまりに表面的ではあるが、信者と政治的活動家を区別せずに、このユートピアを、ある意味で直接的に宗教的な意味としての信仰と同一化しているが、彼らの証言は、マルクス主義的な歴史的目的論をメシア的願望の世俗的バージョンと見なすならば、貴重なものである。アメリーは、極めて困難な状況にあって、その信念にかけがえのない助けを見出した活動家や信者を称えることを認めていた。「マルクス主義活動家、セクト的な聖書注釈学者、熱心なカトリック信者の誰であれ、また教養豊かな経済学者や神学者、さらにはあまり教養のない労働者や農民の誰であれ、彼らの信仰とイデオロギーは、SS国家を激怒させるような世界に依拠する彼らの定点を提供した……彼らはヨーロッパの未来についてマルクス主義的論争をしたり、あるいはただ頑固に、ソ連は勝たねばならないし、また勝つだろうと言い張っていた。彼らは、はるかに教養があり、正確な思考の訓練をしているが、信者でもなく、政治的でもない知識人の仲間たちよりもよく打撃に耐えたし、または堂々と死んでいったのだ[89]」。

ヒューマニスト的懐疑論の代表たちが、ナチの暴力を理解不能かつ圧倒的で、単に物質的だけでなく精神的にも抵抗不可能なものと見ていたとのは反対に、「信者」は予想外の尽きせぬ源泉を見出すことができた。アメリーによれば、彼らは「自己を超克し、未来に自己を投影していた。それは窓のないモナド（自足的実体）ではなく、開かれており、アウシュヴィッツではない世界に大きく開かれていたのである」[90]。レーヴィの指摘も全く同じである。「彼らの世界は我々のよりも大きく、空間においても時間においても広がっており、とくにより理解できるものだった。彼らは鍵と支点、自己犠牲が意味を持つことのできる千年紀の未来をもち、正義と慈悲が、遠いだろうが確実な未来に勝利したか、または勝利する場を天と地に持っていた。つまり、モスクワか、天上または地上のエルサレムを持っていたのである」[91]。

共産主義が崩壊すると、これを、プロメテウス的〔創造的〕推進力とか慰めとなる正当化として約二世紀年間支えてきたユートピアは、もう自由に夢想できるものではなくなった。その精神的源泉が枯渇したのである。左翼の「感情の構造」が瓦解し、敗北から生まれたメランコリーが超克されなかった。虚空を前に一人佇んでいたのだ。個人主義的でシニカルな新自由主義の波が虚空を満たそうとしていた。一九八九年以後、左翼のメランコリーは、多くの場合、現実社会主義とか別な形のスターリン主義の残骸に対するノスタルジーに対応しなくなった。体制とかイデオロギーよりもむしろ、その失われた対象は、脆弱で不安定な、かげろう的性格にもかかわらず、歴史的経験としての解放のための闘争であった。この観点で、メランコリーはまた過去を回想し、その潜在性を自覚することを前提としていた。つまり、革命の結果ではなく、その解放の望みに対する忠実さを、である。この場合、スラヴォイ・ジジェクが的確に指摘したように、メランコリーは喪失というよりは欠如との同一化になろう。国家的社会主義の形で実現されたようなものではなく、夢見られ、期待された共産主義との同一化である。[92] そのような忠実さが過去を克服するあらゆる試みの前提である。

『近代の悲劇』（一九六六）において、レイモンド・ウィリアムズは、革命はつねにその悲劇的次元を否定する傾向にあると指摘している。なるほど、その展開は極めて悲劇的で、しばしば肉体的で殺人的な衝突を引き起こす社会的勢力と世界観の激しい対決を伴う。しかしながら、革命は決して悲劇的な出来事として捉えられてはいない。当事者たちはつねにその救済、自由、解放の力を信じ、昂揚させる陽気な面にわれを忘れるのである。悲劇的な世界観は絶望感から生じる。悲劇は、いかなる解決策も見えず、決定的に敗けたと感じるときに現われる。それゆえ、レイモンド・ウィリアムズによると、悲劇と革命は相互に排除し合うのである。[93] その支配的な型においては、社会主義は悲劇を認めず、敗北を歴史化し、「新陳代謝し」、苦悩し、時には荒廃した性格を排除した。敗北のマルクス主義的弁証法はほとんど世俗的な弁神論の形を取った。つまり、善は悪から生まれ得るもので、最後の勝利は敗北の連なりの結果であるとなる。

何人かのマルクス主義思想家はつねに悲劇を社会主義闘争のただ中に戻そうと試みた。

一九五五年、リュシアン・ゴルドマンは『隠れたる神』を発表したが、これはジャンセニスムの二人の代表パスカルとラシーヌにおける悲劇的な世界観に捧げられた優れた研究である。主としてデカルトに代表される理性論と、新しい個人主義的道徳の台頭に直面して、パスカルは神を信ずることは神徳であると主張した。つまりは、信仰という賭けなのである。二〇世紀に、ゴルドマンは同じように、共産主義の未来への信仰を神秘的でも宗教的でもなく、むしろ人間共同体の理念に根づいた世俗的な賭けとして擁護した。社会主義は必然ではなく、人間存在の解放の潜在性に基づく仮説である、と彼は考えた。換言すれば、彼は社会主義を人類学的な神徳のように捉えていた。「マルクス主義的信仰は人間自身がつくる、もっと正確には我々が我々の活動によってつくらねばならない歴史的未来への信仰であり、我々の行動の成功に対する〝賭け〟である。この信仰の対象となる超越性はもはや超自然的でも歴史横断的でもなく、超個人的なもので、それ以上でもそれ以下でもない」[94]。

彼は付言して、この賭けは必然的に「冒険の危険、失敗の危険、成功の希望」[95]を前提にする、としている。冒険の危険は前もっては何も保証されていないことを意味する。失敗の危険は、敗北が絶えず我々を脅かすのだから、つねにある。しかし成功の希望は残る。『獄中ノート』において、アントニオ・グラムシは同じ考えを擁護して、実証主義をもじりながら、ひとのなし得る唯一の「科学的」予言は闘争の必然性の予言であると書いている[96]。

第二章　マルクス主義と記憶

メランコリーはその媒介者、集積所、番人、あるいはお望みならば管理人である記憶と、特権的な関係を保っている。いわばこれを管理、変形し、万一の場合には追い払うのが記憶である。記憶の生成と伝達はしばしば喪の作業と並走する。確かにメランコリックな思い出があるだけではないが、また過去の回想のないメランコリーもない。したがって、左翼文化、それもまず長い間その支柱であったマルクス主義理論における記憶の地位を問わねばならない。

一見して、マルクス主義と記憶は二つの見知らぬ大陸のように見える。マルクス後、彼の思想を援用する何人かは歴史哲学を生成するか、歴史的時間性を研究しており、とくに、E・P・トンプソンの、産業革命と労働規律に結びつく合理化された計測可能な時間に関する研究は広く知られているが、(1)いくつかの稀な例外を除いて、彼らは決して記憶を概念化しようとはしなかった。記憶は、ダニーロ・モンタルディとラファエル・サミュエルの口承の歴史調査の対象であったが、分析的なカテゴリーにはならなかった。(2)彼らの関心を呼んだのは、下層階級が体験し、思い出し、語った過去であり、思い出自体の生成の脈絡や様式、可能性と限界などではなく、学問的な歴史との関係でもなかった。

記憶の入口、マルクス主義の出口

集団の記憶に関する論争はアンリ・ベルクソンとモーリス・アルブバックス〔一八七七—一九四五、フランスの社会学者、ブーヘンヴァルトで死去〕によって始められ、社会学、哲学、歴史記述に深く影響したが、マルクス主義的伝統においてはいかなる意義ある寄与も表明されなかった。マルクス主義が歴史と記憶の関係の領域へ稀に侵入してきても、古典的な二分法を再確認するにとどまった。つまり、記憶は体験の消えやすい主観的な集積であり、歴史は過去の出来事の厳密な再構成である。記憶は過去を再び生きる術であり、歴史はそれを説明する学問である、というのであった。『ロシア革命史』(一九三〇)において、レオン・トロツキーは、この歴史的大事件に直接参加したことは、「単に個人であれ集団であれ、当事者の心理のみならず、出来事の内的な相関関係も理解すること」の助けとなったと認めている。しかしながらすぐに、そのような位置は、証人として書かないという条件によってのみ認識論的に優位な立場になり得る、と付け加えている。「本書はひとつも個人的な思い出に基づいてはいない。語り手が出来事に参加したことが、厳密に制御された記録資料に基づいて語る義務を免れさせることにはならない。語り手は、出来事の進行に強いられたときのみ〝三人称〟で自己を語る。またそれは単なる文学形式ではない。自伝とか回想録では避けられない主観的な調子は、歴史書では認められないであろう(3)」。この著作の数年前に自伝を著わして、彼は既に、記憶は「自動メーター」ではないので、それを「精神分析的批判(4)」に委ねる方を選ぶと説明していた。本を書く際、彼は一貫してその思い出を記録の源泉資料に照らし合わせて吟味していた。歴史家は過去の再構成を記録資料に基づいて行なう。彼らは、思い出は不安定で消えやすく、確認しがたいので信用しない。タイトルにもかかわらず、『わが生涯』は証人の語りというよりは歴史的調書であると、彼は示唆しているようだった。

全く対照的に、記憶の専門家はつねにマルクス主義を無視した。この近年三〇年間、記憶への最も意義ある寄与は、おそらくマルクス主義には一ページも割いたことのない、例えばピエール・ノラとかアライダ・アスマンのような多作の執筆家からきていたが、[5] 彼らの知的地平にはマルクス主義は無縁だった。アメリカ合衆国においては、『メモリー・リーダーズ』で、マルクスについて『ルイ・ボナパルトのブリュメール一八日』から数行引かれているだけである。[6]

西欧社会のなかで、真の記憶の記念碑が出現したのは一九八〇年代半ばからである。その誕生を画したのは恐らく、アメリカのヨセフ・H・イェルシャルミの『思い出せ！ Zachor』(一九八三)と、ピエール・ノラ監修の壮大な企てである『記憶の場』の第一巻(一九八四)の刊行であろう。この二つの著作にはすぐドイツの「歴史家論争」(一九八六)とイタリアでのプリーモ・レーヴィの『溺れる者と救われる者』(一九八五)の出版が続いた。[7] クロード・ランズマンの証言だけに基づく映画『ショア』(一九八五)がほぼ同時に現われた。[8] 意味深いことに、この記憶の記念碑はもう一つの知的歴史の転換点、マルクス主義の危機と一致した。[9] この記憶の飛翔とマルクス主義の衰退の共時態は偶然に帰せられるものではない。マルクス主義は、社会科学が社会的なパラダイムをめぐって構築されたとき、これに深い影響を及ぼした。だがその翳りは、新しい記憶のパラダイムに刻印されたこの一〇年間でその全面を覆うようになった。[10] この変遷は特殊な政治的脈絡、即ち、一九七九年、アングロサクソン諸国の保守革命、イランのイスラム革命、カンボジアのジェノサイドなどが戦後の反帝国主義的な波の逆流を告げている頃に起こった。一〇年後、この転換点はベルリンの壁崩壊、即ち、今では「短い」二〇世紀の終わりを画するものと一般的に見なされている出来事とともに完結した。知的歴史の劇場では、マルクス主義は、記憶が満身に脚光を浴びて入ってくると、拍手もカーテンコールもなしに舞台から消えていった。この交代劇の帰結の一つは、マルクス主義と記憶の関係が、もちろん、たとえそれが存在しなかったことを意味するものではないとしても、決して真剣には研究されていなかったことである。マルクス主義は、これを標榜する集団運動に一〇〇年以上もの間宿っていた過去の期待、ヴィジョン、認識の鏡として、記憶の概念を前提にし、その具現化でさえあったのであるが。

未来の記憶

マルクス主義は、歴史的には世界解釈を目指す理論として、また同時に世界の革命的変革の企てとして生まれ、構築された。マルクス主義に媒介された記憶はこの企てに結びつき、切り離せなかった。それゆえ、ひとたびでもそのユートピア的次元を切り取られると、マルクス主義は階級の記憶、解放闘争、革命の伝達の媒介者〔媒質〕として作用することをやめてしまった。確かに、ユートピアがマルクス主義的世界観の秘密の向性であることには何の疑いもない。『ルイ・ボナパルトのブリュメール一八日』では、記憶は「生きている者の頭脳に悪夢として重くのしかかる、あらゆる死せる世代の伝統」として想起されている。[11] マルクスは、資本主義に向けられた近代革命は「その詩を過去の時代からではなく、ただ未来からのみ汲み取ることができる」、と続けている。[12] 革命は未来に身を投ずるために、「死者には死者を葬らせておき、世界史から借用した（先祖の目を眩ました）追憶」を捨てなくてはならない。[13] マルクス主義的歴史記述はつねに強い目的論的誘惑の痕跡をとどめていた。それは共産主義を歴史の目的《テロス》とか合目的性として仮定しており、このヴィジョンが近代性の周期化をもたらし、その段階が革命の記憶によって区切られている。一本の直線が一七八九年を、一八四八年の革命とパリ・コミューンを経て一九一七年に結びつけていた。[14] 十月革命後、革命プロセスは世界的になり、上昇曲線はいくつかの線に分かれ、ヨーロッパ（一九四五年のレジスタンス、一九六八年、一九七四年のポルトガル）、ラテンアメリカ（一九五八年のキューバ）、アジア（一九四九年の中国、一九七五年のヴェトナム）を通っていた。かくして、一九二〇年代に、アルベール・マティエはボリシェヴィキをジャコバン派の後継者として描いたのである。[15] 次の三〇年代には、トロツキーとアイザック・ドイチャーがテルミドールとボナパルティズムをモデルにスターリン主義を分析した。[16] また一九六八年には、五月革命の参加者は、十月革命前の一九一七年七月のペトログラード騒乱と同次元の「総稽古」を経験したと思っていた。[17] さらには、一九七一年、アドルフォ・ジリーのような歴史家が、一九一五年のサパティスタのメキシコのモレロス・コミューンを、ロシア革命に照らして描いていた[18]、など例には事欠かない。

　エリック・ホッブズボームは、一九三〇年代にある組合活動家が保守派に語った「貴君の階級は過去を象徴するが、小生の階級は未来を象徴する」という言葉を挙げて、このマルクス主義的な記憶の深い核を見事に要約している[19]。それゆえ、歴史記述と記憶は絡み合い、お互いを育んできたのである。記憶は未来を目指し、来たるべき闘いを予告する未来のための記憶であった。確かに、革命の思い出は集団行動として経験した解放の歓喜の瞬間だけではない。敗北の悲劇も含んでいるのだから。ロシアの内戦の最も暗い日々、ソビエト権力が脅かされ、革命が弾劾されているように見えたとき、パリ・コミューンの亡霊がボリシェヴィキに憑りついていた。白軍が勝利していたならば、まさに一八七一年五月の「血まみれの週間」のようにどころか、比較にならないほど大規模な虐殺に至っていただろう。ヴィクトル・セルジュ〔一八九〇―一九四七、ロシア系のフランス語表記の作家、革命家〕は回想録で、白軍の軍事独裁が最もあり得る解決策と思われたが、それは、ボリシェヴィキにとっては、彼ら全員が「縛り首か銃殺」になることを意味した、と書いている。しかし、落胆と戦意喪失を振りまくどころか、この鋭い危機意識は「抵抗精神をかき立てる」だけだった[20]。長期的には、歴史が彼らを正しいとするだろう。「我々赤軍は、飢えに過ち――罪さえも――があるにもかかわらず、未来の国家に向かうのだ[21]」。

　社会主義と共産主義の図像学は一〇〇年間、この目的論的歴史観を例証してきた。その図像

図2.1　ペリッツァ・ダ・ヴォルペード『第四身分』(1901)

は数世代の、労働者から知識人までの活動家の記憶に刻み込まれ、彼らの想像空間までかたどるようになった。それらは、ラファエル・サミュエルの巧みな表現によれば、「サブリミナルな目印」か「思想の亡霊のような歩哨」として作用するが、彼の分析はテクスト解釈同様重要であることが分かる。[22] ペリッツァ・ダ・ヴォルペードの『第四身分(階級)』は第一次大戦前の社会主義に感化された最も有名な絵の一つで、労働者階級の光の未来への前進を描いている。彼らの行進は、背景に黒々と浮かぶ暗闇から道が始まり、彼らを闇から遠ざけていく[23](図2―1)。『第四身分』は、フリードリヒ・エンゲルスが死の直前、マルクスの『フランスの階級闘争』(一八九五)の再版に書いた有名にして異論のある序文で描いた、社会主義的戦略の完璧な絵画的例証である。エンゲルスは、ヨーロッパ社会主義運動の重心が一九世紀の革命の場であるフランスから、社会民主主義が一八七一年の十万票から一八九〇年の二百万票にという驚くべき選挙結果を示した国、ドイツへ移ったことを強調した後、根底的な戦略の再方向づけをはっきりと確認した。街頭闘争とバリケードの時代は去ったのである。「旧式の反乱」は、「絶えず進歩し、数や組織、規律、先見性と勝利の確信において日々成長している社会主義者の国際的な大軍隊」の傍にあって、時代遅れになった。[24] 社会主義は不可避なものだが、その到来を加速するどんな努力も、危険ではないが、無駄だった。「たとえこの強力なプロレタリアートの軍隊が相変わらず目的を達成せず、また一度だけの大攻撃で勝利を得るどころか、厳しく粘り強い闘いで陣地から陣地へとゆっくり進まねばならないとしても、単なる局地戦で社会変革を勝ち取ることが不可能であることは、決定的に証明された」[25]。彼にとって、このドイツ社会民主主義の緩慢だが仮借なき成長は「自然なプロセスのように静かに[26]」展開されたのである。

振り返ってみると、一九世紀の革命は「ブランキ主義的」風潮を帯びていたが、この反乱方式への批判は二つの歴史的時間性を対置させた。一方には、革命の一発噴火的で電撃的な時間性、他方には、はるかに緩慢、均質的で、地味だが抗い難い進化的な変化の時間性である。そこには、結局、後にグラムシが「機動戦」と「陣地戦」の間で理論化を図った弁証法があった。[27] エンゲルスによると、社会主義の未来は後者に属し、したがって、バリケードの記憶はこの漸進的だが確実な上昇の間に割って入る恐れのある障害となった。突然、一九世紀の革命は、ロシアの社会民主主義者にとっての帝政ロシア共産党（populisme）のテロリズムのように、「政治的焦慮の表われ」、「時代に先んじた」一連の闘争となり、獲得物を強固にするには「あまりに早く」生じ、「あまりに急速に」展開されたのである。[28]

第一次大戦は一九世紀の直線的で進化的な連続性を断ちきり、革命行動は電撃的で破滅的な時間性を伴って、一九一七年に再出現した。だがこの加速化は歴史の歩みを再検討することはなかった。この歩みはスピードは変えたが、方向も合目的性も変えなかった。社会主義のユートピア的ヴィジョンはかえって強化されさえした。十月革命後、ユートピアは遠い未知の未来に投影された解放社会の抽象的な表象ではなくなり、現在に構築すべき世界の解き放たれた想像空間になった。一九一九年、ロシアの内戦と中央ヨーロッパの革命的蜂起の波のさなか、ウラディミール・タトリンは『第三インターナショナル記念塔』を構想した（図2―2）。バベルの塔の神話に想を得て、彼の作品は構成主義を掲げていた。これは単に称賛されるだけでなく、芸術が社会主義建設に必要な手段であることを証明するために利用されねばならないモニュメントと考えられた――模型だけが制作されたが。問題は象徴を創造するのではなく、新しい世界が芸術と政治の融合から生まれることを具体的に示すことだった。[29]「根本的に反モニュメント」であるこの建設計画は、先人たちのものとは全く異なっていた。[30] 工業的近代性を称えるだけのエッフェル塔の直線的垂直性とも、自由の女神像の因襲的な象徴主義とも、また一九〇〇年の万博のために公開された模型だけで、実際は制作されなかったオーギュスト・ロダンの労働の塔とも無関係だった。第三共和国精神に合致したロダンの塔は労働の贖いの徳を理想化しており、労働者の疲労困憊する労役から、摂理と報われた犠牲の星の下に置かれた進歩の媒介者である科学と技術を用いてなされた創造物までを上昇螺旋階段として描いていた[31]（図2―3）。タトリンはこの芸術と文化の伝統的な概念と訣別した。ガラスと鉄で構成された彼の「モニュメント」は、一つだけの構造体に

図2.2　ウラディミール・タトリン『第三インターナショナル記念塔』(1919)

図2.3　オーギュスト・ロダン『労働の塔』（1898-1899）

それ自体の上で回る三つの異なったユニットを組み込むことになっていた。立方体とピラミッド、円柱である。基底部では、立方体がソビエト政府を迎え、その回転は一年かけて行われた。ピラミッドは国際共産党（コミンテルン）を擁し、ひと月かけて回転した。円柱は毎日回転し、同時に数か国語で出されるプロパガンダ機関紙の本拠地となり、そこには講堂、印刷所、電信機、ラジオ、革命スローガンで夜を照らす強力な投光器が共存していた。[32]螺旋形は科学の進化的な動き（と宇宙の回転のような革命本来の理念）を想起させるのに対し、ピラミッドは構築物に、宇宙に放たれた矢のように垂直な性格を与えていた。つまり、空の断絶と襲撃としての革命である。バベルの塔はもはや言語の混乱ではなく、未来の征服に放たれた新しい世界共同体なのである。

図2.4　コンスタンティン・ユオン『新惑星』（1921）

他の多くの芸術作品が類似した精神で制作された。一九二一年、レーニンは戦争直前にロマノフ王朝の栄光を称えて設置されたモスクワのオベリスクを、カンパネラ、トーマス・モア、サン・シモン、シャルル・フーリエのようなユートピアンに捧げられた偉大な社会主義思想家の記念碑に変えようとした。同年、コンスタンティン・ユオンは『新惑星』と題した絵を描いた。彼にとって、社会主義の到来は単なる歴史的転換点以上のものだった。我々の世界観を変える一種のコペルニクス的革命、さらには宇宙そのものを変えようとするビッグバンだったのである[33]（図2―4）。一九二〇年代、ソビエトのプロパガンダは、多数の労働者が新しい社会建設のためせっせと働く煙突と機械の産業社会のなかで、開明的指導者であるレーニンが未来に腕を伸ばしている姿を示していた（図2―5、

6）。一九三三年、建築家ボリス・ヤファンはモスクワのソビエト会議堂の建設コンクールで当選した（図2―7）。彼のプランは実現されなかったが、すぐに公開され、当時のソビエトの想像空間を育んだ。そこには摩天楼――二年前にニューヨークで竣工されたエンパイア・ステート・ビルディングに対する共産主義の対応物――が見られ、その天辺には雲と飛行機に取り囲まれて、やはり人差し指で未来を指さす巨大なレーニン像が鎮座していた。[34] これらのポスターとレーニン

図2.5　A・ストラホフ『レーニン』（1924）

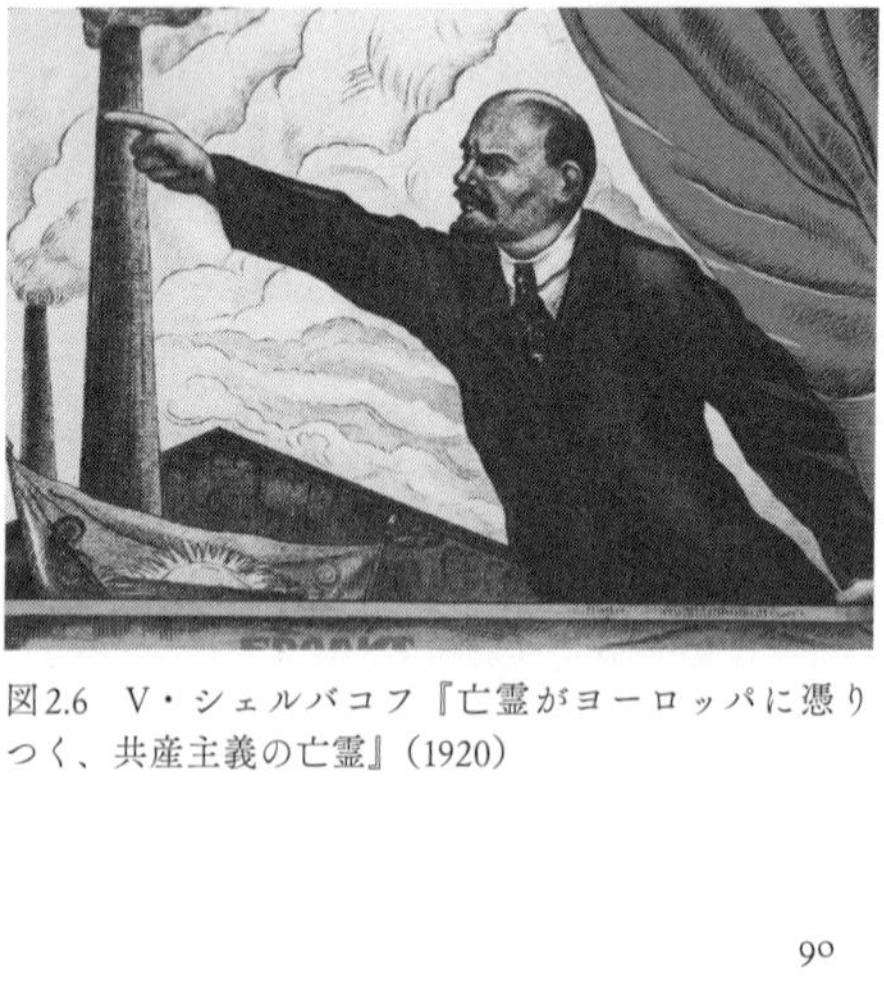

図2.6　V・シェルバコフ『亡霊がヨーロッパに憑りつく、共産主義の亡霊』（1920）

像は聖書をもとに描かれた図像の世俗版である。例えば、シナイ山から律法の石板を持って、指を天に向けて降りるモーゼを描いたギュスターヴ・ドレの有名な版画が想起される（図2―8）。

かくして、メシア的期待は革命的行動への促しに変貌した。[35] この驚くべき社会主義的図像と聖書的図像の親近性、そのモデルは、共産主義の伝統において、公然たる無神論と共存する宗教的衝動――理論的には否定されているにもかかわらず、視覚的には誇示されたもの――が永続的にあることを示している。マルクスは無神論を急進的な啓蒙思想から受け継ぎ、彼の弟子たちがそれを公式理論に変えたが、このイデオロギーが社会主義文化に不可欠になるにつれて、二〇〇〇年間宗教的な形をとっていた希望、夢、期待をわがものにした。無神論は宗教的願望を世俗化したのである。反感と解放の欲求をともに意味する「民衆の阿片」という有名な宗教の定義づけは、このようなコンテクストで読まねばならないだろう。マ

図2.7　ボリス・ヤファン『ソビエト会議堂プラン』(1933)

図2.8　ギュスターヴ・ドレ『シナイ山を降りるモーゼ』（1866）

ルクスによると、「宗教的悲惨は、一方では、現実的悲惨の表われであり、他方では、現実的悲惨への抗議である。宗教は不幸に押しひしがれた者のため息であり、非情な世界の情であり、同じく霊なき時代の霊である。それは民衆の阿片である」[36]。共産主義の図像はこの解放された世界――マルクスが暗示したような新しい歴史後の時代――に対するメシア的不安を表わしており、それは自己流にキリスト教的終末論を再現していたのである。

第二次世界大戦後、ソ連の想像空間は工場と宇宙船でいっぱいで、その音速が革命的襲撃の熱狂的で急激な時間性に取って代わった。社会主義の歩みは、社会民主党が選挙で獲得した数百万票よりも、ソ連工業が生産した鉄鋼のトン数、数十万のトラクター、飛行機、ミサイルによって測られていたが、歴史の目的は変わらぬままだった。前衛運動と同様に、「スターリン文化はつねに未来に向けられ」、日常生活をかたどり、社会主義の物質的成果を賛美しようとした。[37] 経済成長が止まり、未来が不確実になったのは一九七〇年代、ブレジネフの停滞の時代からに過ぎない。その頃、ソ連では「ユートピア後の」芸術が現われ、エリック・ブラトフの絵『水平線』がその象徴となる。そこでは、ソ連市民の一団が浜辺を散歩し、海に向かうが、彼らの前の水平線は、ソ連の一等名誉勲章であるレーニン勲章のリボンを思わせる帯に遮られて見えないのだった。しかしながら、この脱神話的美学は、社会主義計画の放棄というよりは、現実社会主義の批判として理解されたのである。

ラテンアメリカにおいては、社会主義的ユートピアが土着の共同体の周期的な時間性に混ざるが、そこでさえ、歴史の社会主義的表象は未来に向かって上昇する進歩神話を免れられなかった。例えば、メキシコの国立宮殿の内庭の階段を飾っているディエーゴ・リベーラの壁画は、壮麗な通時的パースペクティヴで、抑圧の過去と解放の未来の間にある労働者階級の道を描いている(図2—9)。そこでは、反植民地闘争と農民革命の思い出が、守護神的なマルクスの顔に見下

図2.9　ディエーゴ・リベーラ『今日と明日のメキシコ』（1935）

ろされて、多国籍・多人種的な近代労働運動の組織化へと自然に収斂している。[38]

マルクス主義的目的論は必ずしも決定論的な因果関係の点では定式化されなかった。それはまたユートピアの形、エルンスト・ブロッホが「先見＝先取り」の哲学と称したものの形をとることもできた。彼はマルクス主義を、人間社会において古代から存在する解放の夢に形を与える「先見的意識」と見なしていた。それゆえ彼はマルクスに『希望の原理』の最終章を割いたが、そこでは「かなえられた瞬間の願望の形象[39]」が吟味されていた。ブロッホにとって、マルクス主義は、社会主義を歴史の法則に刻み込まれたものとして描く「冷たいユートピア」というよりは、啓蒙思想から継承した人類学的楽天主義に根ざした社会的企てであった。つまり、人類が「立って歩くこと」を学んだ長いプロセスなのである。類似した表現で、ヘルベルト・マルクーゼは、無意識の観念に依拠して記憶と社会主義的ユートピアとの弁証法的関係を説明している。『エロス的文明』（一九五五）では、記憶の機能は、「成人の文明人にあっては裏切られ、禁じられることさえあった約束と潜在性を守ること」に存する、とある。満たされないが忘れられない欲望は、普遍的な幸福のユートピアとして未来に投影される。この道で、プルーストはマルクスと一緒になる。『失われた時を求めて』は未来の解放の手段になる」[40]。この未来に向けられた記憶は階級社会の疎外された記憶に抗して生成されねばならない。抑圧的文明は規律と服従から成っている。それは快楽を収穫する代わりに疑惑の種をまく。それは「疚しさ、罪悪感、罪の意識につながる記憶」で、そこでは自由のイメージが「タブーにされる」[41]。この救われ、記憶に刻まれたユートピアにはロマンティックな意義があった。即ち、解放された未来を祖先の過去に結び付けるのである。大人において小児心理の構造と傾向が保たれるように、「想像力は」解放闘争に「快楽原則の星の下で繋がる個と普遍との直接的な統一のイメージ」を供することによって、「歴史に潜在する過去の〝記憶〟を守る」のである[42]。ブロッホの跡に従って、マルクーゼはあらゆる形の歴史的決定論を取り去ったマルクス主義的弁証法を呈示したが、その規範的な定義によると、社会主義の道はユートピアから科学ではなく、むしろ「科学からユートピアへ」[43]行く道であった。科学が社会主義の到来を告げるのではなく、社会主義が祖先の幸福への夢を満たすべく科学の成果を拠り所とせねばならなかった。ユートピアとして（あるいは野蛮へのあり得る二者択一として）再解釈されてさえも、社会主義は歴史的目的、即ち、行動によって目指された目標、記憶が保持してきた一群の欲望によって育まれた目標のままであったのである。記憶のマルクス主義的概念を一語で要約せねばならないとしたら、ヴィンセント・ジョーゲガンが示唆した定義「未来を思い出させること(44)」が挙げられるかもしれない。

こうした文章と図像のすべてが、マルクス主義的目的論は記憶をそのユートピア的想像力のキー要素にしていることを示している。したがって、この目的論を、左翼の未来派、即ち、スピード、テクノロジー、近代性に魅惑された前衛運動と、つまりはイタリアの未来派の規定によると、歴史を「廃棄して」未来を獲得すると主張する運動と混同してはならない(45)。ソビエト権力の初期年代、レオン・トロツキーはロシア未来派が主張した記憶の虚無性(ニヒリズム)を批判し、革命的行動に内蔵された記憶回復の部分を強調した。『文学と革命』(一九二四)で、彼はこう詳述している。「未来派が誇張した過去の排斥には、プロレタリアート革命派の観点ではなく、ボヘミアンのニヒリズムが隠されている。我々マルクス主義者は伝統とともに生きており、そのために革命家であることをやめてはならない。我々は最初の革命の前からパリ・コミューンの伝統を研究し、それを生かしたまま守ってきたのだ。次に一九〇五年の伝統が加わり、それに我々は育まれ、次なる革命の準備をした。もっと遡っていうと、我々はコミューンを一八四八年七月の日々とフランス大革命に繫げたのである(46)」。

マルクス主義が未来派に対して受け入れることができなかったものは、その反逆的性格でも、ロシア未来派の場合の、その急進的なブルジョワ社会批判でもなかった。それはむしろ革命的伝統の否認だった。「我々が革命に入ると、未来派は倒れた[47]」。トロツキーによれば、革命は伝統一掃、つまり「タブラ・ラサ」（白紙状態）ではない。革命には歴史の公式解釈に対する一種の反証としてそれ自身の過去のヴィジョンがあったのだから。革命はこのヴィジョンが「記憶の深淵を遡り」、その参加者に「未来への〔突破口となる〕裂け目[48]」をつくりださせる契機だったのである。

それでも、トロツキーが未来派と、社会変革の梃子としての機械に対する盲目的信仰を共有する妨げにはならなかった。『文学と革命』のいくつかのくだりは、社会主義的未来をプロメテウス的表現で描き、「普遍的調和」のフーリエ的ユートピアと一九世紀の典型的な進歩と科学技術の理想化を混淆していた。このロシア人革命家によれば、社会主義は地球の地質学的特徴を再修正し、人間と動物という種の関係を変えて、世界を見違えるほどにする定めにあった。彼の幻視者的な論議にはどんなエコロジストさえも恐れをなすものがあった。「人間は既に自然地図に重要性を欠いたわけではない、いくつかの変化を施した。だが、これから起こることと比べれば単なる小学生の練習だ。〔宗教〕信仰はただ山を動かすことを約束するだけだが、〝信仰に〟何も認めない技術は実際に山を倒し、移動させるだろう。今までは、商業的とか工業的な目的（鉱山、トンネル）だけでそうしてきたが、将来は拡大した生産的・芸術的プランに従って、比較にならないほど大規模に行なうだろう。人間は新しい山と川の目録を作成するだろう。そして今一度大きく自然を修正するだろう。場合によっては、人間は好みに合わせて地球をつくり直すかもしれない。その好みが貧相になることを恐れる理由は一つもない……社会主義的人間は、雉子やチョウザメを含めて自然全体を、機械を使って支配するだろう。そして山が切り倒される場を示し、川の流れを変え、海洋を封じ込めるだろう」。

アレクサンドル・ボグダーノフの小説『赤い星』(一九〇八)は、マルクス主義がSF小説へ闖入した稀な例の一つだが、既に科学技術の未来における社会主義を描いており、その成果が火星で実現するという。(49) しかしながら、ボグダーノフとは反対に、トロツキーは記憶とユートピアとの弁証法的緊張関係を守っていた。注目すべきトロツキー伝において、アイザック・ドイチャーは『ロシア革命史』の物語的かつ分析的な文体を研究し、この本を、記憶を背負ったプロレタリアの自己解放の局面の感情移入的再構成として紹介している。革命運動中の群衆の肖像を素描しながら、トロツキーは「彼らの内面に入り込むこと」を試み、その感情を強調し、それを読者に共有させようとした。革命時の男や女は行動の状況を選択したのではなく、その良心に合わせて行動していた。ドイチャーは続ける。トロツキーは、「そのような男がたとえ無学で粗野であっても、彼らを誇りとし、また我々が彼らを誇りとするよう願っていた。彼にとって、革命は貧しき人々や抑圧された者が、結局は発言力を持てる、短くても意味のあるあの瞬間なのであり、彼から見ると、この瞬間が何世紀間もの抑圧の贖いとなるのである。そして彼は、その再構成に強く鮮やかな立体感をもたらすノスタルジーとともにそこに戻ってゆくのだった」[50]。

神話と記憶

この未来に向けられた記憶が「新しい人間」の神話――プロメテウス的かつ男性的な強い含意を備えた概念――を維持してきたことには、些かの疑いもないが、このソビエトの英雄、解放された人類の先駆者はファシストの「同類」とは大きく異なっていた。共産主義とファシズムを隔てる底知れぬ距離は彼らの未来のヴィジョンだけではなく、過去の概念にも関係する。過去は神話として、または覚醒して現実変革のための行動を促す、熱い爆発性の記憶として現在に棲みつく。ファシズムはたぶん、非時間的な神話として考えられ、生きられた近代性の最も顕著な例であろう。保守革命の秘密はまさに技術的・機械的近代性と、伝統的価値観、神話的英雄によってつくられ、ロマン派的意味において理想化された祖先の過去との融合にあった。保守革命は新旧を混淆し、カリスマ的指導者を過去にも未来にも属する永遠なる人物像に変えたのだ[51]。「千年帝国《ライヒ》」は礼拝式を中世都市ニュルンベルクで挙げ、ファシスト体制はローマを「永遠の都」に変えようと切望し、そこでは機械の未来主義的信仰が古代の遺跡に合体し、特異な調和ある統一を生み出したのであった。一九三六年、エチオピアの植民地化後、ムッソリーニは一種のローマ皇帝として姿を現わした。翌年、イタリアの首都では、古代ローマ精神のアウグストゥス帝展が開催され、アウグストゥス生誕二千周年が称えられた。この展覧会はローマ帝国の歴史的再構成としてではなく、ローマを「象徴と神話」[52]であると見なすムッソリーニが主張した「ローマ精神」のヴィジョンにしたがって、現在に過去を「再生するもの」として構想された。アウグストゥスのプロフィールがムッソリーニのそれに変わったのだ。同じ頃、フーベルト・ランツィガーは甲冑に身をかためた中世の騎士姿の有名なヒトラーの肖像画を制作した。ナチは「歴史の領域を神話のそれ」に取り替えた。つまり、歴史的時間を「人種とその武勲詩、その闘争の永遠性」[53]に取り替えたのである。

ファシストの歴史的想像世界が神話的構築物であるのと全く同様、過去に生きた革命的経験は、たとえそれが終末論的期待を担った「未来の記憶」であったとしても、記憶によって育まれている。ヴァルター・ベンヤミンはこの特色を捉え、革命運動は「解放された子孫というよりは隷従した祖先のイメージ」[54]を培ってきたと書いている。それは恐らく、かつての革命家たちの亡霊を目覚めさせた、二〇世紀のラテンアメリカ革命が確立した過去との関係を説明することになるだろう――この革命家たちとは、アウグスト・セサル・サンディーノ〔一八九五―一九三四、ニカラグ

図2.10　エボ・モラレス大統領就任式（2006年1月）

ア の革命家〕、ファラブンド・マルティ〔一八九三―一九三二、エルサルバドルの革命家〕、エミリアーノ・サパタ〔一八七九―一九一九、メキシコの革命家〕、最近ではシモン・ボリバール〔一七八三―一八三〇、ベネズエラの革命家、南米大陸五か国の統一を企て、各国の大統領を務め「解放者」と称される。現ボリビアは彼の名に因む〕などである。二〇〇六年、チチカカ湖近くのティワナクで、古代インカの廃墟都市の真ん中で、エボ・モラレスはラ・パースでの正式任命の数日前、ボリビア大統領と宣告された。アイマラ族〔チチカカ湖周辺山岳地帯のインディオ〕のものとして挙行されたこの儀式はその勝利を、縺れてはいるが、国家や世俗制度の歴史的時間性とは異なる周期的時間に組み込んだ（図2―10）。この儀式が物語るところは、先住民族は歴史をつくろうとしたが、「歴史なき民」（ヘーゲル、次いでエンゲルスの古典的定義）の過去を西洋の歴史の国家的コードに付したくなかったことである〔なお、フランス語のsans histoire「歴史なき」には「平凡な、平穏無事な」という意味がある。例えばla vie sans histoireは「波乱なき人生」の謂である〕。一四九二年、彼らが西洋の歴史に入ったことが抑圧と抵抗の長いサイクルの始まりだったのだ。彼らが固有なアイデンティティの獲得に成功したのは、国家と彼らを否定する歴史に対する闘争を通してのみだった。(55) エボ・モラレスやアルバーロ・ガルシア〔ボリビアの副大統領〕は民間伝承の人物像ではない。彼らは世俗世界で政治的に行動したが、また彼らの行動が西洋の歴史には属さない時間性と不可分であることも知っていた。(56) 換言すれば、彼らはその過去を救済することによって、未来を構築しようとしたのである。メキシコのサパティスタ〔革命派〕の表現によると、彼らは「一本の足で過去を、もう一本の足で未来を歩くこと」を学んだという。(57) これは記憶を通して、目的論の宿命的幻想を免れた未来への期待をこめた興味深い試みである。

過ぎ去った未来

タトリンの『第三インターナショナル記念塔』は、途方もない野心を抱いた罪深い人間に神罰をもたらした聖書の神話バベルの塔から想を得ていた。バベルの塔は完成せず、崩壊した。その図像は、ピーテル・ブリューゲルの有名な絵が想起させるように、この罰の証しとして時代を通して伝わった（図2―11）。ベルリンの壁崩壊後、歴史家で文芸批評家のハンス・マイヤーは、現実社会主義の終焉を描くためにこの聖書の神話を選んだ。それは滅びるに値したが、その崩壊は避けられないものではなく、その始まりも終わりほど悪くはなかった。[58] 彼が暗示したバベルの塔は、一九四九年、表現主義者ヨハネス・R・ベッヒャーが書いた詩であるが、一種の歴史の皮肉か、詩人は数年間東ドイツの文化大臣を務めていた。一九九〇年代初め、この詩は予言的な様相を帯び、とくにその結論部分では、バベルの塔は「あらゆる言語を話し、天に昇るが」、結局は「虚無のうちに崩壊する」[59]。同じように、タトリンの塔は天を征服しようとしたが、その普遍的メッセージはスターリン主義の下での虚偽でしかなく、結局は聞き取れなくなった。

図2.11　ピーテル・ブリューゲル『バベルの塔』（1563）

共産主義の終わりは何人かの前衛芸術家によって先取りされ、彼らはそれを記憶の断絶として表わそうとしていた。一九八三年の絵で、ソ連の画家アレクサンドル・コ

図2.12　アレクサンドル・コゾラポフ『ザ・マニフェスト』（1983）

ゾラポフは、壊れた彫像の台座の横の地面に置かれたレーニンの頭を描いている（図2―12）。その前面では、三人のプットがThe Manifestoと読める新聞にかがんで、何とか内容を読み解こうとしている〔プットとは、イタリア・ルネサンス期の装飾モチーフのキューピッド風の幼児像〕。ユートピアは崩壊し、予告されていた輝かしい未来はもはや瓦礫の風景以外の何ものでもなかった。[60] Manifestoは理解不能になり、再発見され、再解釈される必要があった。レーニンは台座から倒れたが、頭はそのままで、眼差しは荘重である。彼はその彫像を倒した者か、または像を立てて、もはや無意味になった役回りを演じさせている者に語りかけているかのように見える。

共産主義の終わりは、ユートピアの死と記憶の行為、沈黙と悲しみの儀式としてのその最も悲痛な表現を、旧ユーゴスラヴィア戦争に捧げられたテオ・アンゲロプロスの映画『ユリシーズの瞳』（一九九五）に見出した。過去の消去、その痕跡の救済、その記憶の保全が映画の導線である。戦火の国で、失われたと思われた一片のフィルムを探し求める主人公の旅。包囲された町サライェヴォの映画博物館に唯一、一本だけ残っていた最古のギリシア映画は、瓦解するなかで希望とユートピアを一緒に運び去るおそれのある、崩壊した世界のメタファーである。長い移動シーンで、解体されたレーニン像が艀に横たえられ、目と人差し指を天に向けてダニューブ河を流れ渡ってゆく。次いで、段々と人が多くなり、川岸に並んでその通過を見守っている。皆が沈黙している。何人かは跪き、なかには十字を切っている者もいる。悲しくも静かなメロディーが、分解されて横たわる哀れなレーニンが歴史の舞台から去ってゆくこの葬列を見送っている。セルゲイ・エイゼンシュテインの『十月』（一九二七）では、ツァー像の破壊が革命を象徴していたが、それと対位

図2.13, 14　テオ・アンゲロプロス『ユリシーズの瞳』(1995)

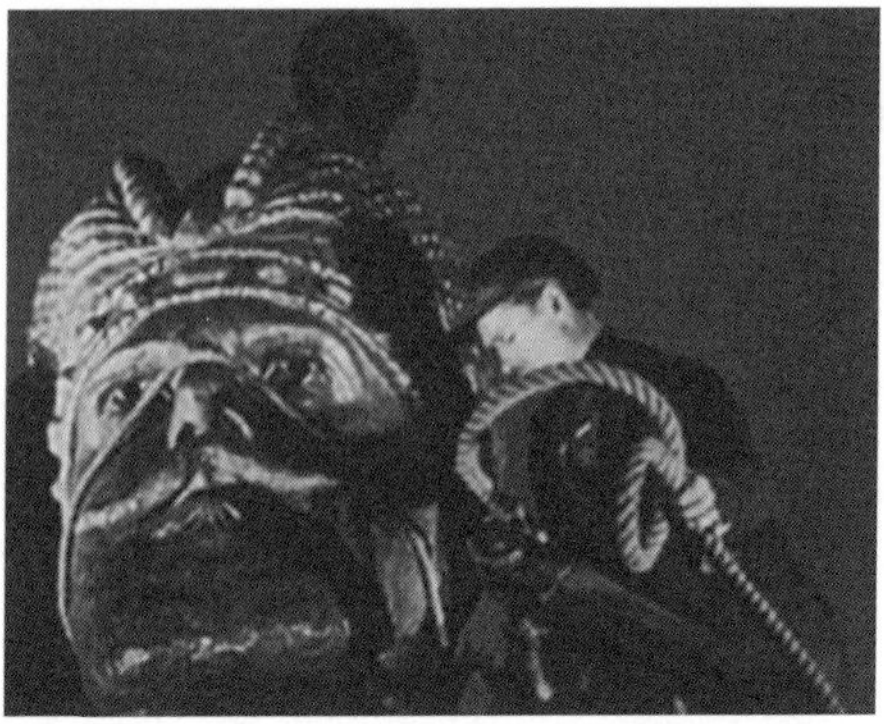

図2.15　セルゲイ・エイゼンシュテイン『十月』（1927）

法的に、このレーニン像の瓦礫の通過は共産主義の終わりを喪の作業として呈示する[61]（図2—13、14、15）。現在に釘づけにされ、予見的構造を欠いた我々の歴史体制に対応するマルクス主義は、不可避的にメランコリックな色彩を担わされる。マルクス主義は、希望の原理を——少なくとも、解放された社会のユートピアが共産主義に具体化されていた二〇世紀に、この原理が取っていた具体的な形において——切り取られ、歴史的敗北を内在化した。マルクス主義に戦略的次元があるとすれば、それは資本主義の転覆を組織するのではなく、被った逆境のトラウマを克服することに存する。その術はペシミズムの組織化にある。即ち、敵前で降伏することなく失敗挫折を引き受けることである。それは、新たな出発が必然的に前代未聞の形を取ること、未知の道を行かねばならないこと、さらにまた過去の教訓の同化もせねばならないことを承知したうえで、敗北を歴史化することである。敗者の視線はつねに批判的なのである。

第三章　メランコリックな映像——敗北した革命の映画

「現実社会主義」の終わりは共産主義の希望に関する意義ある映画は生まなかった。だが、注目すべきいくつかの作品に感化を与え、それらは悲劇から喜劇まで極めて多様な領域において人為的世界の崩壊を描き、全体主義権力が個人と人間関係に課した道徳的ジレンマと日常的欺瞞を分析している。例えば、フローリアーン・ヘンケル・フォン・ドネルスマルクの映画『善き人のためのソナタ』(二〇〇六)が一例だが、さらには、ヴォルフガング・ベッカー『グッバイ、レーニン!』(二〇〇三)のように、郷愁と皮肉を込めて、社会主義世界の消滅を喚起しているものもある。ロシアでは、アレクサンドル・ソクーロフ『牡牛座　レーニンの肖像』(二〇〇一)やアレクセイ・ゲルマン『フルスタリョフ、車を!』(一九九八)がレーニンとスターリンの断末魔の足掻きを描いてソ連体制の崩壊を隠喩化し、他方、ボスニアの監督エミール・クストリッツァは、『アンダーグラウンド』(一九九五)で、途方もないバルカンの道化劇を舞台に乗せて旧ユーゴスラヴィアの歴史を語っている。

映画と歴史(歴史の映像形態)

共産主義の内部では、とクストリッツァ監督は語っている。「すべてが偽り、虚構、インチキだった。共産主義は基本的に決して進化することのない制度だ。ところで、人々はまるで現実であるかのように虚構の世界に入った。そうした場合、選択肢はなかった。荒廃、破局に向かうしかないだろう。ジョージ・オーウェルが言ったように、政治的言語は嘘が真実に見えるようにつくられているのだ」[1]。こうした映画の大部分では、共産主義は社会的崩壊の場か、奇妙で理解不能な底知れぬ深淵として現われる。崩壊後は、空虚しかない。「エレジー」に対するソクーロフの好みを強調しながら——これは彼のドキュメンタリーのいくつかのタイトルであるが——、ジョルジョ・アガンベンはこの語の語源を指摘し、古代ギリシア語では、政治的不満に裏打ちされた葬送の嘆きを指しているという。「ソクーロフの嘆きには中心的な対象、権力、もっと正確にはその中心的な空虚がある」[2]。

たぶん、この空虚は極めて深く、権力を飲み込んでいただろう。現実社会主義の終わりは社会主義的希望の翳りを生んだのではない。ただそれを示しただけだ。一九八九年、ナンニ・モレッティは『赤いシュート』を制作したが、これはこの空虚が記憶喪失に変わる映画である。主人公は自動車事故で記憶喪失になった共産主義者である。過去の断片が、彼のものもイタリア左翼のものも、水球の試合中には蘇ってくるが、これは彼に共同体への帰属感を与え、彼が生きた個人主義的世界から逃れさせてくれるスポーツである。記憶喪失の彼は、かろうじて見分けられる国で苦々しく、懐疑的な自己を見出す。一年後、モレッティは、左翼民主党と党名変更することになる共産党大会で、注目の的となった党下部組織の闘士たちの討論を撮影した（『ラ・コーサ（状況）』、一九九〇）。共産主義とのあらゆる関連を放棄して、つまりは数十年間培ってきた文化、思想、経験、アイデンティティと断絶すると、不思議な政治的対象が生まれた[3]。しかしながら、ナンニ・モレッティの映画はこの共産主義の記憶喪失を深くは掘り下げなかった。それを皮肉な光の下で描きながら映すだけに甘んじていた。社会主義的希望の翳りと、前世紀の挫折した革命の遺産を引き受けることのできる視覚的言語を探すべきは、他にあった。

アントワーヌ・ド・ベックが histoire-caméra（歴史の映像形態）と呼び、ヘイデン・ホワイトはそれをhistoriophoty（歴史と、映像と映画的言説を通して歴史に付随する思想との表象）と名づけた(4)［この二つの造語はいずれも殆ど翻訳不能だが、〝映像による歴史記述〟のような意味であろうか］。歴史記述――過去に関する批判的言説、生じた出来事の再構成と解釈の試み――と異なり、映画はしばしば過ぎ去った時代の表現としては不正確で、曖昧である。だからそれに対し、記録資料を基にして作業するどんな研究者にも想像できないほど自由な態度をとる。しかしながら、映画は、歴史小説同様、出来事の「主体的」次元に達するべくそれに入り込んだり変貌させることができ、その当事者であった人間がどのように生きたか、また彼らはそれにどんな意味を与えたのかを語れるのである。ナタリー・ゼモン・デイヴィスは、映画は「過去に関する思想的経験」になり得ると示唆している(5)。ランケの言によると、映画は、事実を「実際にあったままに」描こうとはせずに、その真実の一つを明かしてくれる。したがって、革命的意識のバロメーター、そのジレンマや変化の徴候として研究できる。ある時は明確に、ある時はアレゴリックな回り道をして革命やその敗北を描いた映画は数多い。かくして、映画は政治的に参加した芸術家によって制作され、左翼文化やその論議に寄与している。また映画は経験を政治化し、批判的思想を刺激する。換言すれば、その美的な価値を越えて、左翼の精神的、情緒的な風景を形づくり、ありのまま見せてくれるのである。

戦後の体制復古

ルキノ・ヴィスコンティの『揺れる大地』は左翼の敗北のアレゴリックな表現を供してくれる。ただ一瞬だけ鎌とハンマーがスクリーンに浮かぶことを除くと、社会主義に関する映画ではなく、階級闘争の比喩として構想され、またそう受け取られた。一九四八年九月、ヴェネツィア国際映画祭に出品されて、この映画は戦後、革命の瀬戸際にあるように見えた、イタリアの数年間続いた希望の終わりを反映していた。一九四五年、かつてレジスタンスの主要勢力で、半島の工業地帯の大部分を支配していたイタリア共産党は政府に参画していた。イタリア南部では、土地占拠大運動が農地改革の実施を促し、先祖代々の大土地所有者支配の是正を訴えていた。三年後、冷戦初期には、共産党はまだ強力な勢力だったが、社会運動が敗北すると、全く孤立していた。一九四八年四月、キリスト教民主主義が選挙に勝った。三か月後、共産党指導者パルミーロ・トリアッティ暗殺未遂事件は国中に、共産党に阻まれて戦後の政治的動員力を抑え込まれていた反乱の波を起こした。同時に、キリスト教民主主義、マフィア、大土地所有者が形成したブロックが南部に根を下ろした。一九四七年五月一日、この社会的・政治的復古を告げる出来事がポルテラ・デラ・ジネストラのシチリア島の村で起こった。土地所有者の唆しで、殺し屋が一八人の農民を殺害し、その他多数を負傷させた。これで、農村地域におけるイタリアの農民闘争は灰燼に

帰した。この敗北は歴史的広がりを帯びて、以後の数十年間、南イタリアの社会関係を持続的に再形成することになる。(6)

ヴィスコンティが『揺れる大地』を制作したのは、まさにこの時である。一九四七年一一月に撮影が始まり、一九四八年四月末に終わった。モンタージュはローマで行われた。これはルキノ・ヴィスコンティの第二の映画で、彼は戦時中共産党に入り、レジスタンスに参加していた多くの知識人の一人だった。一九四四年、彼は逮捕されたが、奇跡的に強制収容所送りを逃れた。解放時、彼は、ドイツ占領下のローマとミラノの拷問センター長ピエトロ・コッホの処刑を撮影した。(7) 戦争末期、彼はロベルト・ロッセリーニ、チェーザレ・ザッパティーニ、ヴィットリオ・デ・シーカなどともに、「人民」の現実生活を苦悩、抑圧、闘争のなかで描こうとした新しい映画の潮流、ネオレアリズモの創始者の一人だった。一九世紀のロシア共産党と全く同様、この芸術的運動は「人民」を理想化し、街頭で直接撮影し、しばしば素人の役者が演じて、人民を映画の「ヒーロー」にしていた。

当初、『揺れる大地』はドキュメンタリーとして構想された。ヴィスコンティはこれを、共産党のシチリア同盟が資金を出し、一九四八年四月の選挙用の宣伝映画にすることを受け入れていた。これは、シチリアの労働者階級、漁民、鉱夫、農民などの闘争に捧げられた三部作の第一部になるはずだった。最初のプランは、仲買人に対する漁民の闘い、硫黄鉱山の閉鎖に対する鉱夫のスト、農民による土地占拠の勝利を描いていた。この三部作は、芸術創造、社会の写実的表現、政治的参加が調和よく融合した一つのフレスコ画を成すはずだった。ところが、このプランはすぐに放棄されることになった。ドキュメンタリーがフィクションになり、ヴィスコンティは、私有財産売却を含めて、代替の資金源を探すことを余儀なくされた。第二部、とくに第三部――鉱夫の勝利の闘争に捧げられた「贖い」のパート――を撮影することが不可能になり、ヴィスコンティは漁民の悲惨さを描くしかなかった。もはや彼のプランには、敗北のアレゴリックな表現しか残っていなかったのだ。[8] ジュゼッペ・デ・サンティスのネオレアリズモ映画、とくに楽観的なメッセージを伝える『荒野の抱擁』(一九四七)、『オリーブの下に平和はない』(一九五〇)などと異なり、『揺れる大地』は敗北で終わったのである。

ヴィスコンティは、ドキュメンタリーの束縛からは解放されたが、それでも当初のプランを実現した。つまり、一九世紀末、ジョヴァンニ・ヴェルガが著したイタリア文学の傑作の一つ『マラヴォーリア家の人びと』の映像化である。[9] この自然主義的小説は、カターニア近くのシチリア島沿岸の貧しい漁師一家の物語を描いている。ヴィスコンティの映画では、物語は二〇世紀に展開されるが、話の筋はほぼ小説のままである。若い主人公ウントーニは先祖代々受けてきた搾取から解放されようとして、家を売り小さな漁船を買う。そしてこの船で獲った魚を、地方を牛耳る仲買人に安値で買いたたかれることなく、カターニアの市場で直接売ろうとする。しかし嵐が

図3.1　ルキノ・ヴィスコンティ『揺れる大地』(1948)

彼の船を破壊し——皮肉にも船名は「プロヴィデンス」という名前だった——、一家を絶望に陥れ、彼は仲買人に雇われる漁師に戻らざるを得なくなる（図3—1）。

『揺れる大地』は、シチリア沿岸の村アーチ・トレッツァで撮影され、方言をしゃべる本物の漁師が演じた。映画の冒頭で、「イタリア語は貧者の言葉ではない」と語り手が告げる。会話はほとんど理解不能だが、ナレーションが状況を説明し、この悲劇の解釈を暗示する役割を果たしている。ネオレアリズモのコードに忠実なヴィスコンティは、社会と人間をありのまま、潤色せずに示そうとしたが、彼の新古典派的な感性のためしばしば、自然の風景をルネサンス絵画のように撮影し、彫刻したような肉体をギリシアの彫像のように撮影し、漁師を神話のヒーローのように描いている。しかしながら、こうした作品の構成要素は映画の政治的意義を隠せず、一九四八年のドラマティックな文脈で批評家たちの注目を浴びたのである。

ヴィスコンティはヴェルガと、いくらかの貴族的スタイルと敗者への民衆的な好みを共有するが、シチリアの作家が保守的なロマン派として貧困を不動のヒエラルキーの世界において美化したのとは反対に、ヴィスコンティは貧しき人々のサガを緊張と対立に貫かれた歴史的な社会構造のなかに組み込んだ。ヴェルガの小説では、貧困は避けられない運命と見なされ、それを免れようとするどんな試みも、仮借なき失敗となる定めにある。抑圧は先祖伝来の取り消せない、ほとんど存在論的な呪いである。それに対して、ヴィスコンティの映画では、それはもはや宿命ではなく、強者の慈悲を拒否して闘い、打倒せねばならない不正義である。『揺れる大地』は政治的なメッセージを伝えようとしたが、それは映画の最後のシーンのナレーションで見事に要約されている。「ウントーニは仕事を再び始める。彼は敗者で一人ぼっちだが、経験によって、彼は孤立したから敗けたのだということを学んだのである」[10]。

後年、ヴィスコンティは、「南部問題」に関するグラムシの著作が彼の映画の母胎の一つだった、と言っている。ヴェルガの小説は彼に文学的源泉を提供したが、サルデーニャのマルクス主義思想家は、漁民が生きていた経済的・社会的状況に対する彼のヴィジョンに感化を与えた。グラムシを読むことで、彼は「イタリア南部が陥っている社会的混乱、北部の支配階級が搾取する植民地型の市場」を理解することができたのである。グラムシの用語を借用して、彼はこう続けている。彼の映画は「北イタリアの労働者と南イタリアの農民との同盟」[11]に対する擁護である。『揺れる大地』は、グラムシの『獄中ノート』の初版と同年の一九四八年にスクリーンに登場したが、前記の一九二六年に執筆された「南部問題」に関する論稿は、一九四五年共産党系の雑誌

『復興』に発表された。[12] グラムシの作品がイタリアに受け入れられたのは、ヴィスコンティの映画の封切り後であったが、そのためか、彼の証言はある種の留保をもって迎えられたと思われる。しかしながら、工業化された北部の労働者階級と南部の農民、羊飼い、漁民などの民衆階級が形成した「歴史的ブロック」が実現した社会主義革命の理念は、イタリア共産党の原理原則の一つであり、グラムシの著作の刊行よりずっと前からプロパガンダで普及していた。[13] ヴィスコンティは、行動する大衆を主人公とする二部と三部を切り取られて、敗北の壮麗な祝賀であるにとどまったこの映画では、この理念を例証できなかった。一九四八年、ウントーニ・ヴァラストロの悲劇はレジスタンスがもたらした希望の終わりを画し、農地改革のため闘って敗れた農民へのオマージュとなったのである。

これと類似したものに、肯定的で安心できるメッセージ――ヴィスコンティはグラムシに貴重な「意志のオプティミズム」を認めていた――と、シチリアの土地占拠にいくつかの作品をあてた共産主義画家レナート・グットゥーゾの絵に示された敗北の明確な認識との組合せがある。『農民のマルセイエーズ』(一九四七)や『荒れ地の占拠』(一九四九)のような絵は農民闘争を表わしているが、ドラクロワ『自由の女神』(一八三〇)やペリッツア・ダ・ヴォルペード『第四身分』(一九〇一)、ピカソ『ゲルニカ』(一九三七)などの新旧の絵画モデルから想を得ている。至るところで、民衆の闘いは激しい反動に直面し、情熱と苦悩に満ちた苦悶の合唱のような場面と

図3.2　レナート・グットゥーゾ『ポルテラ・デラ・ジネストラ』(1953)

なる。このシリーズ最後の絵『ポルテラ・デラ・ジネストラ』(一九五三)では、死と苦痛だけが描かれている[14](図3―2)。

『揺れる大地』とこのグットゥーゾの最後の絵をともに特徴づける破局と希望の絡み合いは、当時のメンタリティーを反映している。一九四八年の社会的・政治的敗北は社会主義的企てを汚さなかった。イタリアの他の至るところで、労働者階級はまた守勢にあったが、未来を信じて強力な、組織化されたプロレタリア集団を形成し続けていた。一九五〇年代、イタリア共産党は二百万人以上の加入者を擁し、イタリア文化に覇権的位置を占めていた。もちろん、それは正統派共産主義と改革派の支持者間の対立に悩まされていたが、未来を体現するという野望の下で団結していた。ソ連はナチを倒し、イタリア共産党はレジスタンスを主導してきた。つまり、歴史は不可避的に社会主義に向かっているというのである。実際、党が知的世界に最も強力な影響を及ぼしたのは、ジュダーノフ主義の時代、一九五〇年代である[15]〔ジュダーノフはスターリン体制の主要メンバーの一人で、社会主義リアリズムの理論家でもあった〕。

他にいくつかの戦後のイタリア映画が、挫折した革命と全滅した闘いを描き、その実存的意義を探っていた。それらは、欺瞞的な表面の下に隠れた最も凡庸で散文的な様相、例えば、裏切り、過ち、諦め、否認などの面から歴史を問うたが、歴史は強力な動きで彼らを超越していた。その社会主義的な「期待の地平」は消えていなかったのだ。一九七二年、タヴィアーニ兄弟はイタリア人無政府主義者の悲劇的物語、『サン・ミケーレのおんどりさん』(一九七二)を撮ったが、これはロシア共産党にあてられたトルストイの『神のわざと人のわざ』(一九〇六)を自由に脚色した〔テレビ〕映画である。[16] 主人公ジュリーノ・マニエリは、トルストイのロシアのナロードニキ〔帝政下で農民解放のため活動した知識階級。人民主義者〕のように、革命派の陣営を選び、人民の列に加わる決心をしたブルジョワ知識人である。一八七〇年代、この主人公は国中を渡り歩き、いくつかの町で反乱運動の組織化に参加するが、こうした活動は彼に逮捕と死刑判決をもたらした。しかしながら、処刑の日、彼の罰は極限的な状況下とはいえ、終身刑に変えられた。彼は執念と政治的なメシア信仰によって、一〇年間の完全な孤立状態でも理想を保ち続けた。彼は信じ難い生命力を示し、周囲に同志や本、活発な議論が行きかう架空世界をつくりあげて、生き残った。

鎖に繋がれて警官の監視下で別の監獄に移送中、彼を運ぶ船は、若い社会主義者の囚人が乗っている船と出会った。十年ぶりに他者《ひと》と話すなかで、ジュリーノはその投獄以来起こった社会的・政治的変化を知った。若者たちは彼とは異なった言語を話し、大衆運動が「事実によるプロパガンダ」という古い方式に取って代わった新しい社会主義概念を弁じていた。この新事実を前にしてジュリーノの世界は崩れる。彼は自分の時代が過ぎ去ったことを自覚し、その人生が突然無益で、意味を欠いたものに思えた。彼は鎖に繋がれたまま船から海に飛び込んで、自殺した。

この映画は、無政府主義者とマルクス主義者の対立を扱いながら、社会主義の歴史の犠牲と幻想から成る悲劇的次元を強調していた。ヴィットリオ・タヴィアーニがインタビューで述べたように、このドラマは「現在について話すために過去を語っている」(17)。パオロとヴィットリオ・タヴィアーニは『神のわざと人のわざ』をつくり直し、現在化した。今や、『サン・ミケーレのおんどりさん』は過去しか語らない。ヴェネツィア方言で束の間、言葉を交わしたジュリーノ・マニエリと若い社会主義者たちは、もう歴史の閉じられた一章に属することになる。

植民地革命

すぐれて栄光の敗北、撞着語法として「勝利せる」敗北の、とでも言いたくなる映画の監督はジッロ・ポンテコルヴォで、ヴィスコンティ同様、レジスタンスに参加し、ネオレアリズモの時代に映画を撮り始めたもう一人の共産主義者である――彼の天職はロベルト・ロッセリーニの『戦火のかなた』を見た後に訪れた。彼は初期の映画で、ドキュメンタリーとフィクションのどちらでも、戦後イタリアの労働状況における貧困、闘争、希望などを描いた（『ジョヴァンナ』『パンと硫黄』）。[18] 一九五六年、ソ連のハンガリア介入後、彼はイタリア共産党を離れた。だが政治的参加を放棄するどころか、その革命的・反植民地的立場を鮮明化かつ強化した。彼の映画の中心には、ナチの強制収容所に送られた若いユダヤ人女性の物語『ゼロ地帯』（一九五九）のような犠牲者ではなく、『アルジェの戦い』（一九六六）、『ケマダの戦い』（一九六九）の主人公のような反逆者が登場する。『ケマダの戦い』の映評で、アメリカの女性批評家ポリーン・ケイルはその監督を「極めて危険な類いのマルクス主義者、マルクス主義的詩人」と評したが、これは恐らく彼が（脚本家のフランコ・ソリナスとともに）自己のものとして恥じない定義づけであろう。[19]『ケマダの戦い』を「驚くほど分析的で予兆的な傑作」とするエドワード・サイードは、この意見をともにしていた。[20]

『ケマダの戦い』は、一九六〇年代の異議申し立て運動の波がピークに達した頃に発表されたが、後になってみると、この波乱に富んだ一〇年の文字通り地震計のように思える。これは、キューバ革命の一〇年後、ボリビアでのチェ・ゲバラの死の二年後にコロンビアで撮影された。ポンテコルヴォは既に、一九六六年ヴェネツィア国際映画祭で金獅子賞を受けた『アルジェの戦い』により国際的な名声を博していた。この新作映画は明確にヴェトナム戦争を反映している。まさにゲリラ勢力が勝利したテト攻勢直後に制作され、世界中で反戦運動を起こしていた若者に語りかけるものだった。ヨーロッパでは、フランスは六八年五月の激動に見舞われ、北アイルランドは内破の瀬戸際にあり、イタリアはストの波(「熱い秋」)に襲われていた。そのような文脈で、敗北した革命の表象である『ケマダの戦い』は長く困難だが、勝利が間近いことを告げる叙事詩的な道を喚起させるものとして立ち現われた。エンニオ・モリコーネの音楽が流れる最初の映像から、『ケマダの戦い』は闘いへの煽動であろうとした。

この映画は、時には押しつけがましい教訓調のため批判されたが、植民地主義の歴史を例証し、いかにして抑圧された人民が歴史的主体に変貌するのかを描いている。(21) 西インド諸島のケマダという架空の島で、土着民は植民者に絶滅され、アフリカ人奴隷によって取って代わられた。タヴィアーニ兄弟のように、ポンテコルヴォは歴史を現代の出来事に絡ませようとする。二人の主人公ウィリアム・ウォーカー(マーロン・ブランド)とホセ・ドロレス(エヴァリスト・マルケス)は西欧と植民地世界を結ぶ関係を表わしている。彼らはまた二人の歴史的人物を想起させる。ウィリアム・ウォーカーはアメリカの海賊で、自力でニカラグアを植民地化しようと試み、一八五六年、短期間だがその支配に成功した。ホセ・ドロレスの方は今やニカラグアの国民的英雄だが、ウォーカーを島から追い払った土着民軍の指揮官だった。『ケマダの戦い』では、ウォーカーは冒険家的な外観のイギリスの秘密スパイで、啓蒙主義の曖昧さと古典的自由主義の偽善を体現していた。ドロレスはスパルタクスの近代版か、トゥッサン・ルヴェルテュール〔一八世紀のハイチ独立運動の指導者〕とチェ・ゲバラの一種のアレゴリックな混種的人物像である。初期には、ウォーカーは、大英帝国の支持する独立を獲得すべくポルトガル人に反抗せよと奴隷を扇動するが、一〇年後、彼は王立砂糖会社の権益を守るため島に戻ってくる。ポルトガル人がイギリス人に席を譲ると、後者は服従した少数の独裁派と結託して島を支配する。軍事専門家として、ウォーカーは、山岳地帯に基地を築いたドロレスが起こした新たな反乱の鎮圧を命じられる。反乱鎮圧作戦の間に捕らえられて、ドロレスは死罪に処せられる——この作戦はヴェトナムのナパーム弾やボリビアでのチェ・ゲバラの失敗を連想させるが。ウォーカーは己れの〔鎮圧者という〕職務の高慢、破廉恥さと、ドロレスの道徳的純粋さと集団的政治参加を体現する姿に対する称賛に満ちた愛着心によって、引き裂かれる。彼は処刑を阻止し、ドロレスを助け、国外脱出のヴィザさえ提供できるが、ドロレスは降伏を拒み、その犠牲が大義を強化するものと信じて、死に赴く決心をする。

『ケマダの戦い』は並行した二つの軌道を描いている。一つは新植民地主義がその先兵たちを落とし込む道徳的深淵、もう一つは抑圧された民族のなかに芽生える政治的意識が段々と発展する軌道である。[22] ウォーカーは、ドロレスに出会ったときは、反植民地主義とイギリスの貿易が提携できるという幻想を抱いており、まだ文明と進歩を信じていた。しかし一〇年後、彼は理想を失い、その標榜する文化は全くの道具的なものになった——この一〇年は、彼がケマダの堕落した独裁派の代表たちとの対話で示したように、一世紀間の矛盾を凝縮した時期なのだ。彼はよくできた仕事の結果しか好まず、その行動の「理由」ではなく、「方法」だけに関心がある。逆にドロレスは、たとえまだどうすれば成功するのか分からなくても、自民族の解放のために戦っていることを知っている。彼は植民地主義が伝統文化の破壊をもたらすことを理解し、文明の使命神話なども う信じない。文明が白人のものならば、「それなら野蛮人のままのほうがまだましである」。[23] 映画の最後の場面で、処刑場に引かれていくとき、彼は沈黙を破って、次のような予兆的な言葉でウォーカーに話しかける。「イギリス人Inglés〔Anglais = English〕よ、自分で言った言葉を覚えているかい？ 文明は白人のものだ！ と言った。でもどんな文明、またいつまでの？」（図3—3）。

いくつかのインタビューで、ポンテコルヴォは、フランツ・ファノン『地に呪われたる者』（一九六一）とその暴力論が彼の映画に及ぼした影響を強調している。[24] 一九七二年、彼は反植民地闘争を「人間の条件の最も困難な経験の一つ」と見なし、付け加えて、西洋文明はまるごとそのまま、「植民地化された者の肩の上に」建っており、それは「我々の精神力や考え方、文化」に深刻な影響を及ぼす事実である。[25]『アルジェの戦い』と『ケマダの戦い』では、暴力は解放闘争における基本的段階として示されている。もちろん、それは植民地主義から生じ、破壊的でジェノサイド的であるが――ケマダはポルトガル語で「焼かれた、燃えた」を意味する――、映画は、この厳密に状況対応的な見方を超えて、暴力を政治的成熟の契機として描いている。被抑圧者が彼ら自身の力を自覚するのは、敵の暴力に釣り合った「二元論的な」暴力によってである。フランツ・ファノンによれば、暴力は、植民地化された民族に「集団〔共同体〕の歴史」[26]を体現していることを理解させる。『アルジェの戦い』で、アリ・ラ・ポワントは、いかにしてサボタージュやテロ攻撃を組織するかを学びとりながら、アルジェリア民族解放戦線FLNのリーダーになり、他方、解放闘争に参加した女性は、ピストルを運び、爆弾を装着することでその尊厳と自立を確立する。『ケマダの戦い』では、反逆者は暴力を公然と認める。

図3.3　ジッロ・ポンテコルヴォ『ケマダの戦い』(1969)

「我々はサトウキビよりは敵の首を切らねばならないだろう」。

『アルジェの戦い』は写実的な性格を強めるためニュース映画のように撮影されて、独立闘争で決定的な段階となった敗北の記録だった。『ケマダの戦い』は異なった様式を採用し、冒険映画と革命的サガとの中間で、世界的なスターのマーロン・ブランドと素人俳優エヴァリスト・マルケスを配して、ハリウッドと写実主義を結びつけていたが、ドロレスの死を勝利の予告として示し、類似のメッセージを伝えていた。ウォーカー自身、ケマダの当局に反乱鎮圧策を告げたとき、既にドロレスの運命は一九世紀のチェ・ゲバラのもの、つまり、鎮圧が彼を英雄にすることを予想していた。殺されると、彼は殉教者になり、そのアウラは彼を神話にするのである。

ポンテコルヴォの映画では、勝利は必然的である。アルジェの反乱圧殺もケマダのゲリラ指導者処刑もそれを阻止できない。ポンテコルヴォ自身が説明するように、『アルジェの戦い』はアルジェリア独立によって可能となり、『ケマダの戦い』は、一旦始まれば止められない解放のプロセスを映像によって示す意図をもって撮影された。この二つの映画に潜在する革命的歴史主義によると、勝利は必然的であった。しかしながら、一九八〇年以降は、この歴史哲学に想を得たいかなる映画も制作されなかった。エドワード・サイードが示唆するように、たぶんそれが傑作映画の後、ポンテコルヴォが沈黙した理由であろう。二〇〇六年に死ぬまで、彼は協働プロジェクトにしか参加せず、例えば作品としては、一九八四年の共産党指導者エンリコ・ベルリンゲルの葬儀や、二〇〇一年のジェノヴァ・サミット反対デモのドキュメンタリーがある。サイードによると、彼は「どこに行くことも、何をすることも、何も言うこともできなかった。それはまるで彼自身の無力感が政治的場面の至るところに広がったかのようだった」[27]。彼は闘いの映画は撮ったが、喪の映像作家ではなかったのである。

記憶の場

一九八九年以降、ポンテコルヴォの映画にあった歴史観は時代遅れになったようだった。ソ連の崩壊は共産主義を記憶の場に変えた。ピエール・ノラによれば、記憶の場とは我々を過去に結びつけ、また記憶の環境、即ち、記憶の伝達を保証する媒介物が消えたとき立ち現われる国土、空間、建造物、事物、象徴などである。換言すれば、それは継承した記憶の終わり、必然的に現在をその航跡に組み込んだ過去の終わりと一致する。ひとは過去が脅かされているように見えるときや、もはや現在に息づいていないときに記憶の場の必要を感じる。そうして、こうした場の誕生（または認識）は過去を「遺産」や記念の対象に変える。つまり、過去はもう聖遺物としてしか保存されず、現在との感情的な関係が段々と曖昧で、希薄になる。歴史の記述は理性的かつ批判的な作業であるが、記憶は生きた経験として過去の意味を捉える。フランスの国民的記憶に準拠しながら、ノラは共和主義という市民宗教のような世俗的な形をとり得る「聖なる」関係を挙げている。彼の本は、旧制度から第五共和国に及ぶ国民的過去の連続性がグローバリゼーションの到来によって壊され、脅かされ、再検討の必要があると思われる時代に建てられた壮大かつ華麗な歴史記述の記念碑である。このアプローチの保守的な目的性、つまり、国民的「遺産」の財産目録の作成が目的であっても、その考え方が二〇世紀の共産主義の経験に適用されることの妨げにはならない。それはピエール・ノラが書いている通りである。「記憶が結晶し、隠れている場に対する好奇心は、我々の歴史のこの特定の時期に結びつけられる。それは、過去との断絶意識が引き裂かれた記憶の感情と混じり合う接点の時であるが、またこの断絶の悲痛な感情が、記憶の具体化の問題が起こるのに十分なだけ記憶を目覚めさせる時でもある。連続性の感情は場に残留することになる。記憶の環境がないから、記憶の場があるのである」[28]。

この定義は、事物、場所、象徴、表象物などから成る共産主義の遺物の不均質で、多様な形の集積を検討することに意義があることを示している。記憶の場とは記録保存された過去である。ノラが定めた歴史と記憶の模範的な対置は厳密で、ほとんど規範的だが、確かに、それが互いに互いを排除することを前提とし、それを結びつける象徴的関係を見ていないという限りにおいては、異論の余地がある。[29] その構成要素に還元されると、この対置は、生が死に、存在が不在に、主観的な含意が客観的な構文に、理性が感情に、暖が寒に、聖が俗に対するように、記憶が一貫して歴史に対置される厳格な二分法に至る。ノラ自身が強調するように、我々の社会の記念の契機は、まさに現在に息づいていない過去の忘却から立ち現われる。記憶の場は忘却によって脅かされる、閉じた過去との感情的関係を守る必要に応える。この世襲的なナショナリズムに無関心なヴァルター・ベンヤミンは、[30] 記憶の場とはそれを救済するため観想的で、メランコリックな眼差しに捉えられた聖遺物、死せる事物であると指摘している。[31] ポスト共産主義の時期に撮影されたいくつかの映画は、完了した経験の意味と傾向を凝縮している瞬間、表象物、象徴などのモザイク図を描いて類似した役割を果たしている。

前述したように、二〇世紀初めの映画が暗示した歴史観と末期のそれとには、驚くべきコントラストがある。エイゼンシュテインには、過去の戦略的ヴィジョンを経験の貯水池として擁護し、その経験の選別によって、彼には歴史の芸術的な表現形式を構築し、同時に政治的メッセージを伝えることが可能になる。『ストライキ』『戦艦ポチョムキン』(一九二五)から『十月』(一九二七)まで、一九二〇年代の彼の映画はロシア史を革命への抗い難い上昇として描いている。『十月』では、彼は叛徒の群衆がツァーの彫像を倒す場面で、過去との断絶とユートピア的未来への予測を象徴している。テオ・アンゲロプロスの『ユリシーズの瞳』(一九九五)では、共産主義そのものを体現するのは解体されたレーニン像である。ダニューブ河を渡るこの彫像の旅は、歴史の舞台からのその退出と記憶の場への移行変貌を象徴している。アンゲロプロスの精神においては、恐らくまた起源への回帰が問題であっただろう。つまり、共産主義は再考され、再構築される必要があったのである。彼の映画はバルカン半島を横断し、ハーヴェイ・カイテル演ずる現代のユリシーズが、内戦中の町の映画博物館で一世紀前にギリシアで撮影された初期の映画を見出すサライェヴォまでの長旅を語る――主人公はギリシア、アルバニア、旧ユーゴスラヴィア、ブルガリア、ルーマニアを移動してゆく。そうして、ユリシーズがイタカ島に戻るように、解体されたレーニン像はダニューブ河を運ばれて、一九世紀に共産主義が生まれたドイツに到着する。その旅は終わりと源泉への回帰を同時に描いているので、主の公現の趣がある。喪の群衆に送られ、エレニ・カラインドルーの音楽が流れる、レーニン像のダニューブ河の旅は埋葬でもあり、啓示でもある。アンゲロプロスはこのシーンを葬送の雰囲気で覆うが[32]、そのメッセージは登場人物の一人が発する、T・S・エリオットから借用されたセリフにある。「わが終わりにわが始めあり」[33]。ギリシア神話のディオニュソスのように、レーニンは再生するかもしれない[34]。それは勝利の予告ではない。すべてが再構築されねばならないという考えに基づく社会主義の賭けである。

赤い影

エイゼンシュテイン〔の映像〕は一九七七年撮影のクリス・マルケル〔一九二一―二〇一二〕の『空気の底は赤い』に再登場するが、一九九三年の新版では短縮改定されており、次いで二〇〇三年、英語圏では『猫のないニヤニヤ笑い』〔ルイス・キャロル『不思議の国のアリス』のチェシャ猫の挿話から採ったもの〕と題して放映された。フランス語の原題は、革命的ユートピアが街頭に降りた世界を示す映像の渦を通して、一九六〇年と一九七〇年代の沸き立った雰囲気をよく捉えている。マルケルはこの映画を、ラテン区にあるフランソワ・マスプロの本屋「ラ・ジョワ・ド・リール」の店の奥で、大半が抜粋の使われないまま放置された、世界の過去二〇年間の闘争ドキュメンタリーのラッシュをいくつか見つけた後に構想した。シナリオの序文で説明しているように、彼は、「映画を見終わった後も頭の底に残るこれらの映像、時にはモンタージュから消えているこれらのシークエンスや取り残されたシーン、〝未使用のシーン〟」に魅了された。彼の映画は、ルチアーノ・ベリオの『マドリードの夜警隊の行進』のメロディーが流れる、断片的シークエンスと映像のコラージュのように撮影されていても、こうした闘争の年代記ではなく、むしろその精神を捉える試みであった。彼はそれを「映像で描く我らが抑圧されし者」[35]と定義づけていた。それを最初から最後まで貫く赤い糸はヴェトナム戦争で、勝ったかもしれない第二のスペイン内戦として、またヨーロッパ（プラハの春と六八年五月）からラテンアメリカ（キューバと他のゲリラ戦）と、アメリカ合衆国（ブラック・パンサーと一九六七年のペンタゴン大行進）に及ぶ世界規模の闘争と反抗の目くるめく渦巻きの中心として、描かれている。

マルケルが、一九七〇年代、カルロ・ギンズブルグやジョヴァンニ・レーヴィなどのイタリア人研究者グループが創始した歴史記述の流れである「ミクロストリア」〔一個人とか一つの出来事、一村落や共同体などを対象にして微視的観点から歴史学的な調査記述を行う、いわば「小さな場所」から歴史空間を展望する歴史研究〕に慣れ親しんでいたかどうかは、分からない。しかしながら、その方法は極めて明確に、全く類似した「証拠のパラダイム」[36]に基づいていた。だから『空気の底は赤い』は、たとえマルケルが犯罪者よりも「無実の者」に興味をもったとしても、「推理小説」のように構想されている。その方法は、「歩き回った道を忍耐強く歩き直し、その足跡をたどり、そこに手がかり、たばこの吸い殻や指紋などを見つけること」[37]にあった。ミクロストリアのように、『空気の底は赤い』はいくつかの細部に集中し、次いで全体図まで遡ってゆく。しかしこの映画では、全体図は多様である。つまり、それはクローズアップの見事なモンタージュである。

『空気の底は赤い』におけるマルケルの眼差しはナイーブでも牧歌的でもなく、彼の観察は時には極めて批判的で厳しい。彼の感情移入は、イデオロギー的立場は取らないという選択にもかかわらず、さまざまである。例えば、彼は決してフィデル・カストロを批判しないが、一九六八年ソ連のチェコ侵入を、キューバがそれまでの態度とは反対に、称賛したことには驚きを示している。他方で、プラハの春の間のチェコ共産党の秘密大会の描写は、ラテンアメリカの共産党指導者とのボリビアのチェ・ゲバラの破滅的経験に関する対話と同様、彼が新左翼と公式共産主義を対置することを望まなかったことを示している。彼はむしろ革命運動の集団的性格をその矛盾と内部対立とともに描こうとした。一九六〇年代は、こうした多様な声が出会うことを可能にする「叙情的な幻想」を生み出した。彼の映画は「歴史のポリフォニー」の再構成を目指したのである。[38] 彼から見ると、一九六七年は新世代、即ち、結集し、「互いに認め合い」、同じ「沈黙せる知」を共有する「新人類の若者たち」の誕生した転換点の年であった。映画の鍵となるシーンは、異人種の若者たちの手の映像の連なりを見せながら、国境を越えるこの新しい反抗感情——当世風に言えばグローバルな反抗——を表わしている。映画で、語り手が説明する。これらの手は「極めて巧みにポスターを貼り、舗石を手渡し合い、記憶に刻み込まれる短い不思議な文句を壁に書きつけるが、他方でその手が受け取ったメッセージを完全に解読する間もなく、次に伝える別の手を求めていた」。[39]

哲学者ルイ・アルテュセールとの出会いに触れながら、マルケルは映画で、六八年五月の期待と熱狂のうちに人びとが「無重力状態で」漂い、すべてが可能なように見えたことを想起させる。「彼にとっても誰にとっても、革命の機運は高まっており、チェシャ猫の笑いのように今にも起こるはずであった。彼はこの笑いを永遠に見ようとしたが、彼も（他の者も）もう猫を見ようとしなかった」[40]。しかしながら、彼は、ヴェトナムからラテンアメリカのゲリラまでの他の反乱の経験と比べて、パリのバリケードは陽気な仮装行列に過ぎなかった、と強調している。「我々は冬宮殿を襲撃するという幻想にとらわれたが、誰もエリゼ宮まで行進しようとは考えなかったのだ」[41]。エイゼンシュテインのオデッサの階段と一九六七年一〇月のペンタゴンの階段の映像を併置しながら、マルケルはそのような反乱は全く象徴的で、結局は無害であると示唆している。三か月あとで、三〇〇人の学生が三文化広場〔メキシコがたどった三つの歴史、アステカ、植民地時代、近代を象徴する名称〕で殺されたメキシコと違って、ワシントンの警察は虐殺を捜査しなかった。デモ隊は建物内に侵入できたかもしれないが、そうするのを控えた。デモは劇的でとくに象徴的だったが、軍事的蜂起ではなかった。ラテンアメリカでは、革命は血まみれの敗北だった。西ヨーロッパでは、革命は決して起こらなかった。「決して上演されなかった芝居の総稽古のままだったのだ」[42]。

エイゼンシュテインが映画に再登場するのは、『十月』の冒頭シーンの解体されたツァー像ではなく、『戦艦ポチョムキン』（一九二五）における例のオデッサの階段によってである。マルケルはそうして、映画に出てくる虐殺は起こらなかったことを想起させる。それは、その場所自体の建築物によって暗示された、エイゼンシュテインの天才的な思いつきである。彼はその芸術的

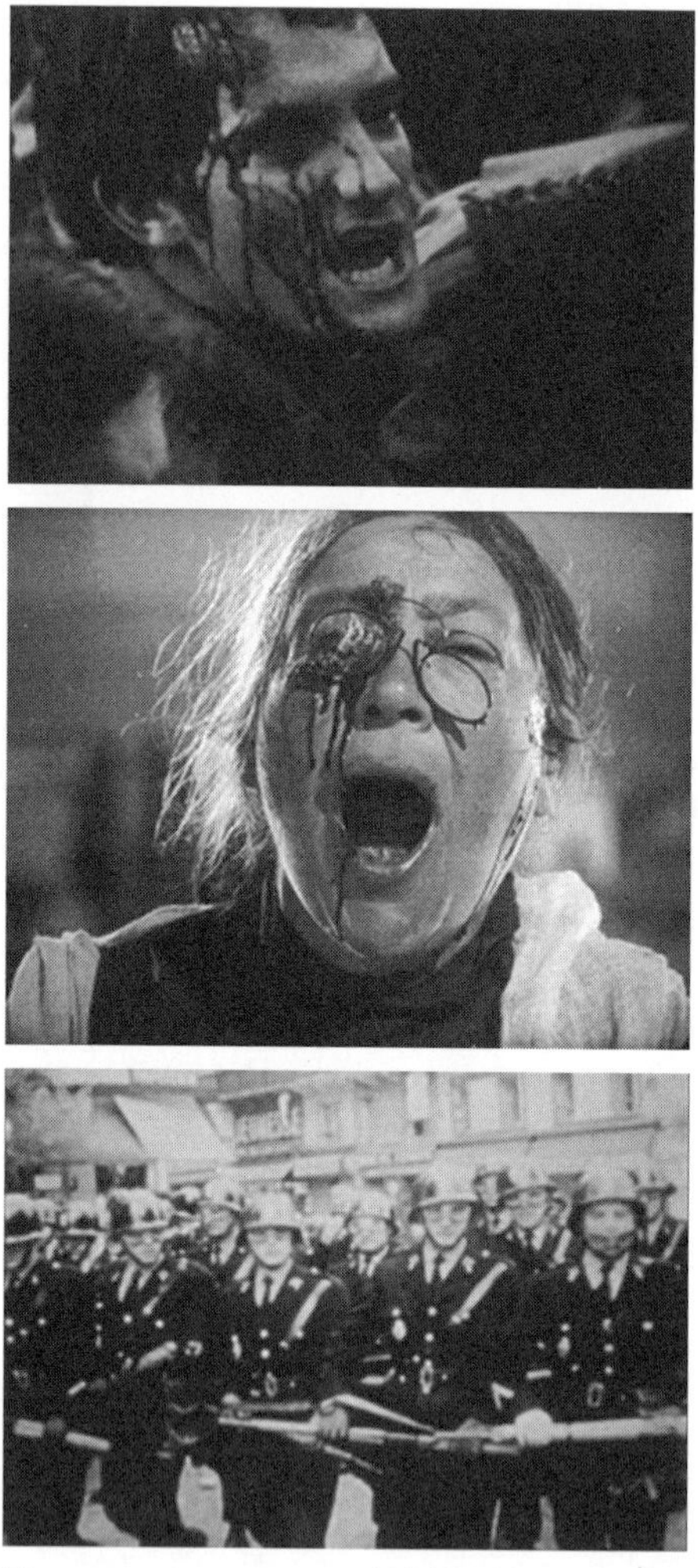

図3.4-6　クリス・マルケル『空気の底は赤い／猫のないニヤニヤ笑い』（1977, 1996）

技巧が「ひと世代の想像世界」[43]を形づくることになるとは気づかなかった、とマルケルは付け加える。『空気の底は赤い』の冒頭のシークエンスは群衆、行進する兵士、攻撃、デモ隊の血まみれの顔などが次々に現われる映像の渦を生み出している。純粋に芸術的な反響をはるかに越えて、このシークエンスは一九六〇年代の運動を革命の歴史に組み込んでいた（図3―4、5、6、7）。エイゼンシュテインとマルケルのこの二つのシークエンスの驚くべき強烈さは、「実写（現実再現）映画」の原理に基づいているが、それは、ジークフリート・クラカウアーによると、単に現実を表現するというよりもそれを構築し、啓示することにある。このことは、実存（ドイツ現象学の生の世界《レーベンスヴェルト》）の「非人称的」で幻想的な模写ではなく、現実の生を「例証する」というよりもそれを探索し、「肉付けする」ことを意味する。[44] この観点から、クリス・マルケルの映画にあるデモと葬式は、戦艦ポチョムキンと同様、正当にも、スクリーンに登場した長い一連の忘れられない〔映像の〕心像風景に属する。マルケルとエイゼンシュテインの映画では、主人公は大衆であるが、全体主義プロパガンダの匿名の一枚岩的な、受動的で全くの飾り物の大衆ではなく、行動によって歴史的主体に変わり、その感情がカメラに捉えられた生きた人間集団である。彼らの映画では、ミクロストリアと同様、クローズアップが全体の中の部分となり[45]、大きな喚起力でもって、ひとつの時代の意味を伝えることができる経験の断片になるのである。

図3.7　セルゲイ・エイゼンシュテイン『戦艦ポチョムキン』(1925)

　マルケルの映画では、エイゼンシュテインのオデッサの階段は二重の役割を果たしている。第一部「か弱い手」では、一九六〇年と一九七〇年代のデモの写真とビデオの類似した映像が混ざり、革命的伝統の連続性を強調し、反乱の一定の叙情的次元を描いている。『空気の底は赤い』は、エイゼンシュテインの映画を見て、感動したことを回想するシモーニュ・シニョレの声で始まる。そして、見学者に例の階段を紹介する若い女性ガイドへのインタビューが続く。この階段シーンはエイゼンシュテインの芸術的な思いつきだが、マルケルの映画にさし挟まれるあとの映像（ワシントン、ベルリン、プラハ、東京、メキシコ、パリなどのデモ）は、それを現実の集団的経験に変えた。しかしながら、第二部では、それが「過ぎ去った〔希望の〕未来」の象徴、過ぎ去った時代の反乱のイコン的な場所になっている。要するに、目に見える記憶の場になっているのである。括弧は閉じられ、エイゼンシュテインは「巻き戻された」のだ。『空気の底は赤い』の第二部は映画を全体的に再加工して、反逆の時代の熱狂を二〇世紀革命の一種の墓碑銘に変えたのである。この映画の奇妙にして魅力的な力は、この二重の意義に基づいている。一つは一九六〇年と一九七〇年代のアンガージュマンの新鮮さを伝え、もう一つはその死亡広告を示しているのである。

一九九三年に加えられた解説が、オリジナル版とは別の、添えられているが異なった部分として現われないのは意味深い。それは、ひとつのサイクルの終わりという意識、少なくとも転換点という直観が、既にオリジナル版にあったことを意味する。『空気の底は赤い』のメランコリックな意義は、単に後解釈とか修正から生まれたのではない。それは映画の不可欠な部分なのである。この映画制作を決めたとき、マルケルの念頭には、「ゲリラの圧殺、チェコスロヴァキアの占領、チリの悲劇、文化革命の中国神話」など、六八年五月後を「長い敗北の連鎖」[46]に変えたあらゆる出来事があったのである。彼の映画は革命と死の象徴的関係を暗示する葬式の映像で区切られている——チェ・ゲバラ、ロック・ダルトン〔エルサルバドル、一九三五—一九七五〕、カルロス・マリゲーラ〔ブラジル、一九九一—一九六九〕、ヴィクトル・ハラ〔チリ、一九三二—一九七三〕、ミゲル・エンリケス〔チリ、一九四四—一九七四〕、ジョージ・ジャクソン〔ブラックパンサー、一九四一—一九七一〕、ピエール・オヴェルネ〔フランス毛沢東主義者、一九四八—一九七二〕、ウルリーケ・マインホーフ〔ドイツ赤軍派、一九三四—一九七六〕などなどが葬列をなすのである。共産主義的希望の終わりを意味するどころか、この集団的葬式はその表現形態の一つである。既にオリジナル版で、映画は「記憶を圧殺しようとする権力と闘った活動家たち」[47]に捧げられていたのだ。映画の冒頭のヴェトナム戦争の記録ビデオで、B—52のパイロットがジャングルの村にナパーム弾を投下するときの興奮を描いているのとは対称的に、一九九三年に加えられた最終シーンは同じく強烈だが、異なったメッセージを伝えている。そこには、ヘリコプターで撃ち殺されるオオカミの群れが見える。一匹のオオカミは走りながら顔を上げて、カメラを見ている。クリス・マルケルのナレーションは、この記録撮影の一五年後も、オオカミたちは相変わらず生きている、と語って

いる。彼らのように、革命では敗れたが、死んだわけではないのである。(48)

死はまた、クリス・マルケルが友人のアレクサンドル・メドヴェトキン（一九〇〇―一九八九）に捧げた映画『アレクサンドルの墓』（一九九三）にも憑りついている。このロシアの映画監督はその生がソ連の道程と一致しており、その仕事は、一九二〇年代から、スターリン主義下で検閲と迫害を受けたにもかかわらず、共産主義と全く一体化していた。映画はイサーク・バーベリの『騎兵隊』を思わせる、疾駆する馬群のシーンで終わるが、それはメドヴェトキンの墓に重なり、マルケルの声がこう語り終える。「このリリシズムは死んだ」(49)。

スペインの亡霊

ケン・ローチの『大地と自由』は『ユリシーズの瞳』と同時に制作され、二つともがカンヌ映画祭で受賞した。この映画では、共感と悲痛なノスタルジーをこめて喚起され、「蘇生される」記憶の場になるのは革命そのものである。しかしローチのメランコリックな眼差しは諦念だけではない。スペイン革命へのオマージュを越えて、彼の映画は一九九〇年代の順応主義的な時代精神《ツァイトガイスト》を揺さぶり、支配的なスペイン内戦観、即ち、一種の人道主義的カタストロフという見方を再検討することを目標としている。この観点から、『大地と自由』は、スペイン内戦の悲劇的な次元は希望にいかなる余地も残していないとする、ハビエ・セルカスの有名な小説『サラミスの兵士たち』(二〇〇一)とは、ほとんど対極にある。[50] しかしながら、ローチの映画は数十年間、豊富にある共和派の映画作品を形成していた規範的な表象からは明確に遠ざかる。内戦中か、その直後に制作された映画は未完のままの闘争を称揚するプロパガンダ作品だった[51]——例えば、ルイス・ブニュエルの『スペイン36』(一九三六)、ヨリス・イヴェンスの『スペインの大地』(一九三七)、サム・ウッドの『誰がために鐘はなる』(一九四三)、アンドレ・マルローの『希望』(一九四五)から、フランコ時代のもの、とくにフレデリック・ロシフの『マドリードに死す』(一九六三)までの映画である。こうした映画と違って、『自由と大地』は歴史的経験を振り返り、二〇世紀革命の敗北を例証しながら、明らかにスペイン国境を超えていた。ローチとシナリオ担当のジム・アレンはまた、共和国擁護のためバルセロナ、マドリード、バレンシアなどを儀礼的に旅して、外国の知識人たちが観察したスペイン内戦の常套句に終止符を打とうとした。彼の映画の主人公はリバプールのプロレタリアのデイヴィッド・カールで、彼はスペインに行って会議に参加せず、国際旅団の内部で戦っていた。彼が政治教育および感情教育を受けて、生涯保つことになる価値観と確信を獲得したのは、まさにそこである。

『自由と大地』は、一九九〇年代半ば、デイヴィッド・カールがリバプールの質素な労働者アパートで、心臓発作に襲われて死ぬ場面で始まる。彼の孫娘キムは、古い箱に残されていた物のなかに、彼の活動家としての過去にかかわるいくつかの物を見つけた。一九三〇年代の雑誌類、サッチャー政府に対する炭鉱夫スト時代のビラなどである。古い箱のなかに、彼女は赤いマフラーで包まれた一握りの土、一九三六年の土地占拠の思い出の品を見出した（図3―8、9）。映画はフラッシュバックで、一人の人生の決定的な瞬間を見せる。この一握りの土は聖遺物か一種の「感覚的な」[52]古文書、つまりは本質的かつ必然的で、情熱的だったが、敗北した闘争の一種の遺跡の役割を果たしている。最終シーンでは、主人公の葬式で、孫娘がウィリアム・モリスの詩「陽は昇る」[53]を読む。次いで彼女はマフラーの結びを解いて、スペインの土塊を祖父の墓の中に投ずる（図3―10）。彼らは敗けたが、他の者は闘い続け、勝利することだろう。二〇世紀革命のモニュメントであろうとしたこの映画は、この紋切り型の結論で終わる。

確かに、喪は、叙事詩的なフレスコ画、社会主義的教育の試みとして制作されたこの映画の唯一の次元ではない。ローチはそこで、土地の集団化に関する熱い議論、共和派陣営内での一九三七年の激しい対立、反乱者民兵（マルクス主義統一労働者党ＰＯＵＭと無政府主義者）とソ連の軍事顧問が指揮する正規軍を隔てる根本的な違い、女性闘士が解放と服従の間で経験した緊張感や、他の本質的な問題を描いている。彼のヴィジョンは、多くの場面が叙情的であるが、ドグマ的でも牧歌的でもない。それに、彼はプロパガンダは意図的に避け、予断的なイデオロギー的メッセージを伝えるよりも、そのようなドラマを当事者たちがどう生きたかを示そうとした。アラゴンの村の集団化は公式の演説で予告されたのではない。農民と民兵、男も女も巻き込んだ、活気ある異論の飛び交う議論の結果として描いている。ローチは自分の見解を押し付けているのではない。この根本的な選択を守るため、クローズアップや照明による強調を避けている。そし

図3.8–10　ケン・ローチ『大地と自由』（1995）

て異なった立場がぶつかり合う集団の討議を描いている。集団化反対勢力を体現する人物のジーン・ローレンス（トム・ギロイ）は、リンカーン旅団のメンバーの若いアメリカ人だが、ネガティブな主人公としては現われない。戦争と革命は同時には行えないのだから、集団化は延期すべきであるという考えを弁護して、彼は内戦中ずっと議論されるひとつの選択肢を説き続ける。彼がPOUMの革命民兵軍の武装解除のために正規軍のメンバーとして戻ると、ローチは彼を裏切り者としてではなく、むしろ政治的選択を避けられない、ぎりぎりの帰結に対決する悲劇的な人物として描いている。(54) この戦争と革命のジレンマは、つねに歴史的再構成の面では未解決のままで、映画では生身の人間が生きる劇的な対決として表現されている。革命をもっと後に延ばすという選択は、POUMと無政府主義者勢力の清算粛清を前提とするもので、共和国を救うことにはならなかったが、ケン・ローチはまた、別の選択ならば必然的に成功の栄冠を得ていただろうとも言わなかった。彼は、純粋にイデオロギー的であるどころか、そのような対立は希望と友情を壊し、人間どうしの悲劇に変わってしまうことを示している。

『大地と自由』の美点は、希望をこめたロマンティックな約束を見事に果たしていることからくる。つまり、スペイン内戦を左翼の記憶の心、とくにこの歴史的な出来事がもはや共有の遺産ではなくなった世代の心に刻み込むことである。実際、この映画のメッセージは、ジョージ・オーウェルが『カタロニア讃歌』（一九三八）――確実にローチの主要な着想の源泉の一つ――で伝えたものと同じである。即ち、スペイン内戦が、ファシズムに対する共和国の崩壊と、スターリン政府による革命の埋葬という二重の歴史的敗北に至ることである(55)。

スペイン内戦を経験した者は一つの本質的なこと、つまり、社会主義が人間生活の組織の可能な形の一つであることを学んだ。『自由と大地』の冒頭のシークエンスの一つで、主人公は言う。「今や私は人民軍の兵士である……我々は将校を選んだ……これは行動における社会主義だ」。『カタロニア讃歌』で、ある一節がケン・ローチの映画の精神を完璧に例証する。「平凡な人間を社会主義に引きつけるもの、そのために彼らが生命を危険にさらす気にさせるもの、社会主義の〟信念〟とは平等の理念だ。大多数の人々にとって、社会主義は階級なき社会を意味するか、または全く何も意味しない。民兵軍で過ごしたこの数か月が私にとって大きな価値があるのは、この点に関してである。なぜなら、スペインの民兵は、存在している限り、一種の階級なき社会のミクロコスモスだからだ(56)」。

この社会主義、人間が互いに平等であると感じる社会は「エピナール版画」ではない〔仏東部のエピナールで作られた通俗的版画。ここでは紋切り型ではないこと〕。これは、極めて残酷かつ恐ろしかった内戦の悲劇的次元に根本的に結びついていた。『カタロニア讃歌』でオーウェルが、一九三七年、バルセロナは既に前年の共同体的な熱狂を失っていると記しているように、これは脆弱ではかない限られた経験であったが、しかし、敗北後も生き残ることのできる社会主義の記憶をもたらした。オーウェルの自伝的物語同様、ケン・ローチの映画はステレオタイプを避け、問いを発しているのだ。それは、まだロバート・キャパが撮った共和国兵士の死の映画版、あの栄光の敗北としてスペイン内戦の伝説的ヴィジョンを固定化したイコン的写真[57]のようには、構想されてはいなかった。ケン・ローチの主人公は犠牲者ではない。彼は、一九三六年のスペイン革命から一九八〇年代のイギリスの炭鉱夫ストまで、その生が二〇世紀の社会主義の道程に呼応する敗者、敗北に闘い慣れした匿名の闘士である。

サンティアゴの思い出

カルメン・カスティーリョの『サンタフェ通り』(二〇〇七)は、一九七〇年代のラテンアメリカの革命に献じられたもう一つの墓碑銘である。[58]この映画で、記憶の場を具体化するのはサンティアゴ近郊の家で、『大地と自由』の土を包んだ赤いマフラーと同等物である(図3—11)。実際、一九七四年一〇月六日、ピノチェト兵が彼女の夫でMIR(左翼革命運動)のリーダーであるミゲル・エンリケスを殺害したのは、この家のある通りにおいてである。彼は当時三〇歳だった。彼女は、大統領選と一九七三年九月のクーデタの間、モネダ宮殿でアジェンデ大統領付きの秘書として働いていた。だがこの日以降、彼女はこの家で暮らし、MIRの秘密指導部を匿っていた。警察が介入した際、カルメンは妊娠していた。重傷を負ったにもかかわらず、隣人たちが救急車を呼んでくれたお陰で奇跡的に生き残った。[59] 彼女の映画は亡命の話、軍事独裁の終わった祖国の再発見、そしてまた、最も感動的な面であろうが、新世代のチリの活動家のなかにMIRの遺産がまだ生きていることを語っている。冒頭のシークエンスは人民連合時代のドキュメンタリーから引き出した集会やデモ隊の行列の場面と、軍事的抑圧のさなかにあって家庭的な親密さの場としてこの家を連想させる事物の映像とを交互に見せる。彼らは若かった、と彼女はかすれ声で言う。彼らは世界を変えること、とくに生きることを願っていた。古い写真はミゲルに寄り添う彼女、驚くほど麗しい若い二人の恋人を写している（図3―12）。もっ

図3.11, 12　カルメン・カスティーリョ『サンタフェ通り』（2007）

と後の自伝では、彼女はクーデタ後の地下生活に触れ、恐るべき外側の生活、例えば、サンティアゴを移動する危険な政治的任務と、帰宅したサンタフェ通りの温かく保護してくれる家での内側の生活の悲痛な分裂、段差を強調している。娘たちと遊び、料理をつくり、笑い、読書し、愛を交わすことなど、それらすべてが彼女に普通の生活をしているという錯覚した感覚を与えたのである。(60)

一九七四年一〇月六日、この不安定な調和は決定的に壊れた。この日から、彼女は「生残り」になった。映画の第二部で、カルメンはサンタフェ通りに戻り、命の恩人たちに再会した。彼女は家を買って博物館にしようとしたが、若いチリの活動家と話して、MIRが彼にとって生きた遺産として残っていることが分かると、結局この計画を諦めた。ミゲル・エンリケスは一つの例で、巡礼してオマージュを捧げるイコンではない。彼女が映画封切りの際に説明したように、独裁体制崩壊後、最初のサンティアゴ旅行で、彼女は「深いメランコリー」に陥れられた。徹底的に変わってもう分からなくなった祖国で、「勝者の傲慢と敗者の悲しさ」を感じたのである。それから、若い活動家たちに会って、この印象は消え、彼女は別な風景の人間関係、寛容さ、無私の社会参加などを見出した。「私は、この若者たちは、かつての私たちだったことに気づいた。私はミゲルを取り戻した。同じ活発さ、同じ不遜さ、互いに無駄話などせずに学びたいという同じ欲求。この今の活動家の中核たちは、敗者の伝統と記憶に尊厳の源泉を見出しているのだから、もうそれをわが物としているのだ。だが、叙事的英雄的なレトリックに従うことはなかった」[61]。

カルメン・カスティーリョの映画はＭＩＲの批判的再評価を行うことを目的としたのではない。映画では、運動の歴史の決定的ないくつかの段階が想起されている。例えば、一九七三年の武装闘争の続行と亡命否認の選択、チリに五年後に戻るという破局的な決定、一九八九年の運動の「謎めいた」解体などだが、しかし必然的な標識として想起されている。その代わり、政治的経験の主体的次元が問われ、こうした選択が個人の道程にどう影響したのか、またこの思想や費やしたエネルギー、悲劇的なジレンマ、消えた希望、壊された生活などの世界で何が残っているのかを探索している――少なくともＭＩＲの八〇〇名の行動主義者が殺されたのだから。映画はいかなる犠牲者も称えず、テーゼを擁護することも弁証論的解釈を素描することもせずに、希望のメッセージを伝えている。前作『やせたアレハンドロ』（一九九四）で、彼女は、ＭＩＲの女性指導者で、逮捕拷問されて、独裁政権の秘密警察ＤＩＮＡに協力することを受け入れた裏切り者の道程を再構成している。『サンタフェ通り』で質問された活動家たちは観念論者ではない。彼らは闘い、その代価を払った。もちろん、過ちを犯したが、結局はできる限りうまく切り抜けた。ＭＩＲの元指導者は、一九七三年、組織の大半の責任者は三〇才以下だったと回想している。一九六五年に創立された運動は、軍事クーデタやファシストの独裁派に対決するには、あまりにも未経験な者たちで構成されていたのである。

図3.13, 14　カスティーリョ『サンタフェ通り』（2007）

映画に次々出てくるインタビューの中で、最も悲痛なのは、一九八五年警察に殺された三人の活動家兄弟の両親、ルイサとマヌエル・ベルガラのものである（図3―13）。彼らは軍事独裁下で形成されたMIRの第二世代に属する。ルイサは息子たちの話と、そんな恐ろしい喪失に直面して生き残ることの困難さを語っている。彼女は、息子たちが闘いを選んだとき、自分が恐怖と苦悩の牢獄に閉じこもっていたことが、後で分かったと言う。「彼らは生きようとしていたし、彼らの理性は私のよりも強かった」。彼らは自己犠牲をしようとはしなかったが、その政治的決定は自由への根底的な欲求に根づいていた（図3―14）。「生きていることが欲求なのです。彼らはこの欲求を殺せない。私たちは享楽することの心地よい不思議に触れた。彼らにはそれが許せないのです」、とカルメン・カスティーリョはダニエル・ベンサイドとの会話中に語った。「私の映画が伝えることは、苦悩の記憶であり、また幸福の記憶でもあるのです[62]」。

カルメン・カスティーリョの映画は、この数十年間、芸術は「批判的思想の伝統が喪の思想に変貌する特権的な場になった[63]」というジャック・ランシエールの考察を確認している。もっと先に行くと、この映画では政治的なものから感情的なものへの移行を捉えることができよう。ケン・ローチの映画がスペイン内戦中の革命とスターリン主義の相克を描いているのとは異なって、『サンタフェ通り』は敗北の理由は問わず、むしろ敗北が生み、あとに残したままの感情的なものを探ろうとしている。しかしながら、その批判的自己省察は、記憶の場を中性的で無菌化された、死せる事物に変えがちな今日支配的な傾向を再検討している。この観点から、この映画は遺産の記録に対する感情の記録の一例である。集団の記憶と主観的な思い出、個人的体験と過去の集団的回想の間の緊張関係を隠さず、映画はそれを実りある弁証法に変えている。その対象は、ミゲル・エンリケスの歩みとこの映画作者の亡命を越えて、歴史的敗北――一九七三年のピノチェトのクーデター――であり、過去の検証克服の試みである。プリーモ・レーヴィの彼自身の証言者としての道程に関するいくつかの鮮明な記述を想起しながら、カルメン・カスティーリョの映画は一種のカタルシス的療法、内的解放、「フロイトの長椅子の同等物[64]」の役を果たしている。しかし、『サンタフェ通り』はトラウマを語っているだけではない。映画はまた再生の段階も描き、チリ左翼の歴史的意識を証言し、そうして不可避的な政治的次元を獲得しているのである。

図3.15　パトリシオ・グスマン『光のノスタルジア』(2011)

カルメン・カスティーリョ以前に、他の映画監督がチリ左翼の視覚の記憶創造に貢献している。一九七三年、パトリシオ・グスマンは、アジェンデ政権の経験を描いた映画『チリの闘い』を撮影し始めた。翌年、軍事クーデタでグスマンが祖国を離れざるを得なくなると、マルケルがパリのオルリー空港に迎えに来て、彼の映画の完成を助けた。彼らは頻繁に会っていたわけではないが、友情はマルケルが死ぬまで続いた[65]。二〇一〇年、グスマン撮影の『光のノスタルジア』は、アンデス山脈の頂きにあるアタカマ砂漠を舞台にした、異なってはいるが、互いに交叉した物語を語っている。この月面の風景のなかで、天文学者と考古学者が並んで研究している。前者は、この砂漠は空気が純粋で空が水晶のように明るいため強力な望遠鏡が設置されているから。後者は、この例外的に不毛な土地が動物と人間の生活の極めて古い痕跡をとどめているから。天文学者は空を探索し、数千光年前の宇宙の姿を捉える。考古学者の方は我らが有史以前の祖先の遺跡を研究する。しかし、天文学者と考古学者だけがこの月面の風景のなかにいるのではない。そこには、この見捨てられた地に強制収容所を建てた軍事独裁の犠牲者家族もいるのである。アタカマ砂漠で、ピノチェト軍は秘かに大量の敵を殺害し埋めたのである。数年前から、親たちが肉親の遺骸を探しにやってくる。今では不屈の女性グループだけがこの探索を続けており、それが彼女たちの生に意味を与えているのだ。アタカマの「住民」の共存は時には困難だが、それでも少しずつ彼らは互いに知り合い、尊敬することを学んだ。天文学者、考古学者、行方不明者の親、みなが過去に答えを求めている。[66] グスマンは、民主主義、社会主義、人権のための闘争の武器として描かれたチリの記憶の映画制作に数十年捧げた後——例えば、『チリの闘い』(一九七五—一九七九)、『チリ、頑固な記憶』(一九九七)、『ピノチェト・ケース』(二〇〇一)、『サルバドール・アジェンデ』(二〇〇四)——、不可能な喪としての記憶を描いて、彼の最も美しい映画を制作したのである(図3—15)。

Uートピア

エイゼンシュテインからポンテコルヴォまで、『戦艦ポチョムキン』から『ケマダの戦い』まで、映画は絶えず社会的・政治的闘争を描き続けてきた。しかしながら、一九九〇年代から、その過去との関係は根底的に揺らいだ。以前は、潰走を称えていたときでさえも、信頼感をこめて大衆運動を描き、不可避的な勝利を予測していた。次いで、革命を表現しているときでさえ、敗北の喪を語り始めた。一九七七年と一九九三年の間、二段階に分けて制作された『空気の底は赤い』は、象徴的に左翼映画の第一世代から第二世代への移行を画している。

アンゲロプロス、カスティーリョ、グスマン、ローチ、マルケルの映画は二〇世紀を、挫折した革命と夢破れたユートピアの悲劇的な時代として描き、敗者と敗れた闘いを想起させる。敗北が彼らを宿命的運命として支配している。左翼文化にひと世代の悲しみとして作用するのは、喪の作業の美的次元である。前記の映画の主人公たちは、多くは普通の人々である。[67] アンゲロプロスは、ダニューブ河を渡るレーニン像の通過を見守る匿名の群衆を撮影した。ローチは、オーウェルの自伝ではなく、リバプールの若い労働者デイヴィッド・カールの物語を撮った。彼の映画の主人公が「歴史」と育む関係はまた皮肉な展開をし、遊戯的な形をとる。『ブレッド・アンド・ローズ』(二〇〇〇)では、ロサンゼルスでストライキ中に逮捕された移民労働者たちが、名前を書きとめる警官にラテンアメリカの革命のヒーローたちの名をもじって楽しむ。例えば、シモン・ボリバール、エミリアーノ・サパタ、アウグスト・セサル・サンディーノ、エルネスト・ゲバラ、カミロ・トレスなどである。クリス・マルケルは知識人や政治的指導者にインタビューしているが、『空気の底は赤い』の真の主題は一〇年以上世界を揺るがした大衆運動である。カルメン・カスティーリョは政治的指導者の妻だったが、ミゲル・エンリケスの思い出は、若い活動家たちとそれを共有してからは前と同じものではなかった。二〇年の亡命後、彼女はこの喪に耐えるのは、自分だけではないことがよく分かった。パトリシオ・グスマンは、見知らぬ者どうしが無言で行方不明者の捜索を行う献身行為を描くが、それは大きな愛と尊厳の潜在性を明らかにしている。これらすべての人物は美術館のギャラリーを構成するのでない。価値観と希望を共有し、その徳が集団的行動において形づくられた、普通の人々のパンテオンを形成するのである。こうした「思想の形象＝映像」において描かれた記憶の場は美術館の展示作品になることはできない。それは、記憶の場とは集団的経験と個人的運命が交差する、感情的、感性的な内的領域、例えば、家、マフラー、家族写真などに属するものだからである。それらは公式的タンポンで封じ込まれるものではなく、控えめで、時にはマラーノの記憶のように秘密であり、その還元不能な特異性にもかかわらず、誰でもが一体化できるような記憶なのである。それはまた、解体されて「非神聖化され」、敗北したユートピアのメランコリックな番人になったレーニン像のように、官僚的社会主義の象徴にも関係する。

一九五九年、ゲオルク・ビューヒナー賞の受賞演説『子午線』で、パウル・ツェラーンはu-topieとutopieの区別にこだわっている〔ギリシア語ou否＋tóp (os) 場所＋-ia -y、『ランダムハウス英和大辞典』〕。u-topieは文字通り「ない場所」か「どこにもない場所」であり、他方utopieは希望、期待、未来へのヴィジョン、まだ存在しない何かを指示する。エルンスト・ブロッホによると、ユートピアは予示、「いまだ－ないpas encore = noch nicht」場である。それはまた、ツェラーンのユートピアの意味でもある。つまり、「自由で開かれた」空間、「ことばのように、非物質的だがそれでも地上、俗世の何か」であり、詩が形を与えることができるような何かである。(68)今や二〇世紀革命の敗北後、ユートピアは「まだないもの」ではなく、むしろu-topie、もう存在しない場、メランコリックな芸術のための対象となる破壊されたユートピアとして立ち現われる。記憶の場は、「ない場」、もう存在しない何かに変えられた希望を思い出すために創造された場topoiである。二一世紀のユートピアはなお創出するべきものなのである。

第四章　植民地主義の亡霊

「ポストコロニアルのメランコリー」。この表現はいくつかの意味を秘めている。最も一般的なものの一つは、この語を題したポール・ギルロイの優れた論稿で、失われた帝国の喪に係わるものであり、戦後のイギリス文化がその鏡となる。(1) しかし、脱植民地化の幻滅を表わす別なポストコロニアルのメランコリーがある。ヨーロッパの植民地帝国の終焉後半世紀以上たっても、世界は歴然たる不平等の痕跡をとどめており、ヒエラルキーの秩序は変わらなかった。あまりに多くの独裁的制度や軍事独裁、腐敗した徒党が革命と独立戦争に続いて生じた。この二つのメランコリーは対称的で、また同じく慰めようがない。植民地社会へのノスタルジー、挫折した解放に対する失望である。

三つめのメランコリーもあるが、これはこの二〇〇〇年における、マルクス主義と反植民地主義の困難な出会いに関係がある。前記二つのメランコリーは、愛するものや消えたものへの喪失の悲しみを表わしている。だが三つめは、失敗した出会いの意識に由来するので、異なっている。この出会いは、同じ参加者でも形を変えて別な結果となって起こったかもしれない。現代の歴史記述用語を借りれば、これを歴史が別な方向を取り得たかもしれないことを示唆するという意味で、反事実のメランコリーとでも呼べるかもしれない。確かに、事態がそのようにはならなかったことは偶然だけによるのではない。だが、この失敗した出会いの元にある進行の遅さ、無理解、盲目的態度は避けられないものだった。それゆえまず、挫折の連鎖の初めに遡って、植民地主義に関するマルクス自身の著作に尋ねてみなければなるまい。それから、二〇世紀の間、マルクス主義と植民地世界の関係がどのようにつくり直されたかを見ることになろう。したがって、ポストコロニアルのメランコリーはまたポストマルクス主義でもあり、歴史と左翼文化の中心に組み込まれるのである。

マルクスと西欧

あらゆる偉大な古典作家のように、マルクスは彼の時代を「超越している」が、しかしその作品は一九世紀文化に属する。天才的で想像力に富んだ思想家である彼は、当時はまだ萌芽状態であって、次の世紀に劇的な発展を遂げるいくつかの傾向を把握することができた。この驚くべき現代性のため、時には彼の解釈者たちは、ある程度のアナクロニズムを無視して、彼を現代の作家として研究するようなことになる。マルクスが我々の批判的ヴォキャブラリーの形成に寄与していることに異論の余地はないが、我々が一九世紀を考える際の多くの概念、例えば、「帝国主義」は彼の存命中には存在していなかったし、また他の概念も正確には、今日用いられている意味と同じものではないことを忘れてはならないだろう。それはとくに、「西欧」概念に係わることで、これは当時「ユダヤ・キリスト教文明」も大西洋体制も意味しておらず、一九世紀末に現われたときは、ヨーロッパとアメリカ合衆国にある一定の対称性を想定していた。「西欧」は基本的には、ロシア帝国を除くヨーロッパを定義づけていた。「東」と「西」について言えば、これは、一九四五年以降のような地政学的カテゴリーではなかったのである。(2)

ヨーロッパは世界を支配していた。自己を唯一の経済的文化的中心と見なし、ヨーロッパにとっては、それが宿命であるように思われた。生涯にわたって、マルクスは、アジアとアフリカをも占領する、強大なヨーロッパ諸帝国の目覚ましい権勢増大を目の当たりにした。ただ、彼は大戦後にやっと浮かび上がってきたアメリカの覇権の到来よりも、かなり前に死去していた。ヨーロッパの支配は、今日、グローバリゼーションを擁護するあらゆる歴史家が強力に主張するように、歴史的な過渡期に過ぎなかったが、しかしそれは、この支配がその経済的・政治的・軍事的エリート、ましてや知識人によってそのようなものとして実践されたことを意味するのではない。マルクスに対しヨーロッパ中心主義を非難することは、ある意味では、彼が一九世紀に生きたことを非難し、彼の思想を当時の知的、さらには認識論的地平に組み込んでしまうことになる。したがって、あらゆる解釈の努力は二つの並行した暗礁を避けねばならない。それは、何人かの頑固なマルクス信者のように、彼の著作のヨーロッパ中心主義的次元を否定することでも、とかくアナクロニックで、しばしば不当で一方的な検察官のような態度でそれを指弾することでもないからである。

マルクスのヨーロッパ中心主義は、主要な著作にも、当時の現実を対象とした論説記事や書簡にも表われている。最も有名でよく引用されるのは、『共産党宣言』（一八四八）の一節と『経済学批判』（一八五九）の序文の断片である。前者はその力強さと想像力によって全く驚くべき弁証法的論証に結びつく。マルクスとエンゲルスによると、資本主義は人間の人間による搾取に基づく抑圧システムであり、また生産力の並外れた増大により、文明の進展を可能にする大きな歴史的進歩でもある。資本主義は封建社会を壊し、世界市場をつくりだし、世界を利潤の法則に付して均一化する。優れてコスモポリタンである彼は、世界をその姿に合わせて構築し、偏見や偏狭な文化、過去から継承した蒙昧主義の形象を駆逐する。世界市場は「国家の世界的相互依存」に行きつき、「世界文学」を生み出す。しかし、資本主義はまたそれ自身の墓掘り人も生む。その経済的コスモポリタニズムは労働者階級の国際主義の物質的基礎をなすが、この階級は、ひとたび権力に到達すると、経済を社会主義化し、解放された自由で平等な社会の礎を築く。換言すれば、労働者階級はブルジョワジーがその初期に果たした「革命的」役割を完了し、この階級を「超克して」、その歴史的任務を果たすのである。資本主義は「最も野蛮な国民さえも文明へと急がせ」、彼らに「文明と呼ばれるものを自国に導入する」よう強いる、とマルクスは書いている。以下は、西欧の体現者、進歩の媒介者としてのブルジョワジーの役割に関する基本的な一節である。「ブルジョワジーは農村を都市に依存させたように、未開ないし半未開の国々を文明国に、農業民族をブルジョワ民族に、東洋を西洋に依存させた(3)」。

『経済学批判』の序文の同じく有名な別の一節で、マルクスは資本主義を、一連の進歩段階に特徴づけられた目的論的な世界史観に組み入れている。この考え方は正当にも、一九世紀末に第二インターナショナルを支配する、強い実証主義的色彩の「正統」マルクス主義の出発点の一つと見なされた。「概略的に見て、アジア的、封建的、近代ブルジョワ的生産様式は社会の経済形成の段階的な時代として現われる」[4]。同じ文脈で、『資本論』の序文は、「最も工業的に発展した国は工業段階でそれに従事している人々にその未来像を見せるだけである」[5]、と指摘している。

一八七〇年代後半から、マルクスはその立場を微妙に変えた。ロシアの文芸誌『祖国の注釈』編集部に送られた一八八七年の手紙で、彼のロシア批判に関する返事において、彼は、西欧における資本主義の発生分析が、「人民が置かれている歴史的状況が何であれ、宿命的に全人民に課される一般市場の歴史哲学的理論に変えられることに」[6]警告を発している。この宿命論を排して、彼は、ロシアにおいて、スラブの農村共同体の幹に近代社会主義を接ぎ木して、西欧が資本の本源的蓄積過程で経験した不幸を、この国で回避させられる社会革命の可能性を考えていた。一八八一年のヴェーラ・ザスーリチ〔一八四九―一九一九、ロシアの女性革命家〕への手紙で[7]、彼はこの仮説を再び表明しているが、『資本論』をロシアの資本主義発展のための西欧主義者の弁護と解釈した彼の称賛者とは、距離を置いていた。この仮説が、いわば規則の例外になることは本当である。一方では、これは、共同体的社会形態の存続が、植民地支配の一切なかったというロシアの特殊条件に結び付けられる好機であった。他方では、一八八二年の『共産党宣言』のロシア語版で、マルクスの序文が明確に表明しているように、この仮説は西欧の社会革命に依存させられていた。ただ、一度「資本主義制度の渦」に入ってしまうと、ロシアはその「仮借なき法則」[8]を免れられなかったであろう。数年後、エンゲルスは、ロシアがこの「またとない歴史的好機」[9]

を取り逃がしたことを確認することになる。ロシアのマルクス主義者の方は、それをあまり後悔していないようだった。シェイラ・フィッツパトリックが皮肉をこめて指摘したように、彼らは「西欧型の工業化に恋していた」[10]のである。

こうした「(軌道) 修正」が視点の変化を示していることは疑いがない。晩年、マルクスは理論にかなりの含みをもたせ、資本主義の直線的な発展の観念を排し、そこから生じる歴史の目的論的解釈を再検討している。しかしながら、こうした「修正」は偶発的、マージナルであまり知られていない文章で表明されており、その後数十年間、実証主義の色濃いマルクス主義の発展、とくにカール・カウツキー、この第二インターナショナルの「法王」の指導下での飛躍的発展を阻止するには不十分だった。確かにマルクスは、とくに晩年の著作において、多線的な歴史的発展論を展開し[11]、進化論と『共産党宣言』にある「ヨーロッパ中心主義の痕跡」を再検討している。しかしこの進化論は最も重要な著作、とくに『経済学批判』と『資本論』の序文に存在しており、一九世紀末期、これを彼の弟子たちは教義に変えたのだ。実際、ある緊張がマルクスの著作を貫いている。そこには、二つの歴史観、多極的なものと連続的なもの、弁証法的なものと実証主義的なものが、二つの矛盾した傾向、あるいは二つの「誘惑」として共存している。『資本論』の序文におけるダーウィンへの熱心なオマージュが証明しているように、マルクスは「社会の科学」を生み出すという野心、当時広く共有された野心から免れられなかったのである。

ヘーゲル的母型

『共産党宣言』、『経済学批判』、『資本論』で引用された文章にあるヘーゲル的母型は、かなり明白である（マルクスは一八五九年の「序文」でそれを自ら認めている）[12]。『歴史哲学講義』において、ヘーゲルは西洋世界をその自然な達成とする壮大な歴史絵図を素描している。彼は、「歴史の全体的流れ、精神の偉大な一日」をひとつのイメージで要約しようとして、自然主義的なメタファーでこう書いた。「太陽は東洋から昇る」。そしてこう続ける。「世界の歴史は東から西に移る。ヨーロッパは文字通りこの歴史の終わりであり、アジアは始まりであるから」[13]。アジアは、「歴史の小児時代」として特徴づけられ、彼から見ると、進化不能であった。アジアは、絶えず「同じ壮麗な破滅」の永続化を強いられているから、「本質的に歴史がなかった」[14]というのである。

ヘーゲルによると、歴史は時間と空間において同時に展開される精神の自己実現過程である。その合理的な性格は西洋、即ち、ヨーロッパ、世界がその意識に現われる場によって具現されている。前史と歴史を分ける境界線は単に時間的ではなく、ヨーロッパ（文明）とヨーロッパ外の世界（野蛮）を隔てているのだから空間的でもある。この二分法は世界史の原動力であり、結局は「歴史なき民」に対する西洋の不可避的な勝利と一致する。ラナジット・グーハはヘーゲル再読でこう指摘している。クリストファー・コロンブスの時代以来、ヨーロッパは、大陸間の空間の線と、世界的時間の線、地理と歴史を一致させる動きを通して、それ自体において現われ、そしてそれ自身の発見の旅をした。[15] 世界史の目的《テロス》、これを西洋は世界の名において語り、それ自身の動きに弁証法的に包含する。国家が西洋文明を完成するのだから、地理、歴史、政治は次第に集中し、不可分の全一体にまでなる。また東洋は歴史に属さず、その不動の永続化を保証する豊かな伝統だけを有するのだから、東洋に歴史をもたらし、これを世界史に統合するのは西洋である。この基礎に基づいて、何人かの評論家はヘーゲル弁証法を一種の植民地化過程の「ミメーシス」とさえ解釈した。つまり、矛盾の止揚(Aufhebung)とは、たとえそれが、ヨーロッパが植民地征服において行なった土地収奪と先住民併合運動の、概念面における翻訳に過ぎないとしても、排除と保存を同時に行うことに存するというのである。[16]

確かに、マルクスの作品はヘーゲル的歴史主義の「逆の」(観念論的ではなく、唯物論的)論述であることには帰せられない。『資本論』の注意深い読者は、序文の先に、目的論的歴史観とあらゆる決定論的因果関係の否認に対する正当な論拠を見出す。そこでは、資本主義は強制的な法によって支配された経済メカニズムではなく、その歴史が対立抗争から成る社会関係制度として呈示されている。生産の内在的論理から生じるどころか、その出現は新しい所有関係の強制、労働の商品化、既存の社会的慣行全体の解体を前提とする。換言すれば、資本主義の出現は、「自然」[17] 移行的なものが何もないひとつの過程である。しばしば動乱に満ちたその歴史は、資本の本源的蓄積に充てられた『資本論』の章が悲劇的な調子で描く暴力に刻印されている。他方、マルクスの政治的著作の読者はそこに、可能性の空間、階級闘争の領域、またあらゆる目的論の対極に、未来が決して前もって書かれることのない行動の特権的な場を発見する。(18) 歴史は直線的な道をたどるのではなく、分岐し、断絶している。別のテクスト、とくに『経済学批判要綱』において、読者はやっと、進歩の観念は「自然法則」が生み出したのでもなく、生産力の発展に同一化されるのでもないことを見出すのである。この発展はそれ自体目的としてではなく、解放された社会の欲求を満たすための物質的基礎として考えられている。要するに、時としてアポリア的な一つの作品に複数のマルクスが共存し、複数の指針に貫かれているのである。即ち、ブルジョワジーの「革命的役割」を称賛し、その達成が、『共産党宣言』の有名な表現によれば、エジプトのピラミッドやローマの水道、ゴシックの大聖堂をはるかに超えるとするマルクスと、技術の進歩に「幻滅し」、工業化前の世界と原始共同体の平等主義に魅せられた別のマルクスである。(19)

ここで強調すべきは、この「ロマン主義的」で反進歩主義的、体制破壊的なマルクスは、植民地主義や「東洋」に関する著作のマルクスではないことである。『資本論』の作者にとって、破局と進歩、抑圧と解放は、どの段階の技術的・科学的進歩も社会的退歩に変える経済システムにおいてともに歩む。つまり、この矛盾を超越し、解放された社会を樹立するための梃子を有するのが、プロレタリアートなのである。しかしながら、この革命的弁証法はまだ西洋資本主義の工業社会に限られたままである。マルクスは社会主義を普遍主義的観点で考えていたが、おそらく一九世紀の典型的な「文明の使命」の観念に影響されて、彼はそれを解放された西洋文明の放射拡散過程の形でしか理解できなかった。産業資本主義の到来に結びつくプロメテウス的達成の重要性を強く確信して、彼は世界のブルジョワ的変貌を予告し、ブルジョワジーに「革命的」役割を与えていたが、これは彼の想像力にしか存在しなかった。

マルクス主義が植民化された民族を政治的な当事者として認め、彼らに帝国主義を「否定する」という弁証法的任務を託することを学ぶには、二〇世紀を待たねばならないだろう。それはまだマルクスの視野にはなかった。彼にとって、植民地世界は西洋の周辺であり、西洋こそが判断を下し、進歩を最終的に決定づける唯一者であったのだ。問題なのは抑圧された世界で、その反抗は倫理的には正当であっても、不十分な社会的基礎と、また退行的あるいは未熟な政治的傾向のため失敗する定めにあった。植民化された民族を歴史の当事者と見なすことは視野の変化を前提とするが、マルクスにはできないことだった。彼は、西ヨーロッパの産業プロレタリアートが「それ自体のための」階級、即ち、政治的主体になり始めた時代に生きていた。彼は煙突と商品に取り巻かれてロンドンに住んでいたが、そこは当時ハイチの革命の響きが聞こえてこないような所だったのである。

搾取された民族の解放の潜在性に対する直観は時折、彼の書簡に現われているようだが、決して展開されることはなかった。アメリカの内戦に関する彼の著作は強硬な奴隷廃止論を示しており、それは国際労働者協会の名でリンカーン大統領に宛てた、一八六四年の手紙に要約されている。しかし、彼は問題をもっぱら産業資本主義と奴隷制度の不可避的な対立の角度からだけ扱っている。その代わり、いくつかのエンゲルス宛の手紙では、マルクスは奴隷の反抗を見たいとする希望を表明し、その兆候が運動指導者ジョン・ブラウンの処刑後に現われており、黒人兵部隊の創設が戦争の進行に与えるインパクトを指摘している。一八六〇年一月、彼はアメリカ黒人奴隷の反乱とロシアの農奴蜂起の結合が、世界規模で歴史的転換点をもたらすかもしれないとさえ考えていた。即ち、「かくして、〃社会運動〃が西洋と東洋で同時に開始された。中央ヨーロッパの間近な夜明けと相俟って、それは重大な事態を予想させる(20)」、としているのである。

歴史なき民

したがって、ヘーゲル的歴史概念はマルクスとエンゲルスの著作に多くの痕跡を残していたのである。後者は、ドイツの革命中マルクスが指揮した民主主義的日刊紙『ノイエ・ライニッシェ・ツァイトゥング』で、一八四九年一月に書いた記事ではっきりとそれを認めている。エンゲルスはそこで、南スラブの小民族を、ヘーゲルがこの民族の残り屑をそう称したのと同様に、「歴史なき民」と呼び、彼から見ると、この民は歴史的により進歩した民族による同化を免れられなかった。一八四八年の革命中の、彼らのツァー体制擁護は反動的だったが、反動的というのは、この体制が東から西への、文明の歴史的運動に反していたのに擁護したからである。[21]一八九一年の記事で、老エンゲルスは「西洋の進歩」と「東洋の未開」というこの二分法を再度主張している。[22]

類似の見方が、一八五〇年代、『ニューヨーク・デイリー・トリビューン』に掲載されたマルクスのインドと中国に関する論説記事に潜在している。こうした記事では、植民地化の暴力告発に、文明の歴史的必然の名においてなされた大英帝国の企ての正当化が伴う。マルクスによると、インドは「全く歴史を持たないか、少なくとも明らかな歴史を持たない」。それは、その歴史が支配者のもので、これが「この動かぬ無抵抗の社会の受動的基礎[23]」に常に影響を及ぼしていたからである。その偽善や利己的動機、非人間性にもかかわらず、イギリスはインドで「歴史の無意識的な道具」として行動していた。その使命は二重で、「破壊」と「再生」であった。一方で、古いアジア的社会を解体し、他方で、「アジアに西洋社会の物質的基礎を築く[24]」のである。全く類似の観点で、一八四八年、エンゲルスはフランスによる植民地化への抵抗運動の指導者アブド・エル・カデルが前年逮捕されたことを歓迎し、ビュゴー元帥が採った残酷な方法にもかかわらず、「アルジェリア征服は文明の進歩にかなった重要なこと」[25]であると明言している。

この「東洋」、アジア、アフリカ——つまりは停滞したままで変わらず、古来の惰性に麻痺し、循環運動のリズムに付されて、基本的に改革や累加的発展ができない世界——に対する見方の源泉は、既に啓蒙主義文化の時代にあり、これがスミスとヘーゲルを経て、モンテスキューからジョン・ステュアート・ミルまで、「東洋の専制政治」[26]の観念をつくり上げてきた。マルクスが形成した「アジア的生産様式」の概念はこのモデルから遠くない。[27]『資本論』の用語によると、アジア的社会の顕著な特徴は「不動性」[28]に在った。「アジア的生産様式」概念は複数の要素、つまりは土地所有権の欠如、村落共同体の持続、自給自足的農村経済、中央集権的官僚当局に管理された灌漑（水理国家）を集約したものだが、その相関関係は必ずしも証明されていない。だから、それをインド、中国、オスマン帝国のような広大で異なった地理的・経済的・政治的な背景を有する実体に適用することは、極めて問題が多いことが判明する。日本学者ハリー・ハルーテュニアンによると、マルクスは「アジア的生産様式」概念を、「歴史的に完了し、経験的に証明された現実というよりも方法論的な道具」[29]と見なしていた。それでも彼がこれをプリズムとし、それを通してアジアの歴史も、一九世紀のイギリス帝国主義も解釈していたことに変わりはないのである。

マルクスは、インドの「鉄道革命」の速さとその帰結については、ヴィクトリア朝の多くの評者のオプティミズムを共有していた。[30] 一五〇年以上たって再読すると、彼のアジア社会分析は、人類学者ジャック・グッディのようなヨーロッパ中心主義批判家のよりも、デイヴィッド・ランデスのような帝国主義弁護派の分析と共鳴する。要するに、マルクスはむしろ西洋の支配を神の摂理的な運命と見る傾向にあった。[31] ヨーロッパの「特別な道《ゾンダーヴェーク》」の原因に関する歴史的論争は未解決のままだが、しかし大部分の歴史家は一致して、一八世紀末には、ヨーロッパは技術的な面でも政治的な面でも、いかなる優越性も誇ることはできなかったし、また儒教や神道、イスラム教において何ものも資本主義の飛翔を妨げることはなかったという事実を認めている。それに、ヨーロッパの覇権は相対的で一時的なものであることが明らかになったが、アジア的遅れの文化主義的説明はこの三〇年の中国とインドの経済的発展によって否定され、この発展はまた日本の例外論を相対化している。アジア的「不動性」神話はヨーロッパの「特別な道」神話と全く対称的で、後者は実際には目的論的な罠に過ぎないのである。クリストファー・ベイリーやケネス・ポメランツのような歴史家によれば、一九世紀からのヨーロッパの覇権は、例えば、産業用原料の木材に取って代わった石炭のより大きな利用可能性のように、「世界各地にばらばらに存在する特徴の偶然の蓄積」の結果であった。[32] 逆説的に、ヨーロッパは主として一七世紀と一八世紀の内戦に因る歴史的遅れを利用した。三十年戦争は、一六四八年のヴェストファーレン条約によって主権国家間の関係調節システムをもたらしたが、他方、七年戦争は、イギリス帝国の大陸覇権を是認し、アジアとアフリカへの拡張主義の基礎を築いた。この継承戦争が軍事的革命の元にあり、これがなければ、一九世紀のヨーロッパ帝国主義は考えられなかったであろう。ベイリーは、この武器の性能、運輸・交通手段、軍隊の兵站術と医療看護制度に関する大きな変化を「露骨」だが、妥当な表現で要約している。「ヨーロッパ人は人殺しが問題となると、たちまち一番になった」[33]。マルクスがこの要約を共有したことは間違いない。

暴力と反抗

もちろん、インドで西洋文明の物質的基礎、例えば、教育制度、合理的な行政府、交通路網、近代的生産形態などを築いて、「歴史の無意識的な道具」として行動したことが、大英帝国にその罪を許すことにはならず、これをマルクスは極めて厳しく非難した。一八五三年、彼はイギリスのインド植民地化から生じる「人間の進歩」を、「犠牲者の頭蓋骨でしか美酒を飲もうとしなかった醜悪な異教の偶像神」[34]に比較している。『資本論』第一巻の一章（XXXI）全体が、初期資本主義の蓄積過程がもたらした暴力と残酷の描写にまるまる充てられている。『植民地化とキリスト教』（一八三〇）の作者で功利主義者のキリスト教徒ウィリアム・ハウイットによる植民地主義告発をわが身でも引き受けて、マルクスは全く耐え難い歴史的光景を描いた。彼は植民地主義の醜悪さ、例えば、「原住民の奴隷化、鉱山への埋葬や絶滅、東インドの征服と略奪の開始、黒い皮狩りを目的としたアフリカの一種の商業用飼育場化」などを列挙しているが、そこでまた資本にその支配を課さしめるような「牧歌的方式」も認めているのである。(35)

今日、歴史家は、アメリカ、アジア、アフリカにおける植民地主義の荒廃した結果を「ジェノサイド」とか「ホロコースト」と形容する傾向にある。ユルゲン・オスターハメルのように、こういう用語の使用を避けようとする者さえも、植民地征服が至るところで深刻な「政治的・社会的・生物学的な不安定化」を生み、新型の「病気のエコロジー」さえもたらすことを認めている。(36)その結果は、一般化された人口崩壊——西洋の「進歩」の弁証法的裏地——であり、これは「自然の」カタストロフであるどころか、帝国主義が権力を強化するための一種の植民地統治形態から生じていた。カール・ポラニーの跡に従って、マイク・デイヴィスは一九世紀のインドの飢饉がイギリス人による小麦市場の自由化と村落共同体の破壊が結合した産物であることを証明したが、彼はまたこの「自然的カタストロフ」がヨーロッパ人の人種的優越観を促進したとも指摘している。(37)マルクスは、現代では人道的カタストロフと呼ばれるものと資本の蓄積との有機的な関係の存在を把握したが、しかし彼はそれを弁証法的で目的論的な歴史主義の外では説明できなかったのだ。

ルソーとカントの後継者たるマルクスは、植民地主義批判を啓蒙思想の伝統に組み入れ、一九世紀文化を支配したゴビノーからガルトンとロンブローゾまでの「科学的」人種論のウルガータ〔聖書〕から根本的に遠ざかった。[38] 彼にとって、植民地主義の歴史において、人間性と道徳は明確に被支配者の側にあることは間違いないが、そのことが彼らに歴史の道を逆転させることにはならず、植民地主義が結局はそのベクトルなのである。植民地主義は、歴史の弁証法、つまり、進歩が抑圧によって課され、血の年貢を要求するという弁証法を極めて残酷に例証しただけである。この悲劇において、被植民者は確かに同情を呼び起こすが、歴史的主体の資格を主張できなかった。前述したが、エンゲルスにとって、アブド・エル・カデルは略奪と虐殺に手慣れた「盗賊民族[39]」の頭目に過ぎなかった。ラテンアメリカの独立戦争の英雄シモン・ボリバールに関するマルクスの意見は、エンゲルスと同じく称賛的ではなかった。一八五八年、『ニュー・アメリカン・サイクロペディア』に載った論説で、彼はこの英雄をナポレオンのパロディーとして描いた。[40] インドでは、一八五七年のイギリス支配に対するセポイ〔インド人傭兵〕の反乱は、彼にとって、長らく拷問術をみがいてきたヒンズー教という宗教を映す鏡であった。確かに、インドの反乱者がイギリス人に科した鼻や乳房などの「恐るべき切断」は、統治の慣行として拷問を始めた植民者の暴力、「婦女暴行、串刺しにした子供、焼かれた村[41]」などへの仕返しではあったが、しかし社会的・政治的選択肢を提供することにはならなかった。一九世紀最大の社会的蜂起である太平天国の乱〔一八五〇—一八六四〕の反乱は儒教と、希望の余地なき福音主義的プロテスタンティズムの混淆に刻印されていた。中華帝国秩序と外国支配に向けられたその強い平等主義的願望は、マルクスに共感とか称賛よりも恐れを呼び起こした。そこに真正な「人民戦争」の地位を認めながらも、彼はその狂信的行為を告発し、反乱者を数年間の動乱で、「すべてを破壊し、何も建設しなかった「ルンペン、無宿者、狂人」[42]として指弾した。彼はその「共産主義的」傾向が、「ヘーゲル哲学に対する中国哲学」同様、ヨーロッパの社会主義からかけ離れているとして懐疑的だった。確かに、第二次アヘン戦争は「中国に交易を開く」という第一次アヘン戦争の「進歩主義的」目標を再検討させたが、だがそれは、反乱に対する彼の否定的意見、「〔白人〕民族中心主義的な優越的態度」[43]を認めざるを得ない意見を変えなかった。この反乱は「世界最古の帝国の苦悶」の兆候だったが、しかし太平天国の乱は「アジア全体にとっての新時代の曙」[44]を告げてはいなかった。この務めは西洋に帰するものだったのである。

一八七〇年代、あらゆるマルクス主義研究が強調していることだが、マルクスとエンゲルスはアイルランド情勢に照らして、植民地問題に関する意見を変え始め、そのイギリス支配が英国労働者階級の無力の秘密の原因であることを確認した。他民族を抑圧する民族は自由ではあり得ない、したがって、英国労働者階級がアイルランドの国民的立場を支持しなければならないのは、自己自身のためである。[45]『共産党宣言』の作者たちがこの結論をヨーロッパ外の世界に広げていることを示すものは何もないが、一八七〇年代からマルクスが立場を修正し始めたと考えるのは妥当である。実際、一九世紀末になおロシアに現われた資本主義を免れるという歴史的可能性に関する彼の考察は、その著作全体において孤立したものではない。一八八一—一八八二年に、彼の民族学的研究はルイス・ヘンリー・モーガンの『古代社会』(一八七七)の読書から始まり、非西洋社会に対する新たな注意の眼差しと、単一的発展モデルには還元できない人間社会の複数性への考慮を示している。[46] 恐らくそこに、『資本論』が未完であることと、自分は「マルクス主義者」ではないとして、皮肉にも弟子たちと一線を画そうとする彼の後期の主張をも理解するための鍵があるのであろう。

確かに、マルクスはこの修正を決して体系化しなかった。しかしながら、彼の著作に遍在する矛盾は実りあるもので、晩年には、彼がより多く問題を含む複雑な観点で東洋と西洋の関係を考えていたことを示している。だが彼の著作のヨーロッパ中心主義が明白であるとしても、そのため彼が西洋帝国主義のナイーブな、ましてや臆面なき弁護者になったのではない。彼の植民地主義に関する著作を、極めて曖昧で問題の多いものも含めて、ジョン・ステュアート・ミルからトックヴィルまでの古典的自由主義の代表たちのものと比較すると、著しい相違が明らかになる。ミルが『自由論』(一八五九)を始めるのは、この概念が、「民族自体がまだ幼年期にあると見なされる社会のあの後進的階層」に拡張されうると錯覚しないよう読者を戒めてからである。そして、専制政治は「未開人に対するときには正当な統治様式」[47]であると、付け加えている。トックヴィルは、しばしば近代的自由主義の最も精緻な思想家であると見なされているが、彼が『アメリカのデモクラシー』を始めるのは、征服の際、この大陸はまだ砂漠に過ぎず、「インディアンはそこを占拠はしているが、所有はしていない」と述べてからである。神は彼らを「新世界の豊かさの真ん中に」置いたが、彼らにはその「短期の用益権」しか与えなかった。要するに、彼らは正当な所有者、つまりはこの「空白の揺籃の地」を「偉大な国家」[48]に変えるはずの者を待っているだけであるという。マルクスには、そのような植民地支配の自己満足的正当化の文章はどこにも見当たらない。

エドワード・サイードによると、マルクスの思想は当時の大学者たちの東洋学の地平に組み込まれていた。オリエンタリズムが、抽象的な矛盾するカテゴリー、例えば、優／劣、文明／未開、進歩／後進、合理／非合理のカテゴリーとして定義づけられた「西洋」と「東洋」のような「存在論的・認識論的区別」に基づく世界観であるとしても、マルクスは、解放のユートピアの普遍主義にもかかわらず、完全にこの世界観の代表の一人であった。マルクスの著作は、「たとえ民族の悲惨に対する彼の人道的感情や同情が明確に政治的な態度表明であるとしても、完璧に東洋学的タイプの企てに帰する」[49]、とサイードは認めている。恐らくマルクスのケースは、フロベールからヴェルディ、マルクスからウェーバーまでの西洋文化のあらゆる代表たちを無差別に含む、同質的カテゴリーとしてのオリエンタリズム観の限界も示すであろう。[50] ジルベール・アシュカルは、マルクスのオリエンタリズムは、ヨーロッパ中心主義が当時の地平を成していたという限りにおいて、本質的に認識論的であった、と指摘している。ただ彼は、抑圧的、階級的で決定的に固定化した国際秩序に反対しているのだから、覇権主義者ではなかったのである。[51]

遺産

ではマルクス後は？　彼の遺産はどんなものなのか？　遺産を共有して受けた世代にとって、それがどの程度重みがあり、またどのようにして変革または超克されたのか？　ロシアと中国革命、共産主義と脱植民地化の時代、マルクス主義と反帝国主義の新興勢力の関係が再構築され、複雑化した。その頃、一九二〇年代と一九六〇年代の間、歴史的出会いの極めて大きな機会が出現し、いくつかの集中的出来事に特徴づけられたが、結局は未完了のままで終わったことがある。今日、左翼のポストコロニアルのメランコリーが育まれたのは、まさに共産主義と脱植民地化の瓦礫の下に埋もれた、この失敗した出会いによってである。

一九世紀後半、反帝国主義はマルクス主義者よりも無政府主義者に広まり、より急進的であった。ベネディクト・アンダーソンは、初期のグローバリゼーションに対する反抗運動を一種の文化人類学的観点で素描して、この違いを強調している。主として工業化された、プロテスタントのリベラルなヨーロッパ（まずドイツ）に根づいた西欧の都市プロレタリアート型のマルクス主義的社会主義に対して、無政府主義はその影響力を農村的、平民的で伝統的なカトリックの東・南ヨーロッパに及ぼした。大英帝国の首都、国際資本主義の特権的な観察台であるロンドンで亡命生活を送っていたマルクスと違って、無政府主義者は海を渡る大きな移動の波の動きを追っていた。それが恐らく、一九世紀末に、フィリピン民族主義の鼓吹者で作家のホセ・リサールがマルクス主義信奉の社会主義者よりも、スペイン、イタリア、フランスの無政府主義者や、キューバの民族主義者ホセ・マルティなどと接触するに至らしめた親和力を説明することになろう。[52]

ユダヤ系ドイツ人亡命者マルクスは世界を別な眼鏡、アウトサイダーとインサイダーの両方の眼鏡で見ていた。ロンドンでは、彼はあらゆる公的制度や権力の中枢からはずれたマージナルな知識人だった。彼は世界中に及ぶ資本主義の拡大を分析していたが、植民地世界で起きようとしていた反乱の兆しには気づかなかった。既にみたが、中国やインドの反植民地主義の反乱に対しては極めて懐疑的で、ハイチの革命に大きな重要性は認めなかった。それゆえ、奴隷制度廃止に当時の中心的争点があることが分からなかった。最初のマルクス主義的ハイチ革命史『黒いジャコバン』を書いたのは、西インド諸島の黒人知識人C・L・R・ジェームズだが、彼は大学や公式マルクス主義の圏外で活動していた。[53] また恐らく、ボリビアとキューバ革命を経験した歴史家アドルフォ・ギリーが分析対象としてメキシコ革命を発見するまで、マルクス主義者が数十年間、それを無視したのも同じような理由からであろう。[54] 共産主義者が中国やヴェトナムで農民革命を指揮できたのは、その指導者たる都市出身の知識人が、社会主義は純粋に西欧的・プロレタリアート的な思潮と政治運動であるという伝統的な図式から離れていたからである。産業革命以前の重商主義的資本主義の時代の隠れた闘争の歴史を再発見するには、現実社会主義の終焉とフォーディズム〔大量生産、大量消費を可能にした生産システムのモデル〕の危機を待たねばならなかった。プロレタリアートの伝統的な代表、つまりはヨーロッパの白人男性産業労働者階級は、水夫や海賊、強制連行された奴隷たちが形成した「千の頭をもつヒドラ」が大西洋で行なった最初の連帯と自己組織、自己解放の経験を隠蔽してしまった。[55] マルクスは、ヴィクトリア朝時代の工場のスモッグに目がくらみ、こうした経験を意義あるものとは考えなかった。恐らくそこに、一九世紀初頭の機械の壊し屋に見ていたのと同じように、反乱の幼年時代しか見ていなかったのだろう。

史的唯物論の創始者にオリエンタリズム的ヴィジョンの痕跡を見つけることは、彼を一九世紀の知の遺跡博物館に陳列することを意味するのではない。マルクス以後、いくつかの国際社会民主主義の流派が公然と「社会帝国主義的」態度を取り、ヨーロッパの「文明の使命」の名において、植民地主義を擁護した。一九〇四年、ドイツの社会民主主義者は南西アフリカ〔ドイツ領、現在のナミビア〕のヘレロの虐殺を非難したが、それは、そのような暴力と残酷の波はドイツ人の品位を下げ、アフリカの土人部族たちと同じ野蛮のレベルに貶めるからである、と彼らは説明していた。[56] しかしながら、他の社会主義流派は国際主義を根本的に反植民地主義的観点から再考した。もしマルクスをヨーロッパ中心主義に狭めてしまうと、一九世紀の植民地革命に対する彼の影響が解けない謎となる。ロシア革命からヴェトナム戦争まで、マルクス主義は脱植民地主義の理論的・知的な枠組みを提供してきた。[57] 大部分の民族解放運動は共産主義の旗を掲げていたし、今日、ポストコロニアルの歴史家はその先駆者たちの中に、C・L・R・ジェームズ、W・E・B・デュボイス、フランツ・ファノンのような綺羅星のごときマルクス主義思想家を認めている。一九世紀のマルクス主義の歴史は民族解放運動とは不可分であり、そこでは、一種の意外な逆転現象によって、その影響力は無政府主義よりも比較にならないほど大きかった。[58] こうした運動の理論家たちはしばしば根底的に反進化論的、反実証主義的で、時には強い主意主義的〔革命的状況を待つのではなく、それをつくり出すという積極的行動主義的〕な要素をこめたマルクス読解を提案していた。つまり、ヨーロッパ中心主義批判と解放の企ての継続である。[59] 無垢でヨーロッパ中心主義の汚点なきマルクス神話は、植民地主義者マルクスという古来の見方と同様、誤ったナイーブなものである。マルクス主義的歴史主義の最も厳しい批判者のひとりである歴史家ディペシュ・チャクラバーティは、マルクスと、啓蒙思想から継承したカテゴリーとを、どちらも捨てようとはせず、これらがなければ現代の政治的近代性を考えることは不可能であると判断している。彼の「ヨーロッパを地方化する」という企てはむしろ「周縁から発して周縁のために」[60]これを変革することを目指しているのである。

亀裂

C・L・R・ジェームズとテーオドア・W・アドルノ、この二〇世紀の批判的思想の二人の重要人物は、戦争中ニューヨークで、共通の友人ヘルベルト・マルクーゼを介して、マンハッタンがヨーロッパの亡命ユダヤ人の中心、ブラック・アトランティック〔黒人ディアスポラ文化確立の象徴的・比喩的な場所。ポール・ギルロイの著作名から〕の知的首都になった時代に出会ったが、この対話は続きがなく、相互の無理解のため頓挫してしまった。[61]当時、彼らは全体主義批判に関する極めて重要な著作の二つを準備しつつあった。『啓蒙の弁証法』(一九四七)と『水夫、背教者とパリア』(一九五〇)で、理性の変貌に関する哲学的瞑想と、ハーマン・メルヴィルの『白鯨』のアレゴリックな再解釈を通した根源的な近代性批判の書である。[62]アドルノは進歩の観念を再検討し、マルクス主義的物象化論、ウェーバーの合理性概念、フロイトの精神分析に依拠して、西欧が啓蒙思想の解放的理性を全体主義的道具的理性に変えたプロセスを再構成した。彼の分析的にしてメランコリックな眼差しはナチズムに偏光させられ、植民地世界を全く見ていなかった。C・L・R・ジェームズの方は、近代性を帝国主義的支配と見なして、その中心を西欧から南半球に移し、植民化された民族の叛逆を予告していた。二人はマルクスの思想に基づき、かつそれを豊かにした。しかしながら、西欧マルクス主義と反植民地主義的マルクス主義は、二つの離れ離れの大陸のようなもので、お互いに無縁であった。

この挫折した対話において、批判理論の植民地無自覚現象の兆候、少なくともその古典的バージョンであるフランクフルト学派の兆候を見ることは、正当であろう。確かに、アドルノのジャズ嫌いはその大衆社会批判からくるが、しかしまた、彼にとって、アフリカ系アメリカ文化は、ファシズムが道具化してその権力を強化した野蛮、未開、「原始の群れ」への回帰の形であることを示していた。(63)『啓蒙の弁証法』は、世界の歴史を権力の絶えざる軌道として呈示するが、植民地主義に対してはいかなる示唆もない。ヴァルター・ベンヤミンは『パサージュ論』で一九世紀のフランス文化を渉猟しているが、ここにも植民地主義への言及はなく、またファシズムに関する著作でも、エチオピア戦争支持の宣伝パンフレットから引いたマリネッティの戦争賛美の一文を挙げているが、植民地主義の語は現われない。(64)彼のシュルレアリスムの批判的分析さえ、反植民地主義がこの文学的・芸術的前衛の主要な政治的参加の一つであったことを無視しているようだった。[65] ベンヤミンの唯一の反植民地主義的文章は、一九二九年『文学世界』誌に載ったバルトロメ・デ・ラス・カサス〔一四八四—一五六六、植民地支配を告発したスペインの司教〕に関する本の短い書評だけである。[66] 要するに、フランクフルト学派の哲学者たちはマルクスの認識論的地平を越えなかったのである。そこに批判理論の植民地への無自覚があるのだ。彼らの反ファシズムは、一九三〇年代のヨーロッパにおける反ユダヤ主義の最も過激な表われとなる生物学的人種主義を告発しているが、植民地主義には沈黙したままだった。マルクーゼだけが、ヴェトナム戦争の際、反帝国主義の波がアメリカの若者世代に押し寄せてきたとき、この沈黙を破った。『エロス的文明』（一九六六）第二版の「政治的序文」で、彼は先進工業化社会の豊かさと幻想的自由——そこに彼は「抑圧的昇華」を見ていた——が「世界を地獄に変え」つつあると強調していた。地獄は、まだいくつかの遠くにあるように見える場所、例えばヴェトナム、コンゴ、南アフリカなどに限られていたが、ミシシッピ、アラバマ、ハーレムのような「富裕社会」のゲットーにも現われていた。「この地獄の場が全体を照らしている」、と彼は結論している。同じ序文で、マルクーゼは米軍が犯した虐殺とナチのジェノサイドを比較し、「ヴェトナムで勝者のために並べられた一列の裸の死体を映した写真」に触れ、「それが細部を除いて、アウシュヴィッツやブーヘンヴァルトで飢えと疲労で殺された死体の映像を思わせる」[67]と指摘している。そのような比較の考えが、アドルノやホルクハイマーの精神に触れることは、決してなかった。

アドルノとC・L・R・ジェームズの頓挫した対話はまた、マルクス主義自体のプリズムを通して、一九三〇―一九四〇年代のその主要な流れ、つまり、古典的マルクス主義、西欧マルクス主義、黒いマルクス主義を考慮しながら解釈できるかもしれない。当時、この第一の流れは革命理論の形で存在していた(レーニン、ルクセンブルク、トロツキー、パンネクーク)。その疲弊枯渇は国際共産主義運動のスターリン主義化と符合していた。たとえその流れが、ロシア革命の跡に続いて、「アジアの目覚め」と反帝国主義闘争の波を予告していたとしても、その出生地はヨーロッパで、その文化的背景は西欧であった。もっとも、ヤングは東方諸民族大会がポストコロニアリズムの前提の一つとなったことを示したが、この大会は、一九二〇年、バクーで開催され、植民化された民族に反帝国主義への「聖戦」を訴えるジノヴィエフの熱烈な演説で終了した。[68] 西欧マルクス主義の方は、大戦後の革命の敗北から生まれた。これは、ソ連のスターリン主義の出現と西ヨーロッパのファシズムの台頭が結合した産物であった。西欧マルクス主義は労働者階級の革命的潜在性に対しては懐疑的で、歴史、経済、政治を無視して哲学と芸術に逃げ込んだ。もちろん、グラムシとアドルノが「共存する」、このマルクス主義流派の極めて不均質な性格を過小評価してはならないだろう。だが、ペリー・アンダーソンが示唆した定義づけは、フランクフルト学派の方向性を実によく捉えていた。[69] しかしながら、この二つの流派以外に、第三のはるかにマージナルな派があり、トリニダード人のC・L・R・ジェームズ、アフリカ系アメリカ人のW・E・B・デュボイス、フランス系カリブ人エメ・セゼールのような多数の黒人知識人が加わり、マルクス主義を人種的、植民地主義的抑圧のプリズムを通して再解釈していた。彼らにとって、人種は階級同様重要で、植民地主義は、資本主義の歴史において産業革命同様、決定的な役割を果たしていた。セドリック・ロビンソンはこの流派を黒いマルクス主義Black Marxismと呼んだが、これは、「黒人を何人かの代表とする西欧ラディカリズムのヴァリアントではなく」、むしろ階級から人種へ、西欧から植民地世界への移行を示すものである[70]。この知的な流れが導入した最も意味深い革新は、奴隷制度の解釈に関連していた。それを古風な生産様式――場合によってはマルクスが『資本論』で示唆しているように、「本源的蓄積」過程に結びつく様式――の遺物と見なすのではなく、C・L・R・ジェームズ、W・E・B・デュボイス、エリック・ウィリアムズなどはその近代性を強調して、奴隷労働を資本主義の基本的次元と定義づけていた。それは、これがヨーロッパの近代化過程、その経済的拡大や最初の世界的覇権の確立に付随していたからである。それはまた、彼らが資本主義を歴史における「進歩」の必然的段階と見なすことを拒否する理由でもある[71]。

この三つにおける関係で、古典的マルクス主義と黒いマルクス主義、また場合によっては古典的マルクス主義と西欧マルクス主義の間では、対話は可能だった。前者の場合は、C・L・R・

ジェームズがトロツキスト、W・E・B・デュボイスはアメリカ共産党員だったこと、後者の場合は、アントニオ・グラムシ、ジェルジ・ルカーチ、カール・コルシュのような共産主義指導者のことを考えればよい。だが、黒いマルクス主義と西欧マルクス主義の間では、対話はほとんど存在しなかった。それを阻んだ主なる障害は植民地主義に対する後者の無理解だった。したがって、西欧マルクス主義の考え方は、たとえその最初の定義づけがフランクフルト学派のヨーロッパ中心主義にも、フランスとかイタリアのような国の共産主義文化にも準拠するのではないとしても、〔その由来からすれば〕全く妥当なものであった。(72)

マルクス主義と反植民地主義の関係の歴史は、複雑、密接、敵対的で、出会いと無理解から成っていた。この事実を基にして、実際とは異なる仮説を立ててみよう。例えば、このアドルノとC・L・R・ジェームズの挫折した対話から何が生じたであろうか? あるいはまた、別な問――批判理論の第一世代と黒いマルクス主義の出会いから何かが生まれたのだろうか? それは、急進左翼の文化や、かつて「第三世界との連帯」と称されたものの文化を変えることができたかもしれない。フランクフルト学派は自らがこもった境界を壊し、植民地革命は開発発展の問題に別なパラダイムで取り組めたかもしれない。たぶん『啓蒙の弁証法』とヴァルター・ベンヤミンの「歴史の概念について」のテーゼは、一九六〇年代、ハバナでの国際会議の際に討議されたであろう。フランクフルト学派の第二世代は、その眼差しを公共圏とコミュニケーション的行為のみならず、グローバリゼーションと資本主義批判にも向けたであろう。ポストコロニアル研究の方は、マルクス主義をヨーロッパ中心主義の単なるヴァリアントとは見なさなくなり、純粋に原文通りの基礎に基づいた「批判的言説」以上のものになったであろう。もちろん、事実と異なる推論が歴史を変えることはないが、事態の何がうまくいかなかったかをよりよく理解する手助けになることはできる。あのアドルノとジェームズの失敗した出会いの数十年後、西欧マルクス主義とポストコロニアル研究は、敗北の星の下でまた落ち合った。前者はヨーロッパ革命の失敗と一九三〇年代のファシズム台頭から生まれ、後者はカンボジアのポル・ポトの死体置き場に葬られた植民地革命の灰燼から立ち現われた。両者は図書館と大学の大講義室で出会い、そこでは、批判思想が過ぎ去った時代の騒音と激情から離れて、避難所を見出していた。歴史はつねに、メランコリーの苦い味を漂わせておく失敗した出会いと取り逃がした機会から成っているのである。

第五章　時の一致

ポルトボウはフランスとスペインの国境にあるカタロニアの村である。一九四〇年九月二六日の夜、ヴァルター・ベンヤミンはそこで自死した（図5―1、2）。ドイツ人避難民の小グループと国境を越えた後、治安警察に逮捕され、疲労と病気で、彼はゲシュタポに引き渡されるのを恐れて、ホテルの部屋で自殺した〔なお、このホテルのスペイン語名はHostal Francia（フランス旅館）。hostalは星付きホテル以下のカテゴリーで旅館、宿屋の謂。フランスを逃れたベンヤミンが自死したのが「フランス旅館」とは運命のいたずらか〕。一九四〇年六月の敗北以降、亡命の地フランスは、彼にとって罠になった。フランクフルト学派の友人たちのお陰で、彼はアメリカのヴィザを取得してリスボンに行

図5.1　1930年代のポルトボウ（絵葉書）

き、ニューヨークに向けて出航しようと思っていた。彼の自死の翌日、たぶんこの死去に動揺して、スペイン警察は、彼のいた小グループの旅行者に旅を続けることを許可したので、彼ら全員がアメリカ合衆国にたどり着いた。その中には、この長旅を語ってくれたリーザ・フィトコと、エーリヒ・フロムの未来の妻で写真家のヘニー・ガーランドがいたが、残念ながら彼女は写真を撮らなかった。(1)

ポルトボウ

二〇世紀最大の思想家のひとりの生の軌跡のエピローグとなったポルトボウは、ユダヤ系ドイツ人亡命地の象徴となり、とくに一九九〇年代の初め、芸術家ダニ・カラヴァンがベンヤミンの記念碑を創作し、海に面して村に囲まれた丘の上に設置してからは、巡礼の地にもなった（図5―3）。ポルトボウの神話はまたベンヤミンの墓のミステリーにも起因する。実際、この墓は、彼の死と埋葬を証明する記録文書が多数あるにもかかわらず、決して存在しなかった。当初、彼の遺骸は墓地の小さな壁の窪みに、単なる番号

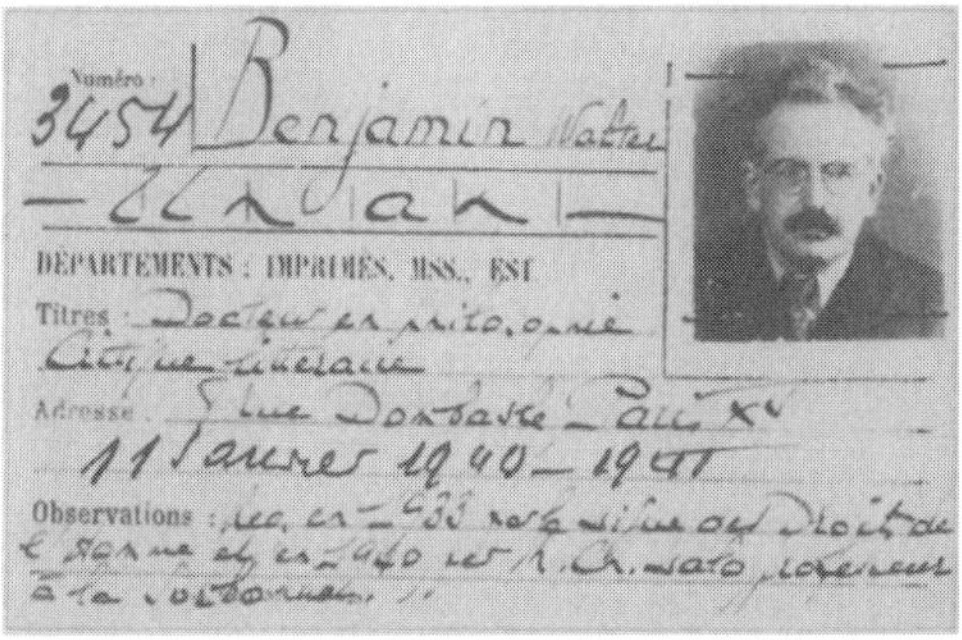
Numéro : 3454 Benjamin Walter
DEPARTEMENTS : IMPRIMES, MSS., EST
Titres :
Adresse :
Observations :

図5.2　ヴァルター・ベンヤミンのパリ国立図書館利用カード（1940）

図5.3　ダニ・カラヴァン『ヴァルター・ベンヤミン記念碑パサージュ』（1994）

（563）を付して埋葬された。そして、一九四五年、無名の共同墓地に移された。この存在しない墓の探索は死後まもなく始まったが、その頃、今度はハンナ・アーレントがやはりリスボン、ニューヨークに向かう途中、ポルトボウに立ち寄った。一九四一年一〇月一七日、彼女は、共通の友でイェルサレムにいるゲルショム・ショーレム宛の手紙で、この地のことを次のように書き送った。「墓地は小さな湾にあり、地中海に直接面していました。それはテラスの形で、石に切

図5.4　ポルトボウの墓地（2014）

り込まれていました。この石の壁の中に棺が滑り込まされていたのです。確かに、そこは、私が生涯で見た最も幻想的で美しい場所の一つでした」[2]（図5―4）。今日、この墓地と隣接する記念碑は、観光スポットになった。村はこのドイツのユダヤ人哲学者を想起させるパネルとプレートで案内表示されており、ホテルや市の事務所にはベンヤミンとアーレントのポスターが飾られているのである。（図5―5）。

図5.5　1940年、ヴァルター・ベンヤミンが自殺したホテル（旧オスタル・フランシア）に掲示された記念銘板

しかしながら、著名な知識人の思い出だけがこのカタロニアの村の家や道路に結びつくのではなく、ここは文字通り記憶の十字路なのである。一九三九年二月、バルセロナ陥落後、ポルトボウは共和派の主要な亡命通過点の一つだった。四五万人という極めて多数の亡命者が、内戦終結後、スペインを離れ、この村を通過して、一年半後にベンヤミンがたどるのとは反対の道を行ったのである。彼らはフランス南部の即席の収容所に受け入れられるが、そこは一九四〇年の敗北後は拘禁収容所になり、やがては第三帝国の強制収容所への中継収容所になった[3]。今では、この亡命路はパネル

図5.6　1939年1月末、ポルトボウのスペイン共和派亡命者

で表示され、カタロニア民主主義記念碑協会が収集した文や写真・絵を使って、この共和派の十字架の道を描いている（図5―6）。

ベンヤミンの死後ほぼ七〇年、彼が埋葬されている墓地は今や、他の戦争や独裁、迫害を逃れ、イタリア、ギリシア、スペインの海岸から欧州連合に入ろうとして死んだ他の亡命者や、パリアの記憶を呼び起こしているようだ。この現代の大移動は以後数万人にのぼる。ポルトボウが決定的に記憶の博物館、「遺産化され」、物化され、永遠に中性化され、麻痺された過去の受け皿に変わるのを免れているのは、たぶんこの文脈からくるのであろう。記憶の哲学者ベンヤミンと死の村ポルトボウの間、物質的には存在しないが象徴的には遍在する彼の墓の所在地と、その後もなお増え続けた数十万の移民、難民の最終目的地の現代ヨーロッパの状況の間には、驚くべきもつれた絡み合いがある。ここで、ベンヤミンの亡霊はファシズムから追放された者の記憶と、ポストコロニアルの亡命の現実に出遭う。この過去と現在の衝突が彼の歴史観の中心にあるのである。

パリ

さて今や、ベンヤミンの亡命の町パリ、その死後三〇年ばかりのパリに行ってみよう。一九七〇年代、ダニエル・ベンサイドは六八年五月の立役者のひとり、革命的共産主義者同盟（LCR）の主要な指導者のひとりとして知られていた（図5―7）。この時代、活動家的政治があ

図5.7　1969年のダニエル・ベンサイド（中央）

らゆる知的エネルギーを吸収していた。だが彼の思想が真に開花するのは、次の八〇年代の終わり頃に過ぎない。その一九八〇年代は砂漠の横断で、彼はこれを「テルミドール派の時代」と呼ぶ癖があったが、ペリー・アンダーソンの辛辣な表現によれば、パリは「ヨーロッパの反動の首都」[4]になった、となる。一九八九年、ベルリンの壁の崩壊で頂点に達するこの一〇年間、ダニエル・ベンサイドの活動は主として政治的組織化に向けられ、彼はストイックにある一定のボリシェヴィキ的正統性を擁護し、それを社会運動の後退とネオリベラリズムの発展に特徴づけられた状況に適用しようと試みた。彼のスタイルは極めて個性的で、伝統的な左翼のレトリックとはかけ離れていたが、彼の思想は依然として古典的なトロツキズムの図式に組み込まれていた。一九八〇年代末、すべてが変わり、そのような態度は維持できなくなった。一九九一年、彼はこうした状況を明晰に要約している。「左翼はその記憶に病んでいる。総記憶喪失症。余りにも多くの屈辱、余りにも多くの守られない約束。余りにも多くのたなざらしの問題、捨て置かれた死体。忘れるために、もう酒さえ飲まず、整理するのだ。大革命? 二百年記念礼讃で清算された。パリ・コミューン? 古臭いプロレタリアートの最後のユートピア的狂気。ロシア革命? スターリンの反革命で葬り去られた。レジスタンス? 仔細に見ると、それほどきれいごとではない。もう創始の出来事はない。もう生まれるものもない。もう目印となるものもない[5]」。

二〇世紀を終わらせた一九八九年の歴史的転換期は、ダニエル・ベンサイドの知的・政治的歩みに大きなインパクトを与えた。彼の戦闘主義は、過ぎ去った時代の革命的伝統擁護を梃子にすることをやめ、起こりつつある新しいことを読み解き、つねに政治的行動を開始して、新しい力関係を構築し、抵抗の慣行を創出する突破口を求めることに向けられた。だが彼はその「ボリシェヴィキ的」過去を捨てず、つねに背景にしていたが、そこに現在の問に対する答えを見出すことはできないので、新しい批判的思想をつくり上げ、新しい活動形態を実験すべきであることを理解していた。彼の著作は、組織の活動家だけよりも、幅広い読者に語りかけるものだった。またそれまで抑えていた作家の使命を満たすこともでき、その著述に美的形式を越えた、豊かな自由と思想的文体を与えた。弁証法的な逆説癖のある彼は、極めて特殊なジャンルの「無政府主義的レーニン主義」[6]の信奉者であると自称した。彼は数冊の著書を連ねて、哲学、歴史、文学、政治を混淆して過去と現在を対話させた。『われ、フランス革命なり』(一九八九)において、「不当な二百年記念」の仰々しさを嘲笑して、被抑圧者の蜂起の歴史における位置を取り戻し、そのつねに未完の解放の企てを想起させるため、記念などという枷を壊したフランス革命に発言権を与えている。[7]『うんざりするジャンヌ』(一九九一)では、早生まれのフェミニストとして再発見されて、あらゆる党派のナショナリストによるその私物化、占有化に対して反抗するのは、ジャンヌ・ダルクだった。[8]

一九九〇年代、ベンサイドはLCRの指導者役を退き、いくつかの点で渡し守になった(図

5―8)。まず、さまざまな伝統の渡し守。彼はトロツキズムの障壁を取り払い、それをスコラ風にコード化された革命的遺産の不毛な擁護から引き出した。(9) かくして、彼は、軌道修正と問いかけの間で、以前は無視されていた、さまざまな思想的傾向に対峙し、ジャック・デリダやアラン・バディウ、トニ・ネグリのような知識人と対話した。実際には、この古典的マルクス主義の超克は、これを新しい現実に組み入れ、彼がつねに敵意は持たなくとも冷淡に見ていた政治文化と接触させて救うことを目指していた。そうして彼は、一九七〇年代からペリー・アンダーソンが見定めていた亀裂、つまり、その理論が全面的に経済と政治を軸に展開されたトロツキズムと、ずっと前から哲学と芸術に傾斜していた西欧マルクス主義との亀裂を超越しようと努めた。(10) ダニエル・ベンサイドのお陰で、このトロツキズムの遺産は、フランクフルト学派の理論的伝統、ブルディユの社会学、ポスト構造主義から生じた、しばしば「フレンチ・セオリー」(11) と称される批判哲学などと接触し始めた。渡し守であるダニエル・ベンサイドは、さまざまな活動家世代に対してもそうであり、六八年五月世代、または後悔と妥協の後まだ何か残している者と、一九九〇年代の反グローバリズムの波によって政治参加の道を見出した新世代との出会いを促進した。まず、ルイーズ・ミシェル協会の前身である、SPRAT(時代の状況に抗するための協会)をつくったが、これは党派的拠点のない知的・政治的思考をする仲間うちの地味な場だった。次いで、雑誌『コントゥルタン』の鼓吹者になったが、その編集は、非マルクス主義者を含めて、極めて多様な思想と経験から成る流派出身の多くの若者に開かれていた。この思想と世代間の媒介役として、彼の役割はかけがえのないものだった。結局、彼はさまざまな国や諸地域の革命運動の橋渡し役であった。第四インターナショナル、彼が『ゆるやかな焦燥』(12)で命名した「ボンサイ〔盆栽〕のコミンテルン」に所属したことにより、一九七〇年代から、彼はあちこちに旅行するようになった。一九七三年、フランコ体制末期、彼はスペインの同志がLCRのスペイン

図5.8　1989年のダニエル・ベンサイド

版共産主義者同盟を設立するのを助けた。一年後、カーネーション革命の際にはリスボンにおり、一九七六年には、イタリアの最も重要な革命的左翼組織「ロッタ・コンティーヌア」の決定的に重大な大会に招待された〔この組織はこの年に消滅〕。彼はスペイン語、ポルトガル語に堪能だった。ブラジルでは、一九八〇年、労働者党の誕生に立ち会ったが、彼は急進左翼の親しい友だった。この近年は、しばしば英語圏の各地にも招かれた。このインターナショナリズムは、教条主義的でも抽象的でもなく、人間と文化の多様性に基づく体験によって育まれ、彼の戦闘的行動主義の人間学的背景を成していた。彼は、ナショナリズム的な記憶に囚われた左翼の確信と偏見を揺さぶった。実際、ラテンアメリカを頻繁に訪れて、一九七〇年代のゲリラ闘争の悲劇的な試みで、武器を手にして死んだ多くの闘士たちと接した。二〇年後、その思い出が、エイズウイルスに感染したトラウマを克服する手助けとなった。「幽霊や亡霊と何度も付き合っていたので、病気で苦しむと彼らのそばで一緒になれた[13]」、と彼は自伝で書いている。

ダニエル・ベンサイドは謙虚にも単なる活動家であると自称しており、その知識人としての地位はかなりユニークなものだった。グラムシの「有機的」知識人という観念は、二〇世紀の歴史に痕跡を残した共産主義の「同伴者」の、必ずしも栄えある喩えではないが、彼をうんざりさせるものでもなかった。彼は文化の物象化の現代的仕掛けがつくり出したメディア用の「知識人」の対極にいた。雑誌カバーやテレビスクリーンにはびこるこういう人物を、彼は『不信心者の断章』で痛烈に批判したが、最近では例えば、フランス文化産業の主要な輸出品の一つであるBHL〔ベルナール＝アンリ・レヴィ、作家〕のメッキ落としをした肖像を描いて見せた[14]。ベンサイドはまた語の別な、はるかに高級な意味での知識人、例えば、ジャン＝ポール・サルトル、ノーム・チョムスキー、エドワード・サイードなどに体現され、不正義を告発するために国家に介入する学者とか、一種の「立法家」として政治倫理の規範を定めようとする学者タイプの知識人でもなかった。つねにエリート主義の誘惑に晒されるこういう立場よりは、自らに責任を負う政治的行動主義を好み、それは彼にとって、謙虚さと責任に培われた「健全なる現実原則」を前提としていた。つまり、それは「平等な共同体において発言し、考える」ことであり、「メディア用の浮き沈みするもぐり人形と違って、活動家はその発言と生じ得る結果に責任を有する[15]」のである。結局、ベンサイドは語のフーコー的な意味での「専門＝特定領域の」知識人ではなかった。彼は決して「専門家」の役割を果たすとか、科学や学問の名において真実を述べるつもりはなかった。それはまた、大学界における彼のマージナルな立場を説明するものであり、彼は、大学的規範に屈することを頑なに拒んだ後、やっと受け入れて、パリ第八大学の哲学教授になったのである。活動家と学者の二役は必ずしもうまくいかないが、彼が自伝で語るところによると、彼がつねに「コロックやセミナー、アカデミックな大式典を催す哲学する団体から離れて[16]」いた理由の一つは、それであるという。

彼に病状が現われたのは、一九八九年の政治的転換期後まもなくで、これが二〇年後その命を奪うことになる。エイズに罹っても、ダニエル・ベンサイドはその苦悩に関してはつねに控えめだった。彼はそれを隠さなかったが、誇示もしなかった。彼の慎みは決して隠しごとではなく、病気に押さえられたままになり、エイズ患者というアイデンティティの指定、時にはエイズの烙印を押され、時にはその犠牲者とされて課される身分指定の虜のままになることを拒否することからきていたのだろう。彼の立場は逃亡でも否認でもなかった。また模範的で英雄的であろうともしなかった。もっと考えられるのは、生き残ることの条件だったかもしれない。一九九〇年代の半ば、すべてが失われたようだった。一九九六年、彼は「まったく死を君《クン》づけにしていた」[17]と自伝に書いている。病気発症後、すぐに書かれたジャンヌ・ダルクに関する本で、彼は次のような啓示的な告白をしている。「私は残りの生を一日一日、一分一分生きることを学んだ。最後という身をさいなむ妄念に対してこの瞬間、瞬間を守ること。最後の秋と屋根の上の最後の赤茶色〔夕陽〕。最後の冬と天窓の最後の雪。最後の春と最後の花の眺め。私は後悔、未練の毒に対して一日の一片、一片を守ることを学んだ[18]」。

彼の回復は、最新の治療のお陰でほとんど奇跡的なように見えたが、熱狂的な活動を伴い、講演、旅行、公開討論、政治的発言、論争、理論的著作が立て続けに続いた。この生の加速化が彼の著書出版のリズムを乱し、難しくした。いくつかの本は早書きすぎて十分熟さず、まるで完全な表現を見出す時間のなかった、溢れんばかりの思想を映す鏡のようだった。彼の燃えるような文体は、時おり、あまりに性急な思考が残した裂け目をふさぐような印象を与えていた。病気であらゆる長期的な計画が禁じられていたことは、事実である。早く書かねばならず、何ごとも先延ばしはできなかった。何も待ってはくれないのだから。一九九〇年代の初めと二〇〇〇年代の終わりの間に書かれた本、『ヴァルター・ベンヤミン、メシアの歩哨』（一九九〇）から『世俗政治頌』（二〇〇八）までの本は、あまりに早く中断されて未完のままになった、極めて野心的な作品の断章を成していた。まるで予告された死の身代金だった。しかし彼はまた、病気であるという「特権」として、日常生活ではごく稀な一種の存在論的な充満に達することができるものと考えていた。彼は、「己れが死すべきであると知ることは時間の均衡と遠近法」を変え、「ひとは直感と欲望のままに生きようとする」[19]と書いている。この観点から、彼はマルクスのアンチテーゼであり、彼の後見人たるこの先達は『資本論』を書いては書き直し、書いては書き直しして生涯を送り、生きている間に完成することはなかったのである。

マルクスを再解釈する

マルクスは赤い糸として、ダニエル・ベンサイドの作品を、最初の本――あの決定的な年にパリのマルグリット・デュラスのアパルトマンで、アンリ・ヴェベールと共著で書かれた『六八年五月　総稽古』（一九六八）――から、最後の政治理論的著作までを貫いている。[20] 彼のマルクス読解は、もちろんマルクス主義的で、フォイエルバッハに関する第十一のテーゼの作者が創始した伝統につながる。即ち、世界を変革するために解釈することである。彼の目的は、一〇〇年以上前から歪曲、無理解、変造の対象となっていたマルクスに対して、「真正な」マルクスを明らかにすることではなかった。『時ならぬマルクス』（一九九五）において、彼は、そのコントラストに育まれた豊かさが多数の解釈を生み出している大著、その遺産が多様な流派に共有されている作品を検証している。つまり、一つではなく、複数のマルクス主義があるのである。[21] 彼はそこで、マルクスを〔オーギュスト・〕コントに同化する試みが〔後世に〕道慣らしをするものではないことを示しているが、しかし、社会的進化論と実証科学の荷を背負ったカウツキーも、解放のメシアニズムを唱えるベンヤミンも、彼らなりに『資本論』の作者の航跡を延長していることを認めるのに、何の困難も感じなかった。マルクスの作品は、実証科学モデル（資本主義の法則の分析）と、その全体性においてとらえられた社会関係が生み出した結果としての歴史観との、時代文化に深く根ざした内部対立に貫かれている。そこからマルクスの「二重の誘惑」が生じる。一方では「科学する」という欲求で、『資本論』第一巻の序文におけるダーウィンへのオマージュがその証拠である。他方では、ヘーゲル弁証法に錨を下すことで、これにより彼は階級闘争に歴史の原動力を見ることになる。このことから出発して、ダニエル・ベンサイドのマルクス主義は彼なりに歴史主義的で多様であろうとしたのである。

一〇〇年間の論争を見たあと、彼はマルクスの思想を否定として把握し始め、彼にとって最初は、そうではなかったことを強調した。それは歴史哲学、即ち、ヘーゲル的な意味での世界史の構築でも、資本主義社会の矛盾の不可避の出口としての社会主義の目的論的な概念でもなかった。要するに、保証されたハッピーエンドも自動的な進歩もなかった。マルクスは、歴史を実証主義的パラダイムによっては考えない、つまり、「均質で空虚な」年代軸を通した直線的な進歩として、また単なる生産力の量的蓄積として考えるのではない。彼が、とくに『経済学批判要綱』において、生産力の発展を労働時間短縮と人間の創造的潜在性の解放の必要条件と見ていたとしても、それは社会主義の生産第一主義的概念を前提とするものでは少しもない。ベンサイドによれば、マルクス的カテゴリーは、二〇世紀に極めて典型的な生産力から破壊力への変化を考えさせるものではなかった。進歩は一方通行の過程ではなく、それ自体のうちに弁証法的にそれ自身の否定を有する矛盾運動である。進歩と退歩は商人社会の地獄のダンスで互いに抱き合って、一緒に歩むのである。その関係は時間性の直線的概念では捉えられないが、それはそのリズムが非直線的、不調和で、つねに出来事の氾濫にさらされているからである。ダニエル・ベンサイドは歴史を、マルクス、またブランキ、トロツキー、ベンヤミンを基にして不確実と可能の領域、時間の不一致と亀裂、危機、戦争、革命と反革命から成る、最高度に不均質な展開として考えた。彼にとって、歴史は可能性の場、多様な出口に通じる十字路、絶えざる「分岐」から成る、つまりはその当事者の選択によってつくられる過程であった。いかなる救済も保証されないが、しかし何ものも、ベンヤミンが歴史の概念についてのテーゼで喚起した「勝者の凱旋行列」の永遠の繰り返しを不可避なものとするのではない。この歴史の批判理論を、政治的に理解可能で、戦略的に思考可能な過程としてひと言で要約するために、ベンサイドはグラムシを引用している。「闘争だけが予想できる[22]」。

ベンサイドによると、マルクス主義はまた経験的社会学にも矮小化されない。『資本論』第三巻の社会階級に関する未完の章に理論的欠陥を見ることは、社会階級が抽象的な社会学的カテゴリーとしてではなく、ただ生きた歴史的主体としてのみ存在すると見ていたマルクスの「反社会学」を理解しないことを意味していた。階級は、他の階級との対立的関係においてのみ生きるし、また定義される。それはデュルケムの社会的事実としての「もの」ではなく、社会関係の組織体において形成される主体である。それが、マルクス主義が階級対立の最も興味深い分析をしたのは経済学ではなく、むしろ歴史記述においてである理由である、とベンサイドは指摘している。

現在形で再読されるマルクスにあって、他のマルクス主義者にまして、ダニエル・ベンサイドはその闘争から武器を得ていた。マルクス、商品の物神崇拝の理論家、資本主義的グローバリゼーションの早生まれの分析家、プロレタリアの自己解放の闘士たるこのマルクスに、彼は忠実であろうとした。時には、彼自身の革新を無視するとか過小評価するのも厭わずに、彼自身の「逸脱」に正統派的色彩を与えようとした。『時の不一致』において、シャルル・ペギーに対する情熱を認めるだけでは、彼には不十分だった。彼はペギー主義者、「マルクス主義者なのにペギー主義者ではないのではなく、マルクス主義者だからペギー主義者である」と自称しなければならなかった。[23]

ユートピアと記憶の歴史的弁証法が破綻したように見える時代、マルクス主義は不可避的に悲劇的な色調を帯び、期待と絶望の境目にあった。ベンサイドは革命が「間に合わなかった」[24]マルクスと、折悪しき史的唯物論の隠れた伝統たる「時の不一致」の理論を再発見したのである。

共時態——一九四〇年と一九九〇年

ベルリンの壁崩壊は、ポルトボウでのベンヤミン没後五十回忌の一年前に起こった。ダニエル・ベンサイドが熱に浮かされたごとく、数か月で書いた著作を彼に捧げたのは、この頃だった。[25]一九九〇年は、二年後にこのユダヤ系ドイツ人哲学者生誕年（一八九二年）で頂点に達する、記念の波の出発点だった。ベンヤミンをドイツとインターナショナルな文化のなかで列聖化する、雪崩のごときコロックや学術刊行物の氾濫にあって、ダニエル・ベンサイドの本はユニークで異彩を放っていた。二六年の間をおいて、それは急進左翼の思想を、それまで無視されていた作者の思想との鮮烈な出会いを通して変革しようとする試みとして現われた。しかし、ベンヤミン研究の大コーパスにおけるその位置はマージナルで、一種の闖入者のままだった。ベンサイドは「ベンヤミン研究者」ではなかった。そのアプローチはゲルマニストや、果てしなき解釈に一石を投じようと鵜の目鷹の目で探る文献学者のものでもなかった。多くの歴史的・哲学的・文学的準拠と出典に溢れる豊かな彼の読解には、型通りのものは何もなかった。のちに書かれた自伝『ゆるやかな焦燥』において、ベンサイドはベンヤミンに関する本を、彼の人生の決定的な瞬間、その重病の最初の徴候が現われたときに起こった「必然的パサージュ（通過）[26]」と定義づけている。しかしこの本は、ベルリンの壁崩壊、ソ連解体、冷戦終結という、爾後、世紀の一大変化とされる歴史の重要な転換期にあって、彼の知的思考と政治的な歩みにおける根本的な段階を画するものだった。

これは、間違いなくベンヤミンに関する本であるが、それ以上ではなくとも、全く同様にベンヤミンとの対話の本でもあり、開かれたままの現在への問いかけとジレンマをもとにして書かれたものである。この問いかけとジレンマは、二〇世紀が突然幕を閉じてその総決算を促し、歴史の厚みと謎に敗北の遺産と満たされない希望の遺産を加えて、その記憶を伝えることから生じたものだが、ベンサイドがベンヤミンの作品を探索しながら求めていたのは、この「ままならぬ歴史」に対する「渡し守」の手助けだった。彼の目的は、複雑でしばしば難解な作品の秘密を洞察することではなく、むしろそれを批判的に摂取して「歴史の迷路における理解と方向づけの原則(27)」を立てることだった。

批評を創造的作業と見なすベンサイドは、一群の正式な注釈学者たちよりもずっとベンヤミンに忠実だった。まず第一に彼の本は、二〇年前から、このドイツ人哲学者の作品の受容が専一的ではなくとも、大幅に芸術的次元に集中していたのと比べて、実りをもたらす断絶を画していた。今日なお支配的なこの傾向に反して、ベンサイドは政治的なベンヤミンを発見させてくれた。このベルリンの哲学者は、一九二〇年代初めから、マルクス主義的伝統との困難だが実りある対話を始め、芸術批評と、ファシズムが説く「政治の芸術化〔耽美主義化〕」に断固として対置していた「芸術の政治化」とを分けることを拒んでいた。[28] 晩年、彼は反ファシズム闘争に全思考を傾注し、メシア的期待を込めた新たな歴史観を形成した。これがダニエル・ベンサイドの解釈を貫いている赤い糸である。ただこの道には、他の者、クリストフ・ヘリング、テリー・イーグルトンとミシェル・レヴィ[29]などが先行しており、彼が、自分のものとは異なる解釈を擁護する堅固な論拠をもたらす、この先人たちの著書にもっと注意を払わなかったことは悔やまれる。ただそれでも彼は、二〇年後、やがてロンドンで再刊されたイーグルトンの本を再検討している。しかしまたもや、彼の本はベンヤミンの作品の注釈でも、その受容の総括でもなく、むしろベンヤミンをもとにした考察であると見なされた。

このユダヤ系ドイツ人批評家の広範な作品において、『パサージュ論』と「歴史の概念についてのテーゼ」に特化して、ベンサイドはこれらの著作と共鳴し、新たに現実化し、現在形で読み直した。こうした一九三〇年代のテクストと一九九〇年の評論を近づけるのは、彼らのいくつかの明白な類似性、そのユダヤ性や共産主義、「異端的な」アウトサイダーという共通のステータスを越えた、二人の「親和力」というよりも、彼らの時代を見下ろす弁証法的星座、つまり、第二次世界大戦の始まりと二〇世紀の終わりの星である。出来事の現象面では極めて異なるが、確かに比類なきこの二つの契機は、歴史の標識と「分岐点」として等しく含蓄に富んだものなのである。

ベンヤミンはそのテーゼを、一九四〇年初め、ポルトボウで自殺する数か月前、スペイン内戦終結後の共和派の敗北、独ソ不可侵条約、フランス占領直前のポーランド侵攻・開戦などで生じた、文字通り破局的な状況下で書き上げた。知的遺言となったこのテクストは、ナチズムとスターリン主義が支配した時代の痕跡をとどめている。ベンヤミンはパリで困窮を極めた七年間の亡命生活を送るが、これは一九三九年秋、南フランスの「恥の収容所」に「望ましからざる外人」として拘禁され、次いで一九四〇年六月から、アメリカに渡る最後の脱出の試みがポルトボウで悲劇的に中断されるまで続いて、終わりとなる。アドルノとホルクハイマーが待っているニューヨークでは、彼は自分が、埋められた世界の遺跡、「最後のヨーロッパ人」[30]になるだろうと思い描いていた。彼の最後のテクストの神学的次元は、労働運動が敗北して圏外に置かれ、指導部から見捨てられ、さらには、ベンヤミンの死後一年目に「大祖国戦争」を始めたかつての共犯者ソ連に対抗して、大陸をナチ支配下に置こうとしたドイツ軍の仮借なき進出によって圧し潰されたように見えていただけに、一層強力に浮かび上がってくる。そのような状況にあって、革命と解放の思想を信ずることは信仰の業に属することだった。神学がマルクス主義の同盟者になり、メシアニズムはさまよえる反ファシズムを甦らせ、進歩幻想に囚われず、歴史の敗者の贖いをするという意志によって鼓舞された新しい共産主義理念を創出すべく運命づけられているようだった。確かに、ベンヤミンのメシアニズムは、もっと深い根をもっていたが、この破局的な文脈はかえって一層それを強固にしたのである。
一九八九―一九九〇年の転換期は、確かに第二次世界大戦ほど悲劇的ではなかった。壁崩壊は、一時期、「歴史の終わり」の神話を生み出し、喜ばしい結末、即ち、自由主義的秩序の不可避的、決定的な勝利として迎えられた。しかしながら、一九三三年のヒトラーの権力到達、フランコの勝利、一九三九年の独ソ不可侵条約以来、労働運動の歴史的敗北感がベルリンの壁崩壊とソ連の内破のときほど圧倒的なことは決してなかった。この事実は、ダニエル・ベンサイドのようにつねにスターリン主義と闘った者を含めて、誰にも全く明白なこととして重くのしかかってきた。トロツキズムもこの敗北に無傷ではいられなかった。その「思想的世界が崩壊しなかったとしても、やはり厳しい試練にさらされた。危機は三重に、即ち、マルクス主義の理論的危機、革命計画の戦略的危機、普遍的解放の主体の社会的危機にあった[31]」、と彼は自伝で述べている。共産主義の歴史とマルクス主義的伝統は再検討された。解放計画の道、その社会的な力、組織化方式、同盟関係、戦略を再考せねばならなかった。「メシアの歩哨」ベンヤミンは嵐の中で針路を定めることのできる羅針盤を供した。歴史が勝利せる自由主義の「均質で空虚な」直線的時間の固定したレールの上に設置されているように見えたとき、共産主義はメシア的な形で、来たるべき救済の約束、敗者に対する忠実さの証し、歴史の流れのあり得る（だが非現在的な）中断への信仰行為としてしか生き残れなかったのである。

一九八〇年代、ハンナ・アーレントは、時には疑わしい解釈をされたが、救命ブイ役になった。即ち、マルクス主義を捨てて、次第にラディカルではなくなり、自由主義的な伝統に折り合うようになった、「反全体主義的」共和主義の岸辺に達しようとした世代の救命板だったのである。一九九〇年代の初め、ヴァルター・ベンヤミンは、彼の思想の政治的次元に対峙しようとした者にとって、保守主義的な波に抵抗するための強力な梃子になった。つまり、批判理論を次の世紀に乗り換えさせる「箱舟」である――彼自身この比喩をあまり知られていない作品の一つで使っているが。[32]「マルクスと千（と一）のマルクス主義の問題に再び心あらたに立ち戻る前の、必然的パサージュ[33]」は、数年後には彼のベンヤミン論『時ならぬマルクス』（一九九五）となるが、これは彼に多くの友と称賛者をもたらし、また同時に何人かの仲間を当惑させた。このドイツ人哲学者を発見したことで、彼は、それまでの数年間国際トロツキスト運動の「理論的後見人」であったエルネスト・マンデル〔一九二三―一九九五〕から離れたようだ。「生産力の解放の美徳、科学の開放的な力、進歩の歴史的論理を信頼する啓蒙時代の人」であるマンデルは、「熱狂的なオプティミズムの模範的な例[34]」であった、と彼は回想録で書いている。彼はマンデルを、一九七〇年代まで世界を解読する鍵を握っているような印象を与えたが、今やあの前世紀末の歴史の転換期に全く当惑した古典的マルクス主義の化身として示していた。

「一つの謎が起源でもあり、分岐点でもある出来事にいかんともし難く結びつく[35]」、とベンサイドは一九八九年の衝撃下で書いている。謎を解くためには、閉じられた世紀の記憶を穿つメシア的思想の寄与が、歴史の力学としての生産力と生産関係の相克の理論化よりも実りあることが分かった。あるいはまた、構造の歴史になじみ深い「長期持続」がその重層的地層と地殻運動とともに、フェルナン・ブローデルの表現によると、出来事が「表層の揺れ」や、「潮が強烈な運動で持ち上げる」[36]波の一瞬の「泡」に帰せられるオーヌの長尺度で測られ概念化されることよりも実りあることが分かった。二〇世紀は、突然の電撃的で、どんな決定論的因果関係にも還元できない断絶の時代であり、断絶は現在が過去と出会い、再活性化する「現在時＝現在の瞬間」の核である。[37]その終焉は記憶の凝縮の形を取り、そこでは傷口が再び開き、記憶と歴史が交叉し、ベンサイドのエレガントな表現によれば、「集団的記憶の伏流水」が「歴史的出来事の象徴的なきらめき」[38]に出会うことになる。

ベンサイドは、スペイン系アメリカ（中南米）文化をよく知る世界的な行動主義者としての経験から多くを学び取り、記憶の概念を深化し、その類型学を広げた。「記憶に沿って進み、その周りをさまよう」Andenken（思い出）と「回想と浸透、下降と肥沃化であり、記憶のなかに入り、そこに沈む」Eingedenken（記憶の意識化）の横に、そのポルトガルとスペインの同義語もあった。即ち、はかなく表面的で、「つまらぬ思い出」から成るlembrança（思い出）と、失われた過去の悲しさに育まれたsaudade（郷愁）に満ちた「頑なにメランコリックな」memorias

（記憶）。個人的で脆弱、忘却にさらされたrecuerdos（思い出）、そして「亡霊に満ちた」集団のmemoriaである。彼はremembrance（思い出）のような美しい言葉がフランス語からほぼ消えてしまい、remémoration（思い出すこと＝記憶の作業）しか残っていないことを嘆いている。[39] 彼にとって、ラテンアメリカは無尽蔵の民衆の記憶の池だった。例えば彼は、クアウトラの住民が、革命後、エミリアーノ・サパタの遺骸が首都に運ばれるのを阻止したことを挙げている。彼らは、「勝者と敗者、殺人犯と犠牲者が同居するこのパンテオンに入れることは第二の死になる」[40] ことを知っていた、とベンサイドは述べている。彼が『われ、フランス革命なり』を書いたのはまさに、一九八九年、盛大に祝されたフランス革命の埋葬に抗してである。そこでは彼は、一七八九年の葬式ミサを執り行なったフランソワ・フュレが、ミシュレとかペギー、この先人二人の革命解釈には何も記念祭的なものはなく、記憶の作業に基づいていることを理解していなかった、と指摘している。[41]

歴史主義

ベンヤミンは、彼が「歴史主義」と呼ぶもの、即ち、「歴史の概念について」のテーゼで、シャルル・セニョボスやフュステル・ド・クランジュのような歴史家に当てはめる実証主義的歴史記述には根底的に反対していた。彼らにとって、歴史は閉じられた大陸、決定的に完了した過程であった。彼らは過去に、古文書に分類されるか博物館で陳列される冷たい、死せる事物しか見ていなかった。原資料の厳密な検証で、彼らは出来事の繋がりや、当事者が果たした役割を再構成できたので、歴史の意味はその年代記的展開からほとんど自動的に引き出せた。この考え方に、ベンヤミンは開かれた時間性の観念に基づいた歴史観を対置した。即ち、過去は決して現在を離れず、両者は分けられないのである。過去は我々のうちにとどまる、したがって、つねに再活性化される。たとえ過去に属するものがすべて、物質的対象であれ、個人的または集団的な思い出であれ、滅ぶべきもので絶えず脅かされているとしても、何ものも決定的には失われてはいないのである。

ベンヤミンにとって、歴史主義はアケーディア＝心の怠惰に基づいた「勝者との感情移入」を説く歴史の書き方であった。(42) 彼の歴史概念はその対極にあった。現在の矛盾の内部に働きかけ、これを生きることは過去を甦らせるための条件であった。彼はこの再活性化を「追憶」または「記憶の作業」と称し、その過去へのアプローチをこの覚醒を果たす試みとして描いた。記憶の作業は救済の働きを有するが、過去を救うことが、起こったことの修正を意味するのではない。それはただ現在を変えることを意味する。現在の変形は過去の「救済」の可能性を前提とする。

換言すれば、過去を救うためには、敗者の希望に新たな生命を与え、先行世代の満たされざる期待を再活性化せねばならない。「過去にはある秘密の索引が付されており、それは救済への道を指示している……我々はこの地上で期待されているのだ。どの先行世代とも同様に、我々にもかすかなメシア的な能力が与えられており、過去にはこの力の行使を要求する権利がある。この要求はむげに退けない方がよい」[43]。そのことに不可避なものは何もなく、ただ歴史を担う現在に横たわる潜在性を認めることだけが肝要なのだ。歴史とは、この解放の電気ショートを引き起こすために、我々の前に現われる好機を捉えることである。「確かに、人類が贖われて初めて過去が十全に働きをなしたことになる」[44]。

歴史主義は純粋に直線的、量的、年代記的な歴史観を擁護し、歴史を時間的、漸進的で計測可能な平面に並んだ出来事の集合体に帰してしまった。逆に、ベンヤミンにとって、歴史は開かれた未完了の過程で、質的、不連続、不均質で、捉えるべき契機がいくつも並んでいる時間性を前提としていた。しかし、過去を目覚めさせることとは、「死者を目覚めさせ」、彼らと実りある関係を築き、現代社会における彼らの「能動的」存在を認めることであり、容易な務めではない。ベンヤミンによれば、過去を再活性化することは現在を変えることを意味していた。したがって、彼にとって、優れて政治的な働きが問題であったのだ。だから抽象的な再構成というよりは、歴史記述は政治的行動の知的次元でしかなかった。歴史的知識とは革命的行為であり、単なる学識と混同してはならなかった。古文書館、つまり、過去が生者の世界との危険な衝突から守られ、保存、保護されている場所で、静かに方法的に調査することは、歴史主義の特権的な仕方だった。ベンヤミンによれば、「歴史家として振舞うこと」は、むしろ「思い出をその危機の瞬間に起こったままで捉えること」(45)を意味していたのである。

封印され、決定的に固定されるどころか、過去の姿は現在の相克から立ち現われる。ベンヤミンは過去が現在とぶつかり、そこに侵入する瞬間を「現在時＝現今」と呼んだ。「かつて在ったものが現在時と閃光のなかで出会い、星座を形成する」(46)。彼によると、「現在時」は未完了の過去とユートピア的未来の弁証法的絆であり、純粋に年代記的な連続体との断絶であり、革命的時代の大変動を前提としていた。それゆえ、ベンヤミンによると、歴史は「科学」というだけではなく、またたぶん第一に「記憶の作業」の実践だった。『パサージュ論』で、彼はこのアプローチを、「古典的な歴史記述の〝昔むかしありました〟に囚われたままの巨大な力を開放する」目的で、「核分裂の方法」(47)にたとえている。一九四〇年のテーゼの有名な一節では、彼はこの歴史的時間の中断を描き、類似してはいるが計画的ではなく、パリの大時計を撃った一八三〇年七月の革命家たちの姿を喚起している。(48)

したがって、歴史には過去がまき散らした救済＝贖いの要求を満たす責務があった。この考え方には強いメシア的含意が込められており、ホルクハイマーは、ベンヤミンとの書簡で、未完了の過程としての歴史観には必然的に神学的前提があると強調しているが[49]、しかしまた、認識論的な面でも実り多いことも分かった。ベンヤミンによると、神学は科学よりもはるかによく記憶と対話する。「科学が〝確定〟したことを、記憶の作業は修正できる」、と彼は『パサージュ論』で書き、こう付け加えている。それはまた、「未完結のもの（幸福）を何か完結したものに変え、完結したもの（受苦）を何か未完結のものに変えることができる。これは神学である。しかし我々は、記憶の作業において、たとえ直接的に神学的概念で書くことを試みる権利がないとしても、記憶を基本的に非神学的に考えることが禁じられる経験をするのだ」[50]。スーザン・バック＝モースが『パサージュ論』の注釈で示唆するように、この立場は、神学（超越性）とマルクス主義（歴史）の真の共生を前提とする一九四〇年の第一のテーゼに照らしてみると、理解可能になる。この共生がなければ、神学は神秘主義以外の何ものでもなく、マルクス主義は単なる実証主義の一形式に帰せられるであろう[51]。

この歴史の概念は、形象に固定されるのだからその表象とは不可分であった。「現在時」は「思想の形象」、例えばバリケードとか一八三〇年七月の大時計を撃った叛徒によって把握され、歴史を書くことは歴史主義の典型的な直線的語りよりも、弁証法的な形象のモンタージュから始まった[52]。「現在時」と「記憶の作業」の概念は、さまざまな時間性と歴史と記憶の共生的関係が共存する歴史観を前提とする。

ダニエル・ベンサイドが対峙した歴史主義は、フュステル・ド・クランジュやセニョボスの実証主義学派ではなかった。一九七〇年代、マルクス主義的歴史主義があり、フランス革命から人民戦線、レジスタンスを経て左派連合までの直線的連続性を前提としていた。PCF〔フランス共産党〕は一種の国民的共産主義を説き、時には排外主義に堕したが、マルクス主義を国民的共和主義の伝統に組み込んでいた。共産党にとって、社会主義はフランスの歴史的運命の達成であり、その普遍的広がりは単に一七八九年と一七九三年、人権宣言、恐怖政治のみならず、植民地主義の「文明の使命」も内包しており、党はこの使命に人民戦線の出現とアルジェリア戦争の期間中祝福を与えていたのだ。いずれにせよ、フランスのスターリン主義は、古典的歴史主義のいくつかの特徴、例えば、生産力増大としての直線的歴史観、純粋に経済的・技術的前進としてのナイーブな進歩観、最終的勝利の確信などを再現しており、これはベンヤミンが一九四〇年のテーゼでドイツ社会民主主義に対し厳しく批判していたものである。

一九八〇年代から、歴史主義は自由主義の一種の精神的ハビタス、思考様式として再び明るみに出され、その象徴的化身をフランス革命と共産主義の歴史家フランソワ・フュレに見出した。一七八九年の革命二〇〇周年記念祝祭と『幻想の過去』（一九九五）を分ける時代は、西欧文明の恩恵をもたらす最終的産物と見なされた自由主義的民主主義の大家としての彼の神格化の時代であった。一七八九年に予示された自由主義は、一九八九年、共産主義の終焉のお陰で、不健全な「革命的情熱」の二〇〇年後にその勝利を祝ったのである。ベンサイドによると、フュレは保守主義者で、テルミドール的精神と冷戦の精神の間にぎりぎりの均衡を見出して、既成秩序に満足した弁護者として、共産主義の歴史を修正した。フュレからすると、共産主義の失敗はその歴史的な敵の美点を証明し、歴史家の務めはまさに、なぜ歴史がそのようにしか終わらなかったかを説明することにあったのだ。彼は皮肉たっぷりに指摘しているが、フュレは「既成事実の公証人」、「結果を知る闘争の戦略家」、古典的歴史主義の伝統において、勝者を称えるために過去を語る研究者として書いたのである[53]。歴史を自由主義の勝利の行進とみる、この目的論的な見方は、フュステル・ド・クランジュを想起せずにはいられないような、自己満足的なストア哲学によって完成される。「我々はあるがままの世界で生きざるを得ないのだ[54]」。

指摘しておかねばならないのは、ベンサイドをベンヤミンに導いた歴史主義批判の源、即ち、『半月手帖』の創始者シャルル・ペギーのことである。ドレフュス派としての参加と青年期の社会主義にもかかわらず、彼は、その神秘主義と一九一四年、死の直前、ナショナリストへ転向したために、左翼から追放された呪われた作家だった。死後、保守主義の偶像に変わったことで、彼は決定的に付き合いにくい存在になった。しかしながら、ベンサイドは、ペギーにベンヤミンとの強くユニークな「共鳴」があることに気づいたのである[55]。

この「親和力の緯糸」は本質的要素に関係していた。つまり、世界史の観念の排斥、出来事の思想、敗者との感情移入である。ペギーは世界史の観念を、一九世紀フランスで最も尊敬されていた学者エルネスト・ルナンと同一視していた。オーギュスト・コントの跡に従って、ルナンは歴史を成長が純粋に量的に測られる「水平な」進歩として描き、自然科学の方法により、生体の進化の生物学的過程に譬えられるものとしていた。つまり、人間の歴史は、人体が幼年期から成人年齢に移るように、継起的段階を経るものなのである。この「無際限の、直線的で、連続または不連続に、永久に続けられ、永久に押し進められ、永久に取得・獲得され、永久に強化される進歩」[56]観は、死せる事物として、資料に分類・保存されるものとしての過去の見方と一致する。それは「追憶」や「復活・再生力」[57]とは無関係である、とベンサイドは結論する。この直線的歴史を拒否して、ペギーは出来事を、あらゆる宿命論や客観主義の考えに反して「侵入」、「遮断的な噴出」[58]として再考する。出来事は予測不能で、歴史を急な断絶、転換期、「分岐点」として形成する。ペギーは出来事の発現を実証主義の「幾何学的時間」に対置した。つまり、歴史は直線運動のように規則的ではなく、多数の枝のある木に似ているのである。「だから、樹木状であることは歴史的生命力の様態である。その時間性は静止ではなく、破調、狂想曲的で、矛盾と扁平化から成る[59]」。結局のところ、この歴史概念は敗者に属するもので、ペギー自身が、『半月手帖』の予約購読者に予告したように、誇りをもって応募したカテゴリーであり、彼は、敗北が、背任や日和見主義、裏切りなどで得られた恥ずべき多くの勝利よりも、たぶん名誉あるものだろうと強調していた〔ちなみに、『半月手帖』の購読料は任意で、大半は無料購読者だったので、ペギーは貧窮していたという〕。

革命

マルクスの跡に従って、マンデルは革命が「歴史の機関車[60]」であることを夢にも疑わなかった。これに対して、ベンヤミンは、『一方通行道路』(一九二六)の断篇の一つ「火災報知器」で、それを運転士(プロレタリアート)が破局に向かう汽車の狂った走行を停止できる「非常ブレーキ」と定義づけていた[61]。『パサージュ論』では、彼は、「その裡にある進歩の観念を根絶したであろう」根本的に反実証主義的な史的唯物論を説いていた。彼の本質的な目的は進歩ではなく、「現代化」であった[62]。ベンサイドがこの革命概念を採択したことは、一九九〇年に根源的な革新となって立ち現われた。数年後、「モグラと機関車」で、彼は「進歩の汽車」が脱線したことを認めた。「鉄道物語で、忌まわしい家畜列車が鋼鉄の軍馬を圧倒した」。地下の溝を掘りながら、「モグラが機関車に勝った[63]」。この一節では、ベンヤミンが『ドイツ悲劇の根源』(一九二五)で描いたのと同じ資格で、モグラは二〇世紀革命の敗者の記憶を喚起するアレゴリー像になっている。

「暴力批判」（一九二一）と一九四〇年のテーゼの間に、ベンヤミンはマルクス主義とユダヤ的メシアニズムが出会い、結びつく革命概念をつくりあげた。この出会いには「自然な」ものは何もなく、論争の対象であり続ける。ブレヒトにならって、ベンヤミンを無益で厄介な宗教的枷を捨てきれないマルクス主義者と見なす者と、ショーレムの跡に従って、彼をマルクス主義者に変装した神学者と見なす者の間では、不一致はほとんど越え難かった。一九四〇年のテーゼは、革命と反ファシズム闘争を、歴史の連続性と勝者の凱旋行列を断ち、敗者の記憶を贖うことができる救済行為として再考する試みだった。このテクストでは、マルクス主義とメシアニズムは不可分である。この出会いを実現するため、ベンヤミンはマルクス主義とユダヤ教の再解釈を行ない、極めて異端的な読解を提起していた。何人かの批評家は彼をモスクワとイェルサレムの間で引き裂かれた、「二つの椅子の間」の思想家として呈示した。[64] ベンサイドの方は、彼を「マラーノの共産主義」の理論家という定義づけをした。[65] 一九二六年、ベンヤミンのモスクワ旅行はひどい失望に終わり、それは彼の日記と、一九三八年のブレヒトとの会話が証明している。[66] 一九三〇年代、ベンヤミンはいくつかの手紙でトロツキーに対してある一定の共感を表明しているが、[67] 他方、シュルレアリスムへの関心は、一九二九年の有名な論稿で分析されており、彼の共産主義には強い無政府主義的含意があることを示している。[68] イェルサレム、この一九二三年からショーレムが住んでいる町は、彼にとっては、ヘブライ語を学ぶ試みをしたにもかかわらず、本当の選択ではなかった。ベンヤミンにとって、ユダヤ教は決して国民（民族）的アイデンティティの形をとらず、彼の使命とするところはディアスポラ的だったから、シオニズムは民族《フェルキッシュ》（人種）的ナショナリズム・イデオロギーの戯画版に思えたのだ[69]。彼の運命はヨーロッパの運命と不可分だったのである。

ベンヤミンのユダヤ教は、その共産主義同様、異端的だった。彼が革命を黙示録への歴史の走行、堕落が贖罪に変わる決定的な瞬間などというメシア的観点で考えていたとしても、彼のメシアニズムは神の介入、即ち、外から来る解放を受動的に待つこととは何の関係もなかった。ショーレムは、奇妙にもベンサイドが無視したテクストでこう書いている。「ユダヤ教のメシアニズムは、その起源において、またその本性において、歴史的大変動への期待である。それは、現在の歴史の時間からメシア的未来の時間へ移行する際に起こるはずの革命、カタストロフを予示している」[70]。ベンヤミンはこの見方に同意するが、メシアの到来を待つどころか、彼はそれを引き起こし、この世界の流れの中断が人間の革命的行為として起こらねばならないと考えていた。ここに彼の聖書的伝統への異端的アプローチの核心がある。一九六四年の論説で、ヘルベルト・マルクーゼはこの特異性を強調している。「革命がメシア的になるところでは、それはもう連続体には向かうことはできない。ただしそれは、革命がメシアを待たねばならないことを意味するのではない。メシアはただ、ベンヤミンによると、抑圧された者、現在に苦しむ人びとの意志と行動、即ち、階級闘争にのみあるのである」[71]。

ベンヤミンは反ファシズムのなかで独特の立場を擁護していた。一九四〇年のテーゼで、彼はヒトラー独裁を「アンティキリスト」[72]と呼んでいたが、これを倒さねばならないとすれば、それは反ファシズム文化に潜在する歴史観の放棄を意味していた。進歩理念に支配されて、反ファシズムは野蛮に対して文明を擁護しようとしていた。だが、ベンヤミンの立場は極めて異なっていた。ブランキに倣って、彼は進歩をプロレタリアートに強力な麻酔薬効果をもたらし、意気阻喪させる危険な神話と見なした。野蛮に文明を対置するどころか、彼は野蛮に文明自体の所産と相貌を見ていたのだ。ファシズムは近代的合理性に結びついているのだから、これに対して啓蒙思想の遺産を擁護するだけでは不十分だった。技術的・科学的・工業的進歩は、社会的・人間的退歩の源泉に変わった。生産力の発展は、大戦が示したように、支配装置と破壊手段を強化した。ファシズムは、反近代的な反動でも文明の野蛮への再落下でもなく、むしろ普遍的人間観の否認という反啓蒙思想と、技術的近代性の盲目的信仰との特異な綜合であった。したがって、この反動的近代主義の形を「歴史的規則として理解された」進歩の名において打倒することはできなかった。[73]

しかしながら、ベンヤミンは保守的なロマン主義者ではなかった。彼は技術に反対していたのではなく、彼の大衆文化に関する著作とアドルノとの芸術論的見解の相違などを見ると、むしろ近代主義者の範疇に属しているが、しかし近代性の全体主義的で野蛮な退歩的潜在性に対し警鐘を鳴らしていた。彼のみごとな表現によると、共産主義は技術を「幸福の鍵」として利用するはずだったが、ファシズムはそれを「衰退の物神」としたのである。[74]

ベンサイドはベンヤミンのメシアニズムの革命的次元を強調していた。勢いあまって、彼は、ベンヤミンは、その「穏やかな繊細さ」の背後に、「武装したメシア」[75]を秘めている、とさえ書いている。このドイツ人哲学者が、あらゆる活動家的社会参加をどれほど心底忌避していたかを強調するのに、友人たちの証言とか、今では自由に使える彼の伝記を想起する必要はない。それは、シュルレアリスム批判で、これを、彼がある大胆さで、「革命を方法的に規律をもって準備することを全く無視している」[76]と非難しているにもかかわらず、である。ベンヤミンのメシアニズムに「戦略的論拠」[77]の特徴を見ることは、やはり多少大胆であり、それは、恐らく二つの異質な歩み、即ち、革命に魅了された文芸批評家と文学に凝り固まった革命的活動家の歩みを秘めた擬態を見ることに属するだろう。ダニエル・ベンサイドは、作家的感性があっても、政治に専念するために文学を諦めねばならなかったが、彼のすべての本には強い文学的色彩があった。それに対し、活動家、ましてや政治的指導者に変身したベンヤミンを思い描くことは実に難しかろう。

著作のなかで、ベンサイドはベンヤミンを批判的でラディカルな思想家としている。しかしながら、彼は誤解しており、歴史に優先することになる政治に関するベンヤミンのアフォリズムを、「世俗化された」、即ち、「政治においてその神学的・哲学的前史を超える」[78]メシアニズムの表現と解釈していた。一九四〇年の第一テーゼで、ベンヤミンは史的唯物論と神学の同盟を説いているが、それは、神学の史的唯物論への溶かし込みでも、無神論的政治によるその吸収でもない。[79]「小さくて醜く」、いつも目に見えない神学は操り人形か自動人形の衣裳のなかに隠れていたが、ずっと存在していた（第一テーゼ）。その存続は史的唯物論の救済の条件そのものだった。同じく、第一八テーゼにおいて、「メシアが入ってくる可能性のある、小さな門」は単なるメタファーではなく、現在に甦らせることが問題のユダヤ的伝統への暗示であった。[80]それに対して、世俗化はいくつかの顔を持つことができた。それはまた、技術、労働、進歩のような世俗的物神の修正主義的神聖化とか、工業化、カリスマ的指導者、社会主義祖国のスターリン的神聖化とともに、労働運動の力の弱体化にも寄与した。ベンヤミンの革命的メシアニズムは政治的神学の特徴を帯びており、時にはカール・シュミットの反革命的思想とは対称的に反対だが、[81]その解釈は、確かに問題はあっても、そうたやすくは捨てられないものであろう。ベンサイドとは違って、ベンヤミンのメシアは「世俗化されて」いなかった。一九二〇年代初めの著作から、ベンヤミンは虚無的で「法を破壊する」「神的暴力」[82]を理論化しているが、一九四〇年のテーゼまでは、彼は革命を、とくにマルクス主義の発見後、具体的な人間的行為として、また過去の救済、再構成、復活の精神的運動としても考えていた。[83]社会的・政治的解放の世俗的行為である革命は、宗教的経験と霊感だけが与えることのできる飛翔を必要としていたのである。[84]もちろん、その目的は神権政治の設立ではなく、その責務は世俗的かつ同時に宗教的であった。ステファーヌ・モーゼスはベンヤミンの思想を特徴づける連続性を強調し、神学的、芸術的、政治的な三つのパラダイムが相互に排除も、相殺もし合うことなく重なり、絡み合う重層構造と呈示していた。[85]

ベンヤミンのメシアニズムを世俗化するというこの意志は、ベンサイドにその奇妙な系譜を描かせることになるが、そこにはおかしなことに、ベンヤミンに感化を与えた鼓吹者で、生涯のかけがえのない対話者であるゲルショム・ショーレムが欠けていた。ただその代わり、フランス革命派は親近感を寄せていたが、このドイツ人哲学者の著作にはほとんど登場しない、二人のマラーノの異端ウリエル・ダ・コスタ〔一五八五―一六四〇、ポルトガルの哲学者〕とバルフ・スピノザの名があった。アイザック・ドイチャーがつくった「非ユダヤ的ユダヤ人 non-Jewish Jew」のカテゴリー、ユダヤ教を超越、さらには否認しながらもユダヤの伝統にかかわる異端のユダヤ人像は、[86]ヴァルター・ベンヤミンにではなく、ダニエル・ベンサイドに完璧にあてはまる。ベンサイドは「スピノザの裏切り」を挙げながら、「無神論的ユダヤ人のユダヤ的反シオニズム[87]」を誇らしげに主張するが、ベンヤミンは、予想しながらもショアも知らず、シオニズムに対し大きな不信感を表明していながらも〔後世の〕イスラエルも知らなかったのに、ユダヤ教とは、批判的で曲がりくねってはいても、つねに実り豊かな関係を保っていたのである。

ベンサイドの本の結論は、「メシア的理性の鋭い刃の斧」と「批判的唯物論のハンマー」を結びつけて、記憶と歴史を折り合わせるための弁明だった。最後の数ページでは、彼はこの二つが活発に言い争う架空の対話を描いている。歴史が記憶を「小説家」呼ばわりすると、記憶が相手を「成り上がり者!」とやり返す。歴史が記憶をペネロペイアの「ブラックホール」と非難すると〔これはオデュッセウスの貞節な妻ペネロペイアが、昼に織った衣を夜ほどいて求婚者を退けた伝説に基づく。ほどいた縫い目にたとえた穴だらけの記憶のメタファー〕、記憶はクレイア〔ミューズの神々の一人で、歴史を司る〕の古文書の冷たさへの軽蔑をあらわにする。しかしながら、最後は両者の道が別々であることを嘆くだけだった。両者の同盟に基づく政治は、我々の知るものとは根本的に異なっていたのだろう(88)。

ユートピア

ベンサイドが説いた「メシア的理性」は歴史と記憶を折り合わせようとしたが、出来事のトラウマに釘付けになったままだった。一九九〇年、記憶が過去を戦争、ジェノサイド、全体主義の場として描いて現在を飽和状態にすると、歴史の地平が見えなくなった。歴史の天使が脅えた目で敗北を眺めながら、再び現われたのである。ベンサイドは彼なりにそれを認めて、「ユートピアの遺産と革命的計画の同盟が破綻した」(89)と書いている。この文脈が恐らく彼の根本的に反ユートピア的な立場の源にあったのだろう。「伝統の批判的、論争的なイメージをつくり出す」予言に反して、彼にとって、ユートピアには「世俗化しそこなった彼岸の悪臭」(90)があった。そこから彼の断固たる結論が出てくる。「ユートピア的予言などない」(91)。のちの論稿で、彼は先取りと「希望の原理」の哲学者エルンスト・ブロッホを、「ユートピアがメシアのために消えてしまった」ベンヤミンと対置している。(92)

この解釈はかなり議論の余地がある。ショーレムは、メシア的伝統の中心に隠されているユートピアに関する明解な文章を書いている。「メシア的時代は、恐れも恐怖もなくしては到来しないにもかかわらず、同時にまたユートピアの光の下で描かれてきた。ユートピアはつねに過去に基づき、復活の希望を刺激する」、即ち、この世における神の王国の実現の希望を、である。そしてショーレムは続ける。「ユートピア的メシアニズムの予言的遺産」を示すこの「新しい人類の予示」のため、ユダヤ人は「暗闇と迫害の時代に日々の糧であった屈辱を乗り越えること」(93)ができたのである。

ユートピアはまたベンヤミンの作品も貫いている。例えば、フーリエに対する傾倒ぶりは、そのバッハオーフェン〔一八一五―一八八七、スイスの法学者〕に関する著作によって、またより一般的には「弁証法的イメージ」の大きな貯水池としての、パリの考古学によってたっぷりと証明されている。こうしたユートピア的言説の最も有名なものが、ボードレール、ブランキ、コミューンなどのパリの想像空間に宿る欲望や期待を喚起している。「どの時代も次の時代を思い描く夢のなかで、この次の時代は原史の、即ち、階級なき社会の諸要素と混ざり合って現われてくる。集団的無意識のうちに貯蔵されているこの社会の経験は、新しい現実と組み合わさってユートピアを生み出し、その痕跡は恒久的な建築物にも束の間の流行にも、生の無数の相貌となって見出される」[94]〔傍点、トラヴェルソ〕。ベンヤミンにあっては、メシアニズム、ロマン主義、ユートピアは連結していて対立することなく、それらを結びつけるのは「現在時」であり、これが過去の回想と未来へのユートピア的投射を組み合わせるのである。一九四〇年のテーゼで、彼はこの考えを驚くべきイメージで表現している。「花が花冠を太陽のほうに向けるように、過去は、不思議な向日性によって、歴史の空に昇りつつある太陽のほうに向かおうとしている」[95]。この歴史観においては、「ユートピアが今日式に生きられた希望」のように「現在のまさに中心に立ち現われる」[96]、とステファーヌ・モーゼスは書いている。マルクス自身、『共産党宣言』において、真っ先に「生まれ来る未来社会の空想力に富む絵画」[97]を描き出したユートピア的社会主義者たちにオマージュを捧げることを忘れてはいなかった。

　ベンサイドの反ユートピア的決断は、一九八九年の転換期、即ち、一連の敗北の積み重なりの共生的な結晶化の時期の所産だった。この選択は、ユートピアを全体主義に同一化するドクサとは何の関係もない挫折の内在化を示していた。また「ユートピアから科学」の社会主義の移行という使い古された常套句に対するノスタルジーとも関係なかった。恐らくはまた、六八年五月の役者の一人であった知識人によるこのユートピア放棄には、全く何の屈託もなく、マオイズムから反共産主義に移った世代のなかで針路を保ち、明晰な精神を維持するという意志もあったのだろう。[98] それから二〇年後、「権力にあるユートピア」は、第五共和国の諸機関にしっかりと定着し、議会や省庁の肱掛椅子の安楽さを見出した、無視すべからざる数の元反逆者たちを意味することになった。ベンヤミンは、それぞれが「新人間」像を掲げる、ロシアのソビエト〔労農代表者会議〕や「千年帝国《ライヒ》」というユートピア思想の充満した時代に書いたが、ベンサイドはそれらが崩壊し、その結果が敗北した革命の一世紀のメランコリーとなった時代にであった。この深いメランコリーを、彼はフランス革命自体に発言権を与えながら、強い感情移入を込めて書かれたサン・ジュストの肖像において表明している。「彼は黙したままの果てしなき悲しみのなかに沈んだ。まるで突然自己放棄したかのように、心の内なる虚空を大きく穿つ悲しみ。私はことを承知の上でこのメランコリーへの深い沈潜を語るが、それはサン・ジュストやブランキの古典的メランコリーであり、ボードレールとかマラルメのロマンティックな幻滅したものよりも峻厳なメランコリーである。これは進歩の至福観に立ち向かう、カタストロフの明晰さである。私はこれに一七九四年に出遭った。一八四八年六月にも出くわした。パリ・コミューン直後にもまだあり、天に司られる人間のメランコリックな永遠性……ブランキを狂気の一歩手前で揺るがせたもの[99]」。

ベンサイドは、ベンヤミン論の極めて強烈なページの一つで、一九四〇年が一九九〇年にもたらし得たあの残響の別な結果かもしれないが、このドイツ人哲学者の「メランコリーのギャラクシー」、つまりボードレール、ブランキ、ソレル、ペギーなどを喚起している[100]。ただしそれは、ベンヤミンというよりは、彼自身のギャラクシーであって、もっと後になると、彼はベンヤミンを別な系譜に組み入れ、サン・ジュスト、ローザ・ルクセンブルク、グラムシ、トロツキー、ゲバラの横に置いているのだ！ ベンヤミンとソレルとか、ペギーとかをめぐる論争は無視しておこう。ベンサイドは、闘争を「隷属させられた先祖のイメージで育んできた[101]」ユダヤ系ドイツ人哲学者の精神を共有していた。『メランコリックな賭け』（一九九七）において、彼はこの直観を、最初はブランキから借用し、あとで有名なリュシアン・ゴルドマンのパスカル論を支えにして再び表明している[102]。二〇世紀は、重要な革命家たちに宿る悲劇的次元を白日の下にさらしたが、彼らの行動はつねに、挫折した革命、被った敗北、破れた夢、歴史の敗者に対し負う債務にと同様、解放の希望にも鼓舞されていた[103]。この悲劇的次元は、何ものも前もって得られるのではなく、「敵は勝利し続け」（ベンヤミン）、「蓋然性のバランスからすると、野蛮には社会主義に劣らず機会がある」（ベンサイド）という意識に由来する。要するに、世界の変革とはメランコリックな賭け、つまり、危険でも狂ったものでもなく、記憶に塗り固められ、積極的行動主義的だが理性の

「戦略的仮説と調整的地平」(104)に基づいた賭けなのである。エルンスト・ブロッホならそれを、ベンサイドは好まなかったが、「具体的な（可能性のある）ユートピア」〔括弧内はベンサイドの補足〕と定義づけていたであろう。

結論

『ミニマ・モラリア』(一九五〇)の序文で、アドルノは「傷ついた生に関する省察」を、物象化された世界の厚い地層に埋もれた真の生の痕跡を見定めようとしている「メランコリックな科学」のしるしの下に集めていた。哲学がかつて「生」と呼んでいたものは、爾後、その疎外された形態でしか現われなかった。生は商品生産過程に完全に飲み込まれてしまい、その実体が空となっているからである。(1) それゆえ、批判理論は、過渡的形態にもかかわらず、個人生活の究極の源泉となった普遍的な物象化を研究することを責務としていた。近代性は全体主義的で、何ものもこれから免れられなかった。この乗り越え難い支配に抗して、失われた全体性の悲しみ癒えないノスタルジー、まだ商品的物象化に付されていない人間性へのノスタルジーが提供する批判の徳だけが呈示された。アドルノのマルクス主義が深くメランコリックであることは、何の疑いもないが、彼のメランコリーは、他のフランクフルト学派の哲学者とは異なり、諦念的であった。その形態は本質的に瞑想的で、その働きは純粋に慰安的だった。彼にとって、支配にはいかなる二者択一もなかったのである。

本書で検討した左翼のメランコリーは別種のものだが、たとえアドルノの諦念がそれと無関係であっても、しばしばこれに影響を与えるか、少なくとも試練にかけた。メランコリーは、闘争と希望、ユートピアと革命と不可分であり、その弁証法的裏地を成すのである。メランコリーは左翼の「感情の構造」の一部である。これは、その批判理論と戦略的思考を刺激し、いぶきと想を与える。要するに、完全に左翼文化に属するのである。

ジョルジュ・ディディエ゠ユベールマンがセルゲイ・エイゼンシュテインの『戦艦ポチョムキン』の分析で見事に示したように、革命過程の弁証法は「涙する民」を「武器を取る民」に変える。喪、苦悩、嘆きは闘争と矛盾しないし、意識化や思考と比べて後退的でもない。思想と行動には感情が伴う。エイゼンシュテインの儀礼的な泣き女たちは、哀れな水夫ヴァクーリンチュクの遺体を前にして打ちのめされ、無力感から立ち直れない苦しみを表わす。彼女たちの嘆きは反抗のきらめきである。涙のパトスと政治的言説のロゴスに対立はない。それは、前者は革命的プラクシスそのものと不可分だからである。(2) 戦略的基礎（要求、計画、思想）のない行動はない。また感情的基礎（苦悩、悲しみ、怒り、希望、興奮、喜び）のない行動もない。結局、メランコリーは革命的行動の情動の一つである。

しかし、本書で問題にしているメランコリーは現実態の革命のものではない。むしろ、敗北のメランコリーである。ここでは、『戦艦ポチョムキン』の演出された喪、人民に武器を取らせる喪が問題ではない。敗れて武器を置かざるを得ない人民の苦悩が問題なのである。エイゼンシュテインは一九〇五年の革命の開始を示すのであって、その結論ではない。映画の終わりでは、オデッサの階段の虐殺に兵士と叛徒の和解が続く。敗北後に実際に起こったポグロム、抑圧、屈辱、亡命は、この傑作では言及されていないが、この映画は、前述した革命的記憶のモデルに従って、ユートピアによってメランコリーを昇華し、喪に代わってこれを革命的シークエンスに組み込むのである。オデッサの反乱は一九一七年十月にその達成を見出した、とエイゼンシュテインは示唆している。

一方に行動のパトスがあり、他方に敗北のそれがあるが、結局は、二つは同じ文化に属する。それは二つの心的、体液的傾向であり、同じ知的・政治的アンガージュマンに組み込まれている。反抗のメランコリーは、『戦艦ポチョムキン』、『アルジェの闘い』、『ケマダの闘い』、『空気の底は赤い』のメランコリーである。敗北のメランコリーは、『ユリシーズの瞳』で解体されたレーニン像の通過を見守る喪に服した群衆、あるいはまた、『大地と自由』で、国際旅団の元戦士の叔父の墓に一握りのスペインの土を投げ入れる、リバプールの若い娘のメランコリーである。これらは異なっているが、互いに結びついており、時には、その実存的、政治的な歩みの異なったときに、同じ行為者によって表現されている。二つのどちらも諦念と混同してはならないだろう。

この敗北のメランコリーは今日、遍在しているが、また同時に、犠牲者にしか席を与えない公的な記憶によって「検閲され」、隠蔽されている。革命は、一九世紀と二〇世紀、即ち、ジェノサイドの犠牲者の喪を唯一の遺産とする炎と血の時代のアルカイズムとして現われる。そこから生じたメランコリーは非政治化され、麻痺した順応主義的なものである。それは、反抗を引き起こすどころか、抑えようとする公的な記念儀式に示されている。本書で問題のメランコリーは、犠牲者を哀れむのではなく、救済しようとする文化、奴隷を同情の対象ではなく、反抗する主体と見る文化のメランコリーである。

リベラルな民主主義と市場経済を世界の自然な秩序と想定し、二〇世紀のユートピアを指弾する現在の規範的言説は、左翼のメランコリーにはいかなる席も与えない。この言説は左翼のメランコリーをただ単に罪深いものと見なし、過去の体制破壊のアンガージュマンへの愛着は否認を要求するだけであり、それは非難にしか値しないというのである。しかしまた、支配的言説の傍らに、抑圧され、締め出されたメランコリーの自己検閲も存在する。長らく、それを認めることは、弱さとか諦めを示すものだった。「ビヤンクールを絶望させない」ために自己を偽らねばならなかった。まず左翼自身によって抑圧され、次いで「ポストイデオロギー的」復古調の現代に指弾されてなお、この反逆のメランコリーはまだ発見すべきものであり、認知される必要があるのだ。ところで、メランコリーと革命は並走する。影のように、メランコリーは革命の跡に従い、その飛翔の際には控えめになり、その枯渇後に再浮上し、その敗北後にはそれを包み込む。敗者がそれを体現しているが、しかしそれは、二〇〇年前から世界を変えようと試みたあらゆる運動の歴史に刻み込まれているのである。革命的経験が世代から世代へと伝わるのは、敗北によってなのである。

原注

序

（1）ここでは、左翼と右翼／左翼の区別は多くの定義の中からノルベルト・ボッビオ『右翼と左翼』（ル・スイユ、一九九六）のものを参考にした。
（2）カール・マルクス「フォイエルバッハについてのテーゼ」、『哲学』、フォリオ、ガリマール、一九四四年、二三五頁。
（3）ゲルハルト・リヒター『思想の形象――傷ついた生から見たフランクフルト学派の考察』、スタンフォード大学出版、二〇〇七年参照。
（4）ハンナ・アーレント『隠された伝統――パリアとしてのユダヤ人』、クリスティアン・ブルゴワ、一九八七年。
（5）ヴァルター・ベンヤミン『パサージュ論：パリ――十九世紀の首都』（エディシオン・デュ・セール、一九八九）、四八八頁。
（6）クリスタ・ヴォルフ『天使たちの町（ロスアンジェルス）』、ル・スイユ、二〇一二年。
（7）フランソワ・フュレ『幻想の過去』、ロベール・ラフォン／カルマン・レヴィ、一九九五年。
（8）これは一九八九年の後に再発見された有名な、ハンナ・アーレント『革命について』（ガリマール、一九六七）の赤い糸（導線）である。

(9) スラヴォイ・ジジェク「資本主義の論理を避ける試み」、「ロンドン・リヴュー・オブ・ブックス」一九九九年、第二二巻、二八号、三―六頁。
(10) とくにジェームス・マーク『終わらざる革命――東・中欧の共産主義革命の意義』、エール大学出版、二〇一〇年参照。
(11) とくにカルーラ・レオンツィ「ヘーゲルに唾はこう!」、『メイ』二〇一〇年、第四号。
(12) アンナ・ブラヴォ『一目ぼれで』、ラテルツァ、二〇〇八年、二二〇頁に引用。
(13) ウェンディー・ブラウン「女性の解放、革命、喪、政治」、『パララックス』二〇〇三年、第九巻、第二号、一三頁。エレニ・ヴァリカス『性とジェンダーを考える』、PUF、二〇〇六年も参照。
(14) ピーター・トンプソン「序説――希望の個人化と否定の危機」、スラヴォイ・ジジェク編『希望の個人化――エルンスト・ブロッホとユートピアの未来』、デューク大学出版、二〇一三年、一―二〇頁所収。
(15) ラインハルト・コゼレック「〝経験の場〟と〝期待の地平〟――二つの歴史的カテゴリー」、『過ぎ去った未来――歴史的時間の意味論への寄与』、EHESS出版、一九九〇年、三〇七―三二九頁。
(16) フランソワ・アルトーグ『歴史の体制――現在主義と時間経験』、ル・スイユ、二〇〇三年。
(17) ノルベルト・エリアス『時間について』、フェイヤール、一九九六年、ラインハルト・コゼレック「歴史、時間的・絶対的な歴史と構造」、『過ぎ去った未来』、一二一頁所収。
(18) これについては、ペリー・アンダーソン「歴史の終わり」、『参加地帯』、ヴァーソ、一九九二年、二七九―三七五頁、ジョゼッペ・フォンタナ『歴史の終わり後の歴史』、クリティカ、一九九二年参照。
(19) ヴァルター・ベンヤミン「宗教としての資本主義」、『哲学的・政治的・批評的・文学的断章』、PUF、二〇〇〇年、一一一―一一三頁。ミシェル・レヴィ『鋼鉄の檻――マックス・ウェーバーとウェーバー的マルクス主義』、ストック、二〇一三年、一二九―一四八頁参照。

(20) ジョルジョ・アガンベン『金銭の凶暴な宗教が未来を支配するならば』、「レプブリカ」二〇一三年二月六日号。
(21) ピーター・トンプソン、前掲「序説」一五頁。「いまだ－ない」の概念については、エルンスト・ブロッホ『希望の原理』、ガリマール、一九八二年、第二巻、二一五―二一六頁と、アルノ・ミュンスター『エルンスト・ブロッホの思想におけるユートピア像』、オービエ、一九八五年参照。
(22) とくに、エルネスト・マンデル『現代の革命的マルクス主義』、ニュー・レフト・ブックス、一九七九年参照。
(23) タリク・アリ『街頭闘争時代――六〇年代の自伝』、コリンズ、一九八七年。
(24) ジャン＝ポール・サルトル、アルレット・エルカイム＝サルトル『ジェノサイドについて――戦争犯罪国際法廷の証言と判決概要』、ビーコン・プレス、一九六八年。ジョン・ダフェット監修『沈黙の罪に対して――ラッセル戦争犯罪国際法廷議事録』、バートランド・ラッセル平和財団、一九六八年。
(25) ベルトホルト・モルデン「ヴェトナムのジェノサイド――ホロコースト論のグローバル化における決定的事件としての一九六八年」、イェンス・カストナー、ダーフィート・マイヤー共編『世界終焉の一九六八年か？――世界史的な視座からみた一年』、マンデルバウム・フェアラーク、二〇〇八年、八三―九七所収。
(26) マイケル・ロスバーグ『多角的な記憶――脱植民地主義時代のホロコースト回想』、スタンフォード大学出版、二〇〇九年、六九―七〇頁。エメ・セゼール『植民地主義論』、プレザンス・アフリケンヌ、一九五〇年、一八頁。
(27) これはエルヴェ・アモン、パトリック・ロートマンなどに潜在する解釈。『世代』、ル・スイユ、一九八七年、二巻。クリスタン・ロス『六八年五月とその後の生』、アゴーヌ、二〇一〇年も参照。
(28) ジョヴァンニ・デ・ルナの注目すべき論説『一九六九―一九七九年の総括十年――闘争、暴力、敗北、記憶』、フェルトリネリ、二〇〇九年参照。

(29) この見方は既にゲッツ・アリ『我らが闘争一九六八――いらだちの回想』、フィッシャー、二〇〇八年に暗示されている。

(30) この三つの記憶の空間の分析は、拙著『戦場としての記憶――二〇世紀の暴力を解釈する』、ラ・デクヴェルト、二〇一〇年のヨーロッパの記憶に関する章、二五一―二八二頁にある。

(31) テーオドア・W・アドルノ「過去を再考することは何を意味するのか?」『批判的モデル集』、パイヨ、一九八四年、九七頁。

(32) ジョルジョ・アガンベン「亡霊のなかで生きることの効用と不都合」、『裸体画像』、パイヨ&リヴァージュ、二〇〇九年。

(33) ジャック・デリダ『マルクスの亡霊』、ガリレ、一九九三年、一六六頁。

(34) ダニエル・ベンサイド『マルクス――取扱説明書』、ゾーヌ=ラ・デクヴェルト、二〇〇九年、六九―七七頁。

(35) エルリ・デ・ルカ「エウリュディケに関する資料」、『イル・マニフェスト』二〇一三年一一月七日。

(36) ジュディス・バトラー「暴力、喪、政治」、『あやうい生――喪と暴力の力』、ヴァーソ、二〇〇四年、二一頁。

(37) ダグラス・クリンプ「喪と活動主義」、『オクトーバー』、一九八九年第五一号、一八頁。

第一章

(1) アレクサンダーとマルガレーテ・ミッチャーリヒ『不可能な記憶――集団的行動の基礎』、パイヨ、二〇〇五年[一九六七年]。

(2) マリオ・バルガス・リョサ『密林の語り部』、ガリマール、一九九二年。

（3）ロジャー・バートラ「アラブ人、ユダヤ人とスペイン人の尊大なメランコリーの謎」、『講演』二二巻、第三号、二〇〇〇年、六四―七二頁。
（4）ヨセフ・ハイーム・イェルシャルミ『スペイン宮廷からイタリアのゲットーまで――イサク・カルドーソと十七世紀のマラーノ現象』、フェイヤール、一九八七年、四二四頁。
（5）レイモンド・クリバンスキー、エルヴィン・パノフスキー、フリッツ・ザクスル『サトゥルヌスとメランコリー――歴史的哲学的研究』、ガリマール、一九八九年。
（6）シャトーブリアン『キリスト教精髄』、ル・ボセ゠リュサン、一八一八年、第一巻、三一頁。
（7）ハンス・ブルーメンベルク『観客とともに遭難』、ラルシュ、一九九七年。
（8）ルクレティウス『事物の本性についてⅡ』、ガルニエ、一九七八年、六九頁。
（9）パスカル『パンセ』、ガルニエ、一九七六年、六九頁。
（10）ジークフリート・クラカウアー『映画理論――物的現実の贖罪』、フラマリヨン、二〇一〇年、四七頁。
（11）ラインハルト・コゼレック「経験の変化と方法の変更――歴史‐人類学的素描」、『歴史の経験』、オート・ゼチュード／ガリマール、ル・スイユ、一九九七年、二三九頁。
（12）同書。
（13）同書、二四六頁。コゼレックの敗者の身分と精神に対する感性はたぶん、第二次世界大戦中の東部戦線でのドイツ兵としての経験がもたらしたものであろう。彼の知的・実存的な歩みに関しては、ニクラス・オルセン『複数としての歴史――ラインハルト・コゼレックの作品研究入門』、バーグハン・ブックス、二〇一二年参照。二八一頁では、「対概念」としての勝者／敗者の組み合わせの用法が強調されている。
（14）ヴァルター・ベンヤミン「歴史の概念について」、『著作集Ⅲ』、フォリオ、ガリマール、二〇〇〇年、四三二頁。

(15) エドワード・P・トンプソン『イギリスの労働階級の形成』、ル・スイユ、一九八八年。ラナジット・グーハ「植民地インドの歴史記述の諸様相」、ラナジット・グーハ、ガヤトリ・チャクラヴォルティ・スピヴァク共編『サバルタン研究選集』、オックスフォード大学出版、一九八八年、三七―四四頁。
(16) カール・シュミット「殻のなかの歴史記述――アレクシス・トックヴィル」(一九四六)、『捕虜からの解放――一九四五―一九四七年時代の経験』、ドゥンカー&フンボルト、二〇〇二年、二五―三三頁。
(17) 同書、三一頁。
(18) カテコン概念の系譜については、とくにマッシモ・カチャーリ『抑える力――政治神学論』、アデルフィ、二〇一三年。シュミットはこの概念を『大地のノモス』、PUF、二〇〇一年、二八―三二頁で展開している。シュミットのこの概念の使い方については、ラファエル・グロス『カール・シュミットとユダヤ人――ドイツ法』、ズールカンプ、二〇〇〇年、二六七―三三一頁、参照。
(19) ヴァルター・ベンヤミン、前掲「歴史の概念について」、四三一頁。
(20) テーオドア・W・アドルノ『否定弁証法』、パイヨ、一九七八年。
(21) カール・シュミット、前掲『捕虜からの解放』、三一―三二頁。このギゾーの文はサント゠ブーヴが引用。『新月曜閑談』、ミシェル・レヴィ・フレール、一八六八年、三〇六頁。
(22) オーギュスト・ブランキ「天体にやどる永遠」、『今や、武器が必要だ』、ラ・ファブリック、二〇〇六年、三八二頁。
(23) ヴァルター・ベンヤミン、前掲『パサージュ論:パリ――十九世紀の首都』、五八頁。
(24) ミゲル・アバンスール『メランコリーと革命の間のブランキ、ベンヤミンのパサージュ』、サンス・&トンカ、二〇一三年、五六頁。
(25) エリック・ホッブズボーム「歴史と幻想」、『ル・デバ』八九号、一九九六年、一三八頁。

(26) エリック・ホッブズボーム『極端な時代　一九一四―一九九一年』、コンプレックス＝ル・モンド・ディプロマティック、一九九九年。前掲書、フランソワ・フュレ『幻想の過去』参照。この比較は、前掲拙著『戦場としての歴史』、「世紀末――エリック・ホッブズボームの二〇世紀」、二七―五八頁において述べた。
(27) ペリー・アンダーソン「勝利した左翼――エリック・ホッブズボーム」、『スペクトル――観念の世界における右翼から左翼』、ヴァーソ、二〇〇五年、二七七―三二〇頁参照。
(28) ジャック・デリダ、前掲『マルクスの亡霊』、五六頁。この点については、テリー・イーグルトン「マルクス主義なきマルクス主義」、ジャック・デリダ、テリー・イーグルトン、フレデリック・ジェームソン、アントニオ・ネグリ「亡霊の境界――シンポジウム：ジャック・デリダの『マルクスの亡霊』」、ヴァーソ、二〇〇八年、八六―八七頁と、エリアス・ホセ・パルティ『マルクス主義の真実と知識――その危機前の政治的伝統の反動』、文化経済基金、二〇〇五年、第四章参照。
(29) ルーチョ・マグリ『ウルムの仕立屋――PCIの不可能な歴史』、イル・サッジャトーレ、二〇〇九年、一三頁。ベルトルト・ブレヒト「ウルムの仕立屋」、『物語Ⅳ』、ズールカンプ、一九六一年、二〇四―二〇五頁参照。
(30) エフゲニー・プレオブラジェンスキー『新しい経済学』、EDI、一九六六年。
(31) アルノ・J・マイヤー『旧制度の残存性――一八四八年から大戦までのヨーロッパ』、フラマリヨン、一九九二年。
(32) ルーチョ・マグリ、前掲『ウルムの仕立屋』、二八頁。
(33) ペリー・アンダーソン「歴史の終わり」、上記引用文中。
(34) カール・マルクス「ルイ・ボナパルトのブリュメール一八日」、『フランスの階級闘争』、フォリオ、ガリマール、二〇〇二年、一八〇頁。

(35) 同書、一七九頁。
(36) 同書、一四七頁。
(37) カール・マルクス「フランスの内乱」、カール・マルクス、フリードリヒ・エンゲルス『未知のものを創出する――パリ・コミューンをめぐるテクストと書簡』、ラ・ファブリック、二〇〇八年、一八八―一八九頁。
(38) ロバート・トゥームス『一八七一年パリに対する戦争』、ケンブリッジ大学出版、一九八一年と、ジョン・メリマン『虐殺――パリ・コミューンの生と死』、ベーシック・ブックス、二〇一四年、二五三頁参照。
(39) ジュール・ヴァレス『叛徒』、ル・リーヴル・ド・ポーシュ、一九八六年、四頁。
(40) 同書、四三一頁。ジュール・ヴァレスの敗北のメランコリーについては、スコット・マックラッケン「敗北の風潮」、『ニュー・フォーメーションズ』、二〇一四年、八二号、六四―八一頁。
(41) ルイーズ・ミシェル『ルイーズ・ミシェル自身による回想録』、ストック、一九七八年、一二〇頁。シドニー・バーハウ「名なし、数なしの犠牲者――ルイーズ・ミシェルとパリ・コミューンの死者の記憶」、『マルス』、二〇一二年、一〇〇号、三一―四二頁も参照。
(42) クリスタン・ロス『パリ・コミューンの想像空間』、ラ・ファブリック、二〇一五年。
(43) ドルフ・エーラー『忘却に対する憂鬱 Spleen 一八四八年六月――ボードレール、フロベール、ハイネ、ヘルツェン』、パイヨ、一九九六年、二二頁。ボードレールの詩『白鳥』を想起せねばならない。
(44) T・J・クラーク『絶対者ブルジョア――一八四一―一八五一年のフランスの芸術家と政治』、テムズとハドソン、一九七三年、一四〇―一四一頁参照。
(45) ユセフ・イシャグプール『クールベ――アトリエの芸術家の肖像』、シルセ、二〇一一年、二八頁。
(46) 同書、一四六頁。このテーマについては、ノエル・バルブ、エルベ・トゥブル共編『クールベ――絵画と政治』、レゼディシオン・デュ・スコヤ、二〇一三年。

(47)ローザ・ルクセンブルク「秩序がベルリンに君臨する」、『著作集II』、マスプロ、一九七八年、一三四頁。
(48)ローザ・ルクセンブルク『社会民主主義の危機(一九一五)』、ラルティプラノ、二〇〇九年、二九―三〇頁。ミシェル・レヴィ「ローザ・ルクセンブルクの社会主義か野蛮かの概念」、『世界変革――政治哲学論:カール・マルクスからヴァルター・ベンヤミンまで』、ヒューマニティーズ・プレス、一九九三年、九一―九九頁。
(49)レオン・トロツキー「戦争におけるソ連」(一九三九)、『マルクス主義擁護』、EDI、一九七二年。このトロツキーの暗い仮説については、アイザック・ドイチャー『追放された予言者――トロツキー一九二九―一九四〇年』、ヴァーソ、二〇〇三年、三七九頁参照。
(50)レオン・トロツキー「スペインの教訓、最後の警告」、『スペイン革命一九三〇―一九四〇年』、エディシオン・ド・ミニュイ、一九七五年、四七三―五〇一頁。
(51)ナータン・ヴァンストック『貧困のパン――ヨーロッパのユダヤ人労働者運動の歴史』、ラ・デクヴェルト、一九八六年、第三巻、一六八頁。
(52)同書。アンリ・マンツェル『ブント概説史――ユダヤの革命運動』、オストラル、一九九五年、四一八―四二〇頁。イザベル・トゥームズ「〝死にゆく者が諸君に挨拶を送る〟――一九四三年のザムエル・ジゲルボイムの自殺とロンドンの国際社会主義共同体」、『ホロコーストとジェノサイド研究』、二〇〇〇年、第一四巻、第二号、二四二―二六五頁参照。
(53)ヴァルター・ベンヤミン、前掲「歴史の概念について」、四三一頁。
(54)同書、四三九頁。
(55)パコ・イグナシオ・タイボ『チェ・ゲバラことエルネスト・ゲバラ』、メタリエ、二〇〇〇年。
(56)サルバドール・アジェンデ『アジェンデ大統領の別れの演説』、エディシオン・ド・ラ・モヴェーズ・グレーヌ、一九九九年。

(57) パブロ・ミラネス「ぼくは再び通りを歩く」(一九七四)、アジェンデのラジオ演説とミラネスの歌のいくつかのライブ版はユーチューブで聞ける。
(58) メランコリーの概念の歴史については、ジャン・スタロバンスキー『メランコリーのインク』、ル・スイユ、二〇一二年。メランコリーとユートピアのアンチテーゼについては、ヴォルフ・レペニース『メランコリーと社会』、ハーバード大学出版、一九九二年参照。
(59) メランコリーの絵画的表現の歴史については、ジャン・クレール編『メランコリー――西欧の天才と狂気』、国立美術館連合、ガリマール、二〇〇五年。
(60) この木版画の制作起源については、マーサ・カーンス『ケーテ・コルヴィッツ――女性と芸術家』、SUNYプレス、一九七六年、一六一――一六三頁参照。
(61) ホルヘ・カスタネーダ『同志――チェ・ゲバラの生と死』、グラッセ、一九九八年、第十一章参照。
(62) レジス・ドゥブレ『わが出遭いし人々に幸いあれ!――政治教育』、ガリマール、一九六六年、一八八頁。
(63) エルンスト・ゴンブリヒ『アビ・ヴァールブルク――知的伝記』、クランクシエック、二〇一五年、二〇三頁。この論争については、ハルトムート・ベーメ『デューラー、メランコリア――解釈の迷路』、アダム・ビロ、一九九〇年と、ペーター=クラウス・シュスター「メランコリアI――デューラーと後代」、『メランコリー――西欧の天才と狂気』、九〇――一〇五頁参照。
(64) エルンスト・ゴンブリヒ、前掲書、二〇二―二〇五頁。
(65) レイモンド・クリバンスキー、エルヴィン・パノフスキー、フリッツ・ザクスル、前掲書。この研究はヴァルター・ベンヤミンのメランコリー観に影響を与えた。『ドイツ悲劇の根源』、フラマリヨン、一九八五年。だがヴァールブルク研究所員はこの称賛を表に出さなかった。マックス・ペンスキー『メランコリーの弁証法――ヴァルター・ベンヤミンと喪の演技』、マサチューセッツ大学出版、一九九三年、二六三―二六四頁。

(66) リュシアン・ゴルドマン『隠れたる神』、ガリマール、一九五九年。
(67) アロイス・リーグル『現代の記念碑信仰』、ラルマッタン、二〇〇三年。ミチェル・アン・ホリー『メランコリーの芸術』、プリンストン大学出版、二〇一三年、九―一〇頁参照。
(68) ペリー・アンダーソン、前掲「歴史の終わり」、三六八頁。
(69) ジークムント・フロイト「喪とメランコリー」、『深層心理学』、ガリマール、一九六八年、一四八―一四九頁。ジョルジョ・アガンベンは、『シュタンツェ――西欧文化におけるパロールと幻影』（パイヨ、一九九八年）の章の第一セクション（「エロスの亡霊」）で、フロイトのメランコリー観と古典的伝統の連続性を強調している。
(70) ジークムント・フロイト、前掲書、一五〇頁。
(71) ロベール・エルツ「死の集団的表象に関する研究」、『宗教社会学と民間伝承』、PUF、一九七〇年。
(72) ウェンディー・ブラウン「抵抗する左翼メランコリー」、デイヴィッド・L・イング、デイヴィッド・カザンジャン共編『喪失――喪の政治学』、カリフォルニア大学出版、二〇〇三年、四五八―四六五頁。ブラウンの主張の正確な批判としては、ジョディ・ディーン「共産主義の欲求」、スラヴォイ・ジジェク編『共産主義の観念2――ニューヨーク会議』、ヴァーソ、二〇一三年、七七―一〇二頁。
(73) ジュディス・バトラー『権力の心的生活』、レオ・シェール、二〇〇二年。マイケル・P・スタインバーグ「音楽とメランコリー」、『クリティカル・インクワイアリー』、四〇巻、第二号、二〇一四年、二八八―三一〇頁。
(74) ヴァルター・ベンヤミン、前掲「歴史の概念について」、四三二頁。
(75) ジークフリート・クラカウアー『サラリーマン』、エディシオン・ド・ラ・メゾン・デ・シアンス・ドゥ・ロム、二〇〇四年。ベンヤミンはこのエッセイの熱狂的な批評を書いている。「アウトサイダーが影から出る――ジークフリート・クラカウアー『サラリーマン』について」、『著作集』、フォリオ、ガリマール、二〇〇〇年、一七九―一八八頁。ベンヤミンの新即物主義批判に対するこのクラカウアーの影響については、ハワード・アイランド、マイケル・W・ジェニングス『ヴァルター・ベンヤミン――批判的人生』、ハーバード大学出版、二〇一四年、三四〇―三四一頁。

(76) ヴァルター・ベンヤミン「左翼メランコリー――新即物主義のエーリヒ・ケストナーについて」、『新しい天使』、『選集二』、ズールカンプ、一九八八年、四六一頁。

(77) ジークフリート・クラカウアー『サラリーマン』、八八頁。この一節は暗にルカーチの「超越的貧困」の概念に拠っている。ゲオルク・ルカーチ『小説の理論』、ガリマール、一九八九年、五五頁。

(78) ロジャー・バートラ『文化とメランコリー――黄金の世紀スペインの魂の病気』、アナグラマ、二〇〇一年、一五七―一六一頁、二二五―二二六頁。

(79) ヴァルター・ベンヤミン『ドイツ悲劇の根源』、フラマリヨン、一九八五年、一五三頁。

(80) ベンヤミン「アゲシラウス・サンタンデル」、『自伝的著作集』、クリスティアン・ブルゴワ、一九九〇年、三三四頁。マックス・ペンスキーによると、メランコリーはベンヤミン思想の「メシア的」次元と「唯物論的」次元の連結器であろう。マックス・ペンスキー、前掲書、一六頁。ベンヤミンのメランコリックな性格については、ゲルショム・ショーレム『ヴァルター・ベンヤミンとその天使』、パイヨ、一九九五年、七九―一六〇頁。ベンヤミンのメランコリー概念については、ベアトリス・ハンセン「メランコリーの肖像（ベンヤミン、ヴァールブルク、パノフスキー）」、MLN、一一四巻、第五号、一九九九年、九九一―一〇一三頁。フランソワーズ・メルツァー「アケーディアとメランコリー」、マイケル・P・スタインバーグ編『ヴァルター・ベンヤミンと歴史の要請』所収、コーネル大学出版、一九九六年、一四一―一六三頁。

(81) ヴァルター・ベンヤミン、前掲『ドイツ悲劇の根源』、一六八頁。

(82) ベアトリス・ハンセン、前掲「メランコリーの肖像」、一〇〇三頁。
(83) ヴァルター・ベンヤミン、前掲「アウトサイダーが影から出る」、一八三頁。
(84) ジョナサン・フラットレー『感情的マッピング――メランコリアと近代主義の政治』、ハーバード大学出版、二〇〇八年、六五頁。
(85) マリノ・カルニチェリのこうした葬式の写真記録資料『一九六四年八月二五日――顔・トリアッティ』、ダニロ・モンタナリ・エディトーレ、二〇一四年。
(86) エルンスト・カントロヴィッツ『王の二つの身体』、ガリマール、一九八九年。
(87) シャルル・ペギー「友人、読者諸君に」、『散文著作集』、ガリマール、一九六八年、第二巻、一二七三頁。ダニエル・ベンサイド「垂直の不名誉なる者、歴史的理性批判のペギー」、『時の不一致――危機、階級、歴史について』、エディシオン・ド・ラ・パッシオン、一九九五年、一九六頁。
(88) レイモンド・ウィリアムズ『マルクス主義と文学』、オックスフォード大学出版、一九七七年、一二八―一三五頁。ハイデッガーとウィリアムズのともに興味深いアプローチとしては、ジョナサン・フラットレー、前掲『感情的なマッピング』、一一―二七頁参照。
(89) ジャン・アメリー『罪と罰の彼岸』、アクト・スュッド、一九九五年、三八頁。
(90) 同書、四〇頁。
(91) プリーモ・レーヴィ『溺れる者と救われる者』、ガリマール、一九八九年、一四三頁。
(92) スラヴォイ・ジジェク「メランコリーと行為」、『クリティカル・インクワイアリー』、二六巻、第四号、二〇〇〇年、六七五―六八一頁。
(93) レイモンド・ウィリアムズ『近代悲劇』、チャットとウインダス、一九六六年、六四頁。
(94) リュシアン・ゴルドマン、前掲『隠れたる神』、九九頁。

(95)同書、三三五頁。ゴルドマンの社会主義の「賭け」という見方については、ミッチェル・コーエン『リュシアン・ゴルドマンの賭け——悲劇、弁証法と隠れたる神』、プリンストン大学出版、一九九四年と、ミシェル・レヴィ「リュシアン・ゴルドマンまたは共産社会の賭け」、『社会主義と民主主義』、一一巻、第一号、一九九七年、二五—三五頁。
(96)アントニオ・グラムシ『獄中ノート』、エイナウディ、一九七五年、第二巻、一四〇三頁。

第二章

(1)エドワード・P・トンプソン『労働時間、規律と産業資本主義』、ラ・ファブリック、二〇〇四年。
(2)ダニーロ・モンタルディ『下層階級の政治的活動家』、エイナウディ、一九七〇年。ラファエル・サミュエル『記憶の劇場——現代文化における過去と現在』、ヴァーソ、一九九五年参照。
(3)レオン・トロツキー『ロシア革命史』、ル・スイユ、一九六七年、第一巻。
(4)レオン・トロツキー『わが生涯』、ガリマール、一九五三年、一二頁。
(5)この論争の再構成としては、拙著『過去、取扱説明書——歴史、記憶、政治』、ラ・ファブリック、二〇〇五年。
(6)とくに、ジェフリー・J・オリック編『集団の記憶読本』、オックスフォード大学出版、二〇一一年、マイケル・ロシングトン、アン・ホワイトヘッド共編『記憶の理論』、ジョンズ・ホプキンズ大学出版、二〇〇七年、アストリッド・エル、アンスガー・ニュニング共編『文化的記憶研究——国際的・学際的ハンドブック』、ヴァルター・デ・グロイター、二〇〇八年、参照。
(7)ヨセフ・H・イェルシャルミ『Zachor. ユダヤの歴史と記憶』、ラ・デクヴェルト、一九八四年。ピエール・ノラ「歴史と記憶の間——場の問題性」、『記憶の場Ⅰ——共和国』、ガリマール、一九八四年、一七—四二頁所収参照。

(8)『歴史を前にして――ナチ体制によるユダヤ人絶滅の特異性に関する討論記録』、エディシオン・デュ・セール、一九八八年。プリーモ・レーヴィ、前掲『溺れる者と救われる者』。ミシェル・ドゥギュイ編『ショア――クロード・ランズマンの映画』、ブラン、一九九〇年。

(9)「マルクス主義の危機」をめぐる最初の考察としては、ペリー・アンダーソン『史的唯物論の航跡』、ヴァーソ、一九八三年参照。

(10) ダン・ディナー「社会から記憶へ――歴史的パラダイム変換について」、『記憶の時代――ユダヤ人と他の歴史』、C・H・ベック、二〇〇三年、七―一五頁。カルロス・フォルカデル「階級からアイデンティティまでの社会の歴史」、エレナ・エルナンデス・サンドニカ、アリシア・ランガ共編『現代の歴史について』、アバダ・エディトレス、二〇〇五年、一五―三五頁。

(11) カール・マルクス、前掲『ルイ・ボナパルトのブリュメール十八日』、一七六頁。

(12) 同書、一七九頁。

(13) 同書。

(14) ケイジー・ハリソン「一八七一年のパリ・コミューン、一九〇五年のロシア革命、革命的伝統の推移」、『歴史と記憶』、一七巻、第二号、二〇〇七年、五―四二頁。

(15) アルベール・マティエ『ボリシェヴィズムとジャコバン主義』、リブレリ・ド・リュマニテ、一九二〇年。

(16) レオン・トロツキー「労働者国家、テルミドール、ボナパルティズム」(一九三五)、『著作集』、EDI、五巻、一九八八年。アイザック・ドイチャー「二つの革命」、『マルクス主義、戦争、革命』、ヴァーソ、一九八四年、三四―四五頁。

(17) ダニエル・ベンサイド、アンリ・ヴェベール『六八年五月　総稽古』、マスプロ、一九六八年参照。

(18) アドルフォ・ジリー『メキシコ革命 一九一〇—一九二〇年』、シレプス、一九九五年、第七章。
(19) エリック・ホッブズボーム「マルクス主義の影響 一九四五—一九八三年」、『世界の変え方——マルクスとマルクス主義の物語』、ブラウン、二〇一一年、三六二頁。
(20) ヴィクトル・セルジュ『革命家の回想・著作集』、ブカン、ロベール・ラフォン、二〇〇一年、一〇八頁。
(21) ヴィクトル・セルジュ、前掲「危機に瀕した町」、七九頁。
(22) ラファエル・サミュエル『記憶の理論』、ヴァーソ、一九九四年、二七頁。
(23) ミケーレ・ナニ「人民の奥底から——ペリッツア、第四身分」、ミケーレ・ナニ、リリアーナ・エレナ、マルコ・スカヴィーノ『文化と政治の間のペリッツア・ダ・ヴォルペードの第四身分』、インスティトゥト・アルヴェミニ、二〇〇二年、一三—五四頁。
(24) フリードリヒ・エンゲルス「序文」、カール・マルクス、前掲『フランスの階級闘争 一八四八—一八五〇年』、五七頁。
(25) 同書。
(26) 同書、七四頁。晩年のエンゲルスの修正の詳細な分析としては、ジャック・テクジエ『マルクスとエンゲルスの革命と民主主義』、PUF、一九九八年参照。
(27) アントニオ・グラムシ『機動戦と陣地戦』、ラ・ファブリック、二〇一一年、二二〇—二二三頁。ペリー・アンダーソン『グラムシ』、マスプロ、一九七八年参照。
(28) クラウディア・フェアフェーヴェン「テロの時代、時代のテロ——ロシアの革命的テロリズムの焦燥（一八六〇—一八八〇年）」、『東欧歴史年報』、五八巻、第二号、二〇一〇年、二五四—二七二頁参照。
(29) ノアバート・リントン『タトリンの塔——革命への記念碑』、エール大学出版、二〇〇九年、参照。
(30) スヴェトラーナ・ボイム「前衛の廃墟——タトリンの廃墟から紙の建築へ」、ジュリア・ヘル、アンドレス・シェーンレ共編『近代性の廃墟』、デューク大学出版、二〇一〇年、五八―八五頁。
(31) マリー・ブシャール「労働への記念碑――ムーニエ、ダルー、ロダン、ブシャール」、オックスフォード・アート・ジャーナル、八巻、第二号、一九八一年、二八―三五頁参照。
(32) ノアバート・リントン、前掲書。パメラ・カチャリン「国家への奉仕――初期ソビエト・ロシアのウラディミール・タトリンの活動と第三インターナショナル記念塔」、『近代主義／近代性』、一九巻、第一号、二〇一二年、一九―四一頁参照。タトリンのプランは、文化人民委員アナトリー・ルナチャルスキーのため実現しなかった。シェイラ・フィッツパトリック『啓発人民委員会――ソビエトの教育組織とルナチャルスキー下の芸術、一九一七年一〇月―一九二一年』、ケンブリッジ大学出版、二〇〇二年、参照。
(33) スーザン・バック＝モース『夢の世界と破局――東西の大衆的ユートピアの経過』、MIT出版、二〇〇二年、四三―四四頁と、マグリット・ローウエル「ウラディミール・タトリン――フォルムと構造」、『オクトーバー』、七号、一九七八年、八三―一〇八頁参照。
(34) スーザン・バック＝モース、前掲書、一七三―一七六参照。
(35) この世俗的メシアニズムは、カルロ・ギンズブルグがキッチナー卿論で分析した「宣伝の大衆言語」とは同一化できない。この論説は戦争や革命への参加を促すリーダーたちの興味深い系譜を含む。カルロ・ギンズブルグ「あなたの国はあなたを必要とする――政治的図像学のケーススタディ」、『歴史ワークショップジャーナル』、五二号、二〇〇一年、一―二二頁参照。
(36) カール・マルクス「ヘーゲルの法哲学批判として」、『哲学』、フォリオ、ガリマール、一九九四年、九〇頁。この一節の分析としては、ミシェル・レヴィ『神々の戦争――ラテンアメリカの宗教と政治』、ヴァーソ、一九九六年、四―一八頁参照。
(37) ボリス・グロイス『スターリン主義の全体芸術――前衛、芸術的独裁と来世』、ヴァーソ、二〇一一年、一一三頁。

(38) とくに、メキシコの国立宮殿の内庭の階段を飾っている、彼の『メキシコ国民の叙事詩(一九二九―一九五一)』を見よ。

(39) エルンスト・ブロッホ『希望の原理III――かなえられた瞬間の願望の形象』、ガリマール、一九九一年。ブロッホに関しては、アルノ・ミュンスター『直立歩行の白日夢――エルンスト・ブロッホとの六回のインタビュー』、ズールカンプ、一九七七年と、ヴィンセント・ジョーイイーガン『ユートピアニズムとマルクス主義』、メスューエン、一九八七年、第六章参照。

(40) ヘルベルト・マルクーゼ『エロス的文明』、スフィーア、一九七〇年、三三頁。

(41) 同書、一六三頁。

(42) 同書、一〇九頁。

(43) ヘルベルト・マルクーゼ「ユートピアの終わり」、『五回の講話』、アレンレーン、一九七〇年、六三頁。

(44) ヴィンセント・ジョーゲガン「未来を記憶する」、『ユートピア研究』、第一巻、二号、一九九〇年、五二―六八頁。

(45) ウーゴ・トメーイ「歴史を廃棄しよう」、『イタリア未来派』、一九一七年五月、エミィリオ・ゲンティーレの引用、「星への我らが挑戦」、『政治における未来派』、ラテルツァ、二〇〇九年、二六頁。

(46) レオン・トロツキー『文学と革命』、シレプス、二〇〇〇年。

(47) 同書。

(48) 同書。

(49) アレクサンドル・ボグダーノフ『赤い星』、ラージュ・ドム、一九九〇年。K・M・ジェンセン「赤い星――ボグダーノフ、ユートピアを建設」、『ソビエト思想研究』、二三巻、一号、一九八二年、一―三四頁。

(50) アイザック・ドイチャー、前掲『追放された預言者』、一八九頁。
(51) ジェフリー・ハーフ『反動的近代主義——ワイマール共和国と第三帝国の技術、文化、政治』、ケンブリッジ大学出版、一九八四年、参照。
(52) ロンケ・ヴィッサー「ファシスト理論と古代ローマ信仰」、『現代史ジャーナル』、二七巻、一号、一九九二年、五—二二頁。マーラ・ストーン「フレクシブルなローマ——ファシズムと古代ローマ信仰」キャサリン・エドワード編『古代ローマの存在——ヨーロッパ文化におけるローマの反復 一七八九—一九四五年』、ケンブリッジ大学出版、一九九九年、二〇五—二二〇頁参照。
(53) ジョアン・シャプト『国家社会主義と古代文明』、PUF、二〇〇八年、四八四頁。
(54) ヴァルター・ベンヤミン、前掲「歴史の概念について」。
(55) ホセ・ラバサ『歴史なき民、サバルタン研究、ザパティスタの叛乱、歴史の亡霊』、ピッツバーグ大学出版、二〇一〇年、一三八—一四七頁。
(56) ブリュノー・ボスティールス『共産主義の現代性』、ヴァーソ、二〇一一年。
(57) ジェローム・バシェ「永遠の現在に対する歴史——過去／未来の関係に関する若干の考察」、フランソワ・アルトーグ、ジャック・ルヴェル共編『過去の政治的使用』、EHESS出版、二〇〇一年、六五頁。
(58) ハンス・マイヤー『バベルの塔——ドイツ民主共和国の思い出』、ズールカンプ、一九九一年、一五—一六頁。
(59) ヨハネス・R・ベッヒャー「バベルの塔」、『全集』、アウフバウ、一九八一年、六巻、四〇頁。ハンス・マイヤー、前掲書、一一頁。
(60) スーザン・バック＝モース、前掲書、六七—六九頁。この絵は、カフカの『審判』でカバラのテクストに取り組むユダヤ人学生たちの場面の解釈に関する、ゲルショム・ショーレムとヴァルター・ベンヤミンの書簡を思わせる。ショーレムによると、「彼らは、文字を忘れたかもしれない小学生というよりは、もうそれを読み取れない小学生である」（ヴァルター・ベンヤミン、ゲルショム・ショーレム『神学とユートピア　一九三三―一九四〇年』、エディシオン・ド・レクラ、二〇一〇年、一四一頁）。

(61) このシーンは、http://www.youtube.com/watch?v=h4g6K-jOPAc で参照できる。

第三章

(1) アントワーヌ・ド・ベック『映画‐カメラ』、ガリマール、二〇〇八年、三一七頁に引用。

(2) ジョルジョ・アガンベン「ソクーロフの教会」、『カイエ・デュ・シネマ』、五八六号、二〇〇四年、四九頁。

(3) リチャード・ポートン、リー・エリクソン「喜劇、共産主義とケーキ――ナンニ・モレッティへのインタビュー」、『シネアスト』、二一巻、一―二号、一九九五年、一一―一五号参照。

(4) アントワーヌ・ド・ベック、前掲書、二〇頁。ヘイデン・ホワイト「歴史記述と映像の歴史記述」、『アメリカ歴史評論』、九三巻、五号、一九八八年、一一九三頁。この異論ある問題の一般的アプローチとしては、ロバート・A・ローゼンストーン『過去のヴィジョン――歴史概念に対する映画の挑戦』、ハーバード大学出版、一九九五年参照。

(5) ナタリー・ゼモン・デイヴィス『スクリーンの奴隷――映画と歴史観』、ハーバード大学出版、二〇〇〇年、一四頁。

(6) ポール・ギンスボーグ『現代イタリア史　一九四三―一九八〇年』、ペンギン・ブックス、一三九頁。

(7) マリオ・セランドレ、ジュゼッペ・デ・サンティスのレジスタンスに関するドキュメンタリー『栄光の日（一九四五）』にある。ジャンニ・ロンドリーノ『ルキノ・ヴィスコンティ』、UTET、二〇〇三年、一六二―一六四頁参照。

(8)『揺れる大地』の歴史については、リーノ・ミッチーチェ『ヴィスコンティとネオレアリズモ』、マルシリーオ、一九九〇年、七六―八五頁。ジャンニ・ロンドリーノ、前掲書、一九五―二〇〇参照。
(9)ジョヴァンニ・ヴェルガ『マラヴォーリア家の人びと』、ラルパントゥール、一九八八年。
(10)同書、二〇五頁。
(11)ルキノ・ヴィスコンティ「マラヴォーリア家の運命を越えて」、『ヴィエ・ヌオーヴェ』、一九六〇年一〇月二二日、二六―二七頁。
(12)アントニオ・グラムシ「南部問題」、『復興』、二号、一九四五年、三三―四二頁。「南部問題に関するいくつかのテーマ」、『グラムシ』、エディシオン・ソシアル、一九七五年。
(13)リーノ・ミッチーチェ評によると、『揺れる大地』は「ネオレアリズモの唯一の重要なマルクス主義映画」である。前掲書、一八五頁。
(14)ララ・プッチ「〝イタリアの大地〟――レナート・グットゥーゾとジュゼッペ・デ・サンティスの作品における国民的・社会主義的アイデンティティの場としての農民のテーマ」、『ヴァールブルク・コートランド研究所ジャーナル』、七一号、二〇〇三年、三一五―三三四頁。
(15)ネッロ・アイエッロ『知識人とイタリア共産党　一九四四―一九五八年』、ラテルツァ、一九七九年。
(16)トルストイ『神のわざと人のわざ』、ルスヴナンス、一九七七年。
(17)ヴィットリオ・タヴィアーニ、アルド・タッソーネ『イタリア映画を語る』、イル・フォルミッチエーレ、一九八〇年、二号、三六二頁に引用。『サン・ミケーレのおんどりさん』に関しては、ギード・アリスタルコ『さそり座の下で――タヴィアーニ兄弟の映画』、ダンナ、一九七八年、一〇一―一五二頁も参照。
(18)カルロ・チェー『ジッロ・ポンテコルヴォ――レジスタンスからテロリズムへ』、スケアクロウ・プレス、二〇〇五年と、イレーネ・ビグナルディ『記憶喪失者から強奪された記憶――ジッロ・ポンテコルヴォの生』、フェルトリネリ、一九九九年参照。

(19) ポリーン・ケイル「アルジェの闘い」、『映画の五〇〇一夜』、ピカドール、一九九一年、五五頁。
(20) エドワード・サイード「ジッロ・ポンテコルヴォ探索」、『亡命に関する考察と他の文学的・文化的評論』、グランタ・ブックス、二〇〇一年、二八四頁。
(21) 『ケマダの戦い』の形成過程については、カルロ・チェッリ『ジッロ・ポンテコルヴォ』、六九頁。これは映画を「ポストコロニアルの寓話」として描いている。
(22) この対立した軌道の弁証法的交叉については、ナタリー・ゼモン・デイヴィス、前掲書、五一頁。
(23) フランツ・ファノン「人種主義と文化」、『アフリカ革命のために』、ラ・デクヴェルト、二〇〇六年、四一―五二頁。『ケマダの闘い』制作の際、ファノンがポンテコルヴォに与えた影響については、マイケル・T・マーティン「真実のための表彰台か？　歴史映画の奴隷と新植民地主義計画読解。『ケマダの闘い』。対位法としてのサンコファ〔奴隷売買の歴史を描いたアフリカ映画名。原著者によると、恐らくガーナ語で、過去に遡って希望と知恵を求めるという意味だろうが、詳細不明〕」、『第三テクスト』、二三巻、六号、二〇〇九年、七一七―七三一頁参照。
(24) エドワード・サイード、前掲書、二八五頁。
(25) ジョアン・メレン「ジッロ・ポンテコルヴォへのインタビュー」、『フィルム・クオータリー』、二六巻、一号、一九七二年、二頁。
(26) フランツ・ファノン『地に呪われたる者』、ラ・デクヴェルト、二〇〇二年、四八頁。ファノンの論稿とポンテコルヴォの映画のいくつかの対話のほとんど逐語的な類似については、ニーラム・スリヴァスタヴァ「ジッロ・ポンテコルヴォの映画の反植民地主義暴力と真実の独裁」、『インターベンション――ポストコロニアル研究インターナショナル・ジャーナル』、七巻、一号、二〇〇五年、九七―一〇六頁。
(27) エドワード・サイード、前掲書、二八九頁。

(28) ピエール・ノラ、前掲「記憶と歴史の間」、XVII頁。
(29) 同書、XI―XX頁。歴史と記憶の関係については、とくに、ポール・リクール『記憶、歴史、忘却』、ル・スイユ、二〇〇〇年参照。この論争の総括としては、前掲拙著『過去、取扱説明書』参照。
(30) ピエール・ノラが生成した「記憶の場」概念の聖なる遺産的次元に関しては、ジャン＝ポール・ヴィレーム「フランスの神聖化――記憶の場と国民的想像世界」、『宗教社会学アーカイブ』、六六巻、一号、一九八八年、一二五―一四五頁。マルセル・ドゥティエンヌ『国民的アイデンティティ、謎』、フォリオ、ガリマール、二〇一〇年参照。
(31) ヴァルター・ベンヤミン、前掲『ドイツ悲劇の根源』、一五三頁。
(32) ミシェル・シマン「テオ・アンゲロプロスとの対話」、『ポジティフ』四一五号、一九九五年、二六頁。
(33) アーサー・J・ポメロイ「アンゲロプロスのユリシーズの瞳の主の公現の意味」、『クラシカル・レセプション・ジャーナル』、三巻、二号、二〇一一年、二二〇頁。
(34) 同書、二二二頁。
(35) クリス・マルケル『空気の底は赤い――第三次世界戦争のシーン 一九六七―一九七七年』、マスプロ、一九七八年、五頁。マイケル・ウォルシュ「クリス・マルケルの猫のいないニヤニヤ笑い」、『ザ・ムービング・イメージ』、三巻、一号、二〇〇三年、一六八頁も参照。
(36) カルロ・ギンズブルグ「痕跡――証拠のパラダイムの根源」、『神話、痕跡、謎――形態学と歴史』、フラマリヨン、一九八九年、一三九―一八〇頁も参照。
(37) クリス・マルケル、前掲書、六頁。
(38) 同書。
(39) 同書、五九―六〇頁。

(40) クリス・マルケル「シクシティーズ」、『クリティカル・クオータリー』、五〇巻、三号、二〇〇八年、三〇頁。ルイス・キャロルの『不思議の国のアリス』から借用したチェシャ猫は、クリス・マルケルにとってトーテム的表象となり、『空気の底は赤い』の英語版のタイトルになった。

(41) 同書、二九頁。バリー・ラングフォード「〝かくも強烈に歴史的〟――マルクスとマルケルにおける劇場の亡霊、革命の幻影」、『映画研究』、六号、二〇〇五年、六四―七二頁参照。

(42) クリス・マルケル「シクシティーズ」、三二頁。

(43) クリス・マルケル『空気の底は赤い』、一〇頁。

(44) ジークフリート・クラカウアー『映画理論』、三二四頁。

(45) 同書、三二五頁。一九二六年、『フランクフルター・ツァイトゥング』紙掲載の批評で、クラカウアーは既に『戦艦ポチョムキン』を、「恐らく初めて映画を手段にして現実を見せること」に成功した映画として紹介している。ジークフリート・クラカウアー「撮影用ライトは燃え続ける」、『キーノ』、ズールカンプ、一九七四年、七五頁参照。クラカウアーの映画理論とミクロストリアの親近性に関しては、カルロ・ギンズブルグ「ディテール、クローズアップ、ミクロ分析――ジークフリート・クラカウアーの本の余白に」、『線と痕跡――虚構の真偽』、ヴェルディエ、二〇一〇年、三三六―三五九頁参照。

(46) クリス・マルケル『空気の底は赤い』、六頁。

(47) 同書、二〇〇頁。

(48) この点は、サラ・クーパー『クリス・マルケル』、マンチェスター大学出版、二〇〇八年、一一〇頁で強調されている。

(49) デイヴィッド・フォスター「思想の形象と批判的リリシズム――思想の形象とクリス・マルケル『アレクサンドルの墓』」、『映像と語り』、一〇巻、三号、二〇〇九年、一二頁参照。

(50) ハビエ・セルカス『サラミスの兵士たち』、アクト・スュッド、二〇〇二年。この映画の制作起源については、グラハム・フーラー『ローチ・オン・ローチ』、フェイバー&コーレット、二〇〇二年、一二三―一三二頁参照。

(51) マルセル・オムス『映画のなかのスペイン内戦』、エディシオン・デュ・セール、一九八六年参照。

(52) ジャック・ランシエール『感覚の運命――芸術と政治』、ラ・ファブリック、二〇〇〇年。

(53) ウィリアム・モリス『作品集』、ロングマンズ、一九一一年、九巻、一八一頁。

(54) ケン・ローチ・インタビュー、フィリップ・ピラール『大地と自由――ケン・ローチ』、ナータン、一九九七年、九一頁、に引用。

(55) 『大地と自由』のデイヴィッド・カールとジーン・ローレンスの政治的対立は、歴史記述的な面で、ピエール・ブルエ(カール)とジュリアン・カサノヴァ(ローレンス)の解釈とかなり一致している。ピエール・ブルエ、エミール・テミーヌ『革命とスペイン内戦』、エディシオン・ド・ミニュイ、一九六一年と、ジュリアン・カサノヴァ『スペイン共和国と内戦』、ケンブリッジ大学出版、二〇一〇年参照。

(56) ジョージ・オーウェル『カタロニア讃歌』、ハーコート、一九五二年、一〇四―一〇五頁。

(57) キャパの有名な写真をめぐる論争については、H・ロージ・ソング「スペイン内戦の視覚のフィクションとアーカイブ」、MLN、一二九巻、二号、二〇一四年、三六七―三九〇頁参照。

(58) カルメン・カスティーリョは既に『サンティアゴの十月のある日』、バローし、一九九二年でミゲル・エンリケスの死を描いている。

(59) 同書。

(60) モニカ・エチェベリア、カルメン・カスティーリョ『サンティアゴ―パリ――記憶のフライト』、LOM、二〇〇二年、一七六頁。

(61) ダニエル・ベンサイド「カルメン・カスティーリョとの対話」、『ルージュ』、二二三〇号、二〇〇七年。
(62) 同書。
(63) ジャック・ランシエール、前掲書、八頁。
(64) フェルディナンド・カモン「プリーモ・レーヴィとの対話」、ガリマール、一九九一年、四九頁。
(65) パトリシオ・グスマン「クリス・マルケルに負っていること」、『ヌエボ・テスト・クリティコ』、二四―二五巻、四七―四八号、二〇一一―二〇一二年、六一―六八頁。
(66) パトリック・ブレーン「パトリシオ・グスマンの独裁体制後のドキュメンタリー映画における象徴的な不在」、『ラテンアメリカ・パースペクティヴ』、四〇巻、一号、二〇一三年、一一四―一三〇頁参照。
(67) パトリック・マックファデン「サトゥルヌスの饗宴、ローチのスペイン――撮影された歴史としての『大地と自由』」、ジョージ・マックナイト編『挑戦者と果敢な抵抗、ケン・ローチの映画』所収、グリーンウッド、一九九七年、一四四―一五九頁参照。
(68) パウル・ツェラーン「子午線」、『全集』、ズールカンプ、一九八三年、Ⅲ巻、一九九頁。『子午線と他の散文』、ル・スイユ、二〇〇二年。

第四章

(1) ポール・ギルロイ『ポストコロニアルのメランコリア』、コロンビア大学出版、二〇〇〇年。
(2) ユルゲン・オスターハメル『世界の変貌――ある一九世紀の歴史』、C・H・ベック、二〇〇九年、一四三―一四五頁。
(3) カール・マルクス、フリードリヒ・エンゲルス「共産党宣言」、マルクス／エンゲルス『著作集』、第四巻所収、ディーツ・フェアラーク、一九七二年、四六六頁。マルクス『哲学』、フォリオ、ガリマール、一九九四年、四〇四頁。
(4)カール・マルクス「経済学批判——序文」、『作品集』、一三巻、九頁。同書、四八九頁。
(5)カール・マルクス『資本論』、ディーツ・フェアラーク、一九七五年、一巻、一二頁。同書、四九七頁。
(6)カール・マルクス「『祖国の注釈』編集部への手紙」、『著作集』、一九巻、一一一頁。これについては、セオドア・シェイニン『後期マルクスとロシアの道——マルクスと資本主義の周縁』、『マンスリー・レヴュー・プレス』、一九八三年、一三六頁。ハリー・ハルーテュニアン『マルクス後のマルクス——資本主義拡張における歴史と時代』、コロンビア大学出版、二〇一五年、五頁も参照。
(7)マルクス/エンゲルス、前掲『著作集』、二二巻、五二頁。
(8)同書。
(9)エンゲルスのニコライ・ダニエルソ宛の一八九二年三月一五日付の手紙」、マルクス/エンゲルス『資本論に関する書簡集』、ディーツ、一九五四年、三四一頁参照。
(10)シェイラ・フィッツパトリック『ロシア革命』、オックスフォード大学出版、一九九四年、九頁。
(11)ケビン・アンダーソン『周辺部のマルクス——ナショナリズム、民族性と非西欧社会』、シカゴ大学出版、二〇一〇年、二三七頁、二四四頁。クラウディオ・カッツ「マルクスと周辺」にも類似の見方がある。
(12)ブライアン・ターナー『マルクスとオリエンタリズムの終わり』、アレン&アンウイン、一九八〇年参照。
(13)ヘーゲル『歴史哲学講義』、エヴァ・モルデンハウアー、カール・マルクス・ミシェル共編、ズールカンプ、一九七〇年、一三三—一三四頁。『歴史における理性』、UGE、一九六五年、二七九—二八〇頁。
(14)同書、一三五、一三七、二八二—二八三頁。
(15)ラナジット・グーハ『世界‐歴史の境界の歴史』、コロンビア大学出版、二〇〇二年、七—二三頁。
(16)ロバート・ヤング『白人神話——歴史記述と西洋』、ルートリッジ、一九九〇年、三頁。サンドロ・メッツアドラ『ポストコロニアルの状況』、オンブレ・コルテ、二〇〇八年、五七頁。
(17) エレン・メイクシンズ＝ウッド『資本主義の起源——徹底研究』、ルクス、二〇〇九年。
(18) ダニエル・ベンサイド『時ならぬマルクス』、フェイヤール、一九九五年参照。
(19) ミシェル・レヴィ、ロベール・セール『反抗とメランコリー——近代性に逆らうロマンティシズム』、パイヨ、一九九二年、一二三—一三七頁参照。
(20) マルクスからエンゲルス宛の一八六〇年一月一一日付の手紙。マルクス／エンゲルス『アメリカの南北戦争』、インターナショナル・パブリッシャーズ、一九七四年、二二一頁所収。これについては、ゲラルド・ランクル「マルクスとアメリカの南北戦争」、『社会と歴史の比較研究』、六巻、二号、一九六四年、一一七—一四一頁ととくに、ロビン・ブラックバーン『終わらざる革命——カール・マルクスとアブラハム・リンカーン』、ヴァーソ、二〇一一年参照。
(21) フリードリヒ・エンゲルス「ハンガリア闘争」、『著作集』、六巻、一七二頁。とくに、エンゲルスの「歴史なき民」の概念については、ロマン・ロスドルスキーの古典的研究『民族問題——フリードリヒ・エンゲルスと歴史なき民の問題』、オーレ&ヴォルター、一九七九年参照。
(22) フリードリヒ・エンゲルス「ドイツの社会主義」、『著作集』、二二巻、二五二頁。
(23) カール・マルクス「インドのイギリス支配の将来の結果」、マルクス／エンゲルス『植民地主義について』、所収、プログレス、一九六〇年、七六頁。
(24) カール・マルクス、前掲「インドのイギリス支配」、四一頁。
(25) ルネ・ガリソ編『マルクス主義とアルジェリア』、UGE、一九七六年、二五頁。
(26) カール・アウグスト・ヴィットフォーゲル『東洋の専制政治』、エディシオン・ド・ミニュイ、一九六四年。
(27) ペリー・アンダーソン『絶対主義国家の系譜』、ニュー・レフト・ブックス、一九七四年、四七二頁。『絶対主義国家』、マスプロ、一九七八年。シュローモ・アヴィネリ「マルクスと近代化」、『政治評論』、三一巻、二号、一九六九年、一七一―一八八頁。ジャンニ・ソフリ『アジアの生産様式――マルクス主義論争の歴史』、エイナウディ、一九七三年。とくに、アン・M・ベイリー、ジョゼフ・R・ルロベラ共編『アジアの生産様式――科学と政治』、ルートリッジ、一九八一年参照。

(28) カール・マルクス『資本論』、一巻、三七九頁。

(29) ハリー・ハルーテュニアン、前掲書、一五六頁。

(30) マイク・デイヴィス『後期ヴィクトリア朝のホロコースト――エル・ニーニョと第三世界の形成』、ヴヴァーソ、二〇〇一年、二七頁。

(31) デイヴィッド・グッディー『歴史の窃盗――いかにしてヨーロッパはその過去を他の世界に課したか』、ガリマール、二〇一〇年。

(32) クリストファー・A・ベイリー『近代世界の誕生(一七八〇―一九一四)』、エディシオン・ド・ラトゥリエ、二〇〇六年、八四頁。ケネス・ポメランツ『大分岐――中国、ヨーロッパと世界経済の建設』、エディシオン・ド・ラ・メゾン・デ・シアンス・ド・ロム、二〇一〇年。

(33) 同書、七四頁。

(34) カール・マルクス「インドのイギリス支配」、八二頁。

(35) カール・マルクス『資本論』、一巻、七七九頁。

(36) ユルゲン・オスターハメル、前掲書、一九五―一九六頁。

(37) マイク・デイヴィス、前掲書、九〇〇頁。カール・ポラニー『大転換』、ビーコン・プレス、一九四四年、一六〇頁。

(38) マルセル・メルル「反植民地主義」、マルク・フェロ編『植民地主義黒書』、ロベール・ラフォン、二〇〇三年、六一一―六四五頁所収、参照。
(39) フリードリヒ・エンゲルス『マルクス主義とアルジェリア』、二五頁。
(40) ルイ・ジャノヴェール編『シモン・ボリバール』、スュリヴェール、一九九九年。このマルクスとラテンアメリカの失敗した出会いについては、ブルノー・ボスティールズ『ラテンアメリカのマルクスとフロイト――政治、精神分析、恐怖時代の宗教』、ヴァーソ、二〇一二年参照。
(41) カール・マルクス、前掲「インドの反乱」、一三〇―一三四頁。
(42) カール・マルクス、前掲「ペルシアと中国」、前掲書、一一一頁。
(43) ケビン・アンダーソン、前掲書、三一頁。
(44) カール・マルクス、前掲「ペルシアと中国」、一一六頁。
(45) カール・マルクス、フリードリヒ・エンゲルス『アイルランドとアイルランド問題』、ローレンス&ウィッシャート、一九七一年。
(46) ローレンス・クレイダー編『民族学ノート』、アッセン、一九七二年。
(47) ジョン・ステュアート・ミル『自由論』、オックスフォード大学出版、一九九一年、一四―一五頁。
(48) アレクシス・トックヴィル『アメリカのデモクラシー』、ガリマール、一九八六年、六七六八頁。
(49) エドワード・サイード『オリエンタリズム』、ル・スイユ、一九八〇年、一七九頁。
(50) ヴィヴェク・チッバー『ポストコロニアル理論と資本論の亡霊』、ヴァーソ、二〇一三年。アイジャス・アフマド『理論として――階級、国家、文学』、ヴァーソ、一九九二年。アレックス・カリニコス『理論と語り。歴史哲学考察』、ポリティ・プレス、一九九五年、一五一―一六五頁参照。
(51) ギルバート・エイクカー『マルクス主義、オリエンタリズム、コスモポリタニズム』、ヘイマーケット・ブックス、二〇一三年、六八―一〇二頁。

(52) ベネディクト・アンダーソン『三つの国旗の下で――アナーキズムと反植民地主義的想像力』、ヴァーソ、二〇〇五年。マルクス主義的インターナショナリズムの比較については、二、七二頁。
(53) C・L・R・ジェームズ『黒いジャコバン――トゥッサン・ルヴェルテュールとサントドミンゴの反乱』、アムステルダム、二〇〇八年。
(54) アドルフォ・ジリー『メキシコ革命――土地のための農民戦争と権力』、シレプス、一九九五年。
(55) ピーター・ラインバウ、マーカス・レディカー『千の頭をもつヒドラ――革命的大西洋の隠れた歴史』、アムステルダム、二〇〇八年。
(56) ゲジーネ・クリューガー『戦争克服と歴史意識――一九〇四―一九〇七のナミビアのドイツ植民地戦争の現実、解釈と整理』、ファンデンヘック&ルプレヒト、一九九八年、六五―六六頁。
(57) ロバート・C・ヤング『ポストコロニアリズム――歴史的序論』、ブラックウエル、二〇〇一年。
(58) 全体的構成としては、ジョルジュ・オプト、ミシェル・レヴィ、クロディ・ヴェイーユ『マルクス主義と民族問題　一八四八―一九一四』、アルマッタン、一九七七年と、ミシェル・レヴィ『祖国か世界か？　マルクスから現代までのナショナリズムとインターナショナリズム』、ローザンヌ、二頁、一九九七年。
(59) ディペシュ・チャクラバーティによると、「マルクスの著作は反帝国主義思想の歴史において基本的契機の一つを成す」――『ヨーロッパの地方化――ポストコロニアル思想と歴史的相違』、アムステルダム、二〇〇九年参照。
(60) 同書、五三頁。
(61) 拙著『戦場としての歴史』、二三九―二四九頁。ポール・バール、C・L・R・ジェームズ『革命家としての芸術家』、ヴァーソ、一九八八年、一〇六頁。アンドリュー・J・ダグラス『批判精神において――弁証法的伝統の政治的思考』、SUNYプレス、二〇一三年、一六〇頁。黒い大陸の概念については、ポール・ギルロイ『黒い大陸――近代性と二重の意識』、ヴァーソ、一九九三年参照。
(62) ホルクハイマー、アドルノ『啓蒙の弁証法』、ガリマール、一九八三年。C・L・R・ジェームズ『水夫、背教者とパリア――ハーマン・メルヴィルの物語と現代世界』、イプシロン、二〇一六年。
(63) テーオドア・W・アドルノ「非時間的モード――ジャズについて」、『プリズム』、パイヨ、一九八六年。
(64) ヴァルター・ベンヤミン「複製技術時代の芸術作品」、『著作集』III、三一四―三一五頁。
(65) ヴァルター・ベンヤミン「シュルレアリスム」、『著作集』II、一一三―一三四頁。
(66) ヴァルター・ベンヤミン「マルセル・ブリオの報告、インディアンの父、バルトロメ・デ・ラス・カサス」、ミシェル・レヴィ編『ロマンティシズムと文明批判』、パイヨ、二〇一〇年、一二九―一三〇頁所収。
(67) ヘルベルト・マルクーゼ『エロス的文明』、ビーコン・プレス、一九七四年、XX頁。
(68) ロバート・ヤング『ポストコロニアリズム』、一三四―一三九頁。
(69) ペリー・アンダーソン『西欧マルクス主義』、マスプロ、一九七九年。
(70) セドリック・ロビンソン『黒いマルクス主義――黒人急進派の伝統の形成』、ゼッド・プレス、一九八三年、九七頁。
(71) W・E・B・デュボイス『アメリカにおける黒人の復興』、トランザクション・ブックス、二〇一二年。エリック・ウィリアムズ『資本主義と奴隷制度』、ノースカロライナ大学出版、二〇一二年。彼らの主張は、ロビン・ブラックバーン『新世界の奴隷制度形成――バロックから近代まで一四九二―一八〇〇』(ヴァーソ、一九九七年)に採録。
(72) 植民地主義に対する西欧マルクス主義の曖昧さについては、エドワード・サイード『文化と帝国主義』、ヴィンテージ、一九九四年、三三六頁参照。

第五章

(1) リサ・フィッツコ『ピレネーの道——思い出　一九四〇—一九四一年』、マラン・セル、一九八七年。ポルトボウのヴァルター・ベンヤミンについては、イングリート・シュールマン「ヴァルター・ベンヤミンの死に関する新しい資料」、イングリートとコンラート・シュールマン共編『ヴァルター・ベンヤミンに』、インター・ナツィオーネス、一九九四年、二七六—三一五頁と、カルロ・サレッティ『最後の地——ポルトボウのヴァルター・ベンヤミン』、オンブレ・コルテ、二〇一〇年参照。

(2) ハンナ・アーレント、ゲルショム・ショーレム『書簡集』、ル・スイユ、二〇一二年、二一頁。

(3) これに関する極めて多数の書物のうち、ジュヌヴィエーヴ・ドレフュス゠アルマン『スペイン共和派のフランス亡命』、アルバン・ミシェル、一九九九年。ドゥニ・ペシャンスキー『収容所のフランス——拘禁（一九三八—一九四六）』参照。ラ・ホンケラ亡命記念博物館は撤退の歴史に捧げられている。

(4) ペリー・アンダーソン、前掲『史的唯物論の航跡』、三二頁。

(5) ダニエル・ベンサイド『うんざりするジャンヌ』、ガリマール、一九九一年、三四頁。

(6) ダニエル・ベンサイド『ゆるやかな焦燥』、ストック、二〇〇四年、四五一頁。

(7) ダニエル・ベンサイド『われ、フランス革命なり』、ガリマール、一九八九年。

(8) ダニエル・ベンサイド『うんざりするジャンヌ』。これについては、ホセプ・マリア・アンテンタス「ダニエル・ベンサイドの『うんざりするジャンヌ』」、『科学と社会』、七九巻、一号、二〇一五年、六三—八九参照。

(9) ダニエル・ベンサイド『トロツキズム』、PUF、二〇〇二年。

(10) ペリー・アンダーソン、前掲『西欧マルクス主義』、一九七八年。

(11) フランソワ・キュセ『フレンチ・セオリー——フーコー、デリダ、ドゥルーズとアメリカの知的状況の変化』、ラ・デクヴェルト、二〇〇三年。

(12)ダニエル・ベンサイド、前掲『ゆるやかな焦燥』、三六一頁。
(13)同書、四四九頁。
(14)ダニエル・ベンサイド『不信心者の断章Ｉ――アイデンティティ神話と想像的共和国』、リーニュ、二〇〇五年。『不信心者の断章II――新しい神学者ベルナール＝アンリ・レヴィ』、リーニュ、二〇〇八年。
(15)ダニエル・ベンサイド、前掲『ゆるやかな焦燥』、六九頁。
(16)同書。
(17)同書、四四八頁。
(18)ダニエル・ベンサイド、前掲『うんざりするジャンヌ』、二六三頁。
(19)ダニエル・ベンサイド、前掲『ゆるやかな焦燥』、四四九頁。
(20)ダニエル・ベンサイド、アンリ・ヴェベール、前掲『六八年五月　総稽古』。
(21)ダニエル・ベンサイド『時ならぬマルクス』、フェイヤール、一九九五年。
(22)同書、一〇〇頁。アントニオ・グラムシ、ヴァレンティーノ・ゲラターナ編『獄中ノート』、エイナウディ、一九七五年、二巻、一四〇三頁。
(23)ダニエル・ベンサイド『時の不一致』、エディシオン・ド・ラ・パッシオン、一九九五年、一八七頁。
(24)ダニエル・ベンサイド『マルクス、取扱説明書』、ゾーヌ、二〇〇九年、五頁。
(25)ダニエル・ベンサイド『ヴァルター・ベンヤミン、メシアの歩哨』、レ・プレリ・ゾルディネール、二〇一〇年。この本の結びにある日付は、一九九〇年三月―九月に執筆されたことを示している。
(26)ダニエル・ベンサイド、前掲『ゆるやかな焦燥』、三八〇頁。
(27)ダニエル・ベンサイド、前掲『ヴァルター・ベンヤミン、メシアの歩哨』、七頁。
(28)ヴァルター・ベンヤミン、前掲『複製技術の時代の芸術作品』、一一三頁。

(29) クリストフ・ヘリング『歴史の再構築——歴史の概念についてのテーゼにおけるヴァルター・ベンヤミンのメシア的唯物論』、ペーター・ラング、一九八三年。テリー・イーグルトン『ヴァルター・ベンヤミン或いは革命的批評に向かって』、ニュー・レフト・ブックス、一九八一年。ミシェル・レヴィ『救済とユートピア』、PUF、一九八八年、一二一―一六一頁。また一九九〇年以降は、エステール・レリー『ヴァルター・ベンヤミン、圧倒的なコンフォルミズム』、プリュトー・プレス、二〇〇〇年と、ミシェル・レヴィ『火災報知器、ヴァルター・ベンヤミン』、PUF、二〇〇一年、参照。

(30) この表現は、ハンナ・アーレント「ヴァルター・ベンヤミン」、『政治的生活』、ガリマール、一九七四年、二二六頁からのもの。

(31) ダニエル・ベンサイド、前掲『ゆるやかな焦燥』、二七八頁。

(32) それは、彼が、一九三六年、著書『ドイツ人』を数名の友人に献呈していただけだからである。ゲルショム・ショーレム『ヴァルター・ベンヤミン——友情の歴史』、カルマン＝レヴィ、一九八一年、二二五頁、ヴァルター・ベンヤミン『ドイツ人』、エディシオン・ド・ランシクロペディ・デ・ニュイサンス、二〇一二年参照。

(33) ダニエル・ベンサイド、前掲『ゆるやかな焦燥』、三八〇頁。

(34) 同書、三六四頁。これについては、ヤン・ヴィレム・ステュティエ『エルネスト・マンデル』、ヴァーソ、二〇〇九年参照。

(35) ダニエル・ベンサイド、前掲『ヴァルター・ベンヤミン』、九九頁。

(36) フェルナン・ブローデル「歴史と社会科学——長期持続」、『歴史に関する著作集』、フラマリヨン、一九六九年、一二頁。

(37) ベンヤミンのいくつかの著作を貫いているこの概念は、「歴史の概念について」の第十四テーゼの中心にある。『作品集Ⅲ』、四九三頁。(本書では、Jetzt-Zeit は à-présent と仏訳してある)。

(38) ダニエル・ベンサイド『ヴァルター・ベンヤミン』、一九頁。

(39) ダニエル・ベンサイド『われ、フランス革命なり』、二三〇頁。

(40) 同書、二三一頁。

(41) 同書、二三〇頁。フランス革命二百年記念祭に伴う論争の検証としては、スティーブン・L・カプラン『アディユ八九』、フェイヤール、一九九三年参照。

(42) ヴァルター・ベンヤミン「歴史の概念について」、四三二頁。

(43) 同書、四二八—四二九頁。

(44) 同書、四二九頁。

(45) 同書、四三一頁。

(46) ヴァルター・ベンヤミン、前掲『パサージュ論:パリ——十九世紀の首都』、四七八頁。

(47) 同書、四八〇頁。

(48) ヴァルター・ベンヤミン、前掲「歴史の概念について」、四四〇頁。

(49) ヴァルター・ベンヤミン、前掲『パサージュ論:パリ——十九世紀の首都』、四八八頁。

(50) 同書、四八九頁。

(51) スーザン・バック゠モース『視覚の弁証法——ヴァルター・ベンヤミンとパサージュ』、MITプレス、一九九一年、二四九頁。

(52) ベンヤミンは、このタイトル Denkbilder で、ワイマール時代にさまざまな新聞雑誌にいくつかのミニチュアを発表した。ヴァルター・ベンヤミン『パサージュ論:パリ——十九世紀の首都』、四七八—四八〇頁。

(53) ダニエル・ベンサイド『判事はだれか?』、フェイヤール、一九九九年、一六七頁。

(54) フランソワ・フュレ、前掲『幻想の過去』、五七二頁。
(55) ダニエル・ベンサイド、前掲「垂直の不名誉なる者、歴史的理性批判のペギー」、『時の不一致』、二〇六頁。
(56) シャルル・ペギー「詩人がそう言った」、『散文著作集』、ガリマール、一九六八年、二巻、八六九頁。
(57) ダニエル・ベンサイド、前掲「垂直の不名誉なる者、歴史的理性批判のペギー」、一九一頁。
(58) 同書、一九三頁。
(59) 同書、一九〇頁。
(60) カール・マルクス、前掲『フランスの階級闘争』、一一五頁。
(61) ヴァルター・ベンヤミン『一方通行路』、レ・レットル・ヌーヴェル、一九七八年、二〇五―二〇六頁。
(62) ヴァルター・ベンヤミン、前掲『十九世紀の首都――パリ』、四七七頁。
(63) ダニエル・ベンサイド、前掲『抵抗』、一五―一六頁。
(64) ヴェルナーフルト『ヴァルター・ベンヤミン、二つの椅子の間、ある伝記』、ハンザー、一九七九年参照。
(65) ダニエル・ベンサイド、前掲『ヴァルター・ベンヤミン』、一六頁。
(66) ヴァルター・ベンヤミン『モスクワ日記』、ラルシュ、一九八三年。『ブレヒト論』、ラ・ファブリック、二〇〇三年、一九六―二〇四頁。
(67) ヴェルナー・クラフト「ベンヤミン」、ジークフリート・ウンゼルト編『ヴァルター・ベンヤミンの現代性』、ズールカンプ、一九七二年、六九頁所収。ベンヤミンのトロツキーに対する共感は、一九三二年、イビサ島に彼をよく訪ねたジャン・セルツが言及している(ジャン・セルツ『言うこととすること、或いは創造の道』参照)。これについては、拙著「ベンヤミンとトロツキー」、『ダス・アルグメント』、五巻、二二二号、一九九九年、六七九―七〇四頁。エステール・レリー『ヴァルター・ベンヤミン』、二二八―二三四参照。
(68) ヴァルター・ベンヤミン「シュルレアリスム」、『作品集Ⅱ』、一一三―一三四頁。

(69) ゲルショム・ショーレム、前掲『ヴァルター・ベンヤミン』、四一頁。

(70) ゲルショム・ショーレム「ユダヤのメシアニズム理解のため」、『ユダヤのメシアニズム』、カルマン＝レヴィ、一九七四年、三一頁。

(71) ヘルベルト・マルクーゼ「革命と暴力批判――ヴァルター・ベンヤミンの歴史哲学について」、ペーター・バルトハウプト編『ヴァルター・ベンヤミンの「歴史の概念について」のテーゼ資料集』、ズールカンプ、一九七五年、二六一―二七頁所収。

(72) ヴァルター・ベンヤミン、前掲「歴史の概念について」、四三一頁。

(73) 同書、四三三頁。「反動的近代主義」の概念については、とくに、ジェフリー・ハーフ『反動的近代主義――ワイマール共和国と第三帝国の技術、文化、政治』、ケンブリッジ大学出版、一九八四年参照。

(74) ヴァルター・ベンヤミン、前掲「ドイツ・ファシズムの理論」、『作品集Ⅱ』、二一五頁。

(75) ダニエル・ベンサイド、前掲『ヴァルター・ベンヤミン』、一五八頁。

(76) ヴァルター・ベンヤミン、前掲「シュルレアリスム」、一三〇頁。

(77) ダニエル・ベンサイド、前掲『ヴァルター・ベンヤミン』、一五八頁。より明確には、テリー・イーグルトンが、ベンヤミンの政治には、戦略的思考が欠如していると強調している（前掲『ヴァルター・ベンヤミン』、一七六―一七八頁参照）。

(78) ダニエル・ベンサイド、前掲『ヴァルター・ベンヤミン』、一四五頁。ヴァルター・ベンヤミン『パサージュ論：パリ――十九世紀の首都』、四〇五頁参照。

(79) これは、ベンサイドよりもミシェル・レヴィの示唆したアプローチに説得力がある。ミシェル・レヴィ『火災報知器、ヴァルター・ベンヤミン』、二四頁参照。

(80) ヴァルター・ベンヤミン、前掲「歴史の概念について」、四二七―四二八、四四二―四四三頁。

(81) シュミットへの暗示はテーゼⅧにほのめかしてあり、そこでベンヤミンは、被抑圧者の伝統が教えるように、「規則」になった「例外状態」に言及している（同書、四三三頁）。ベンサイドはこの一節にこだわっているが（『ヴァルター・ベンヤミン』、四七、四九頁）、シュミットとは何も関連づけていない（一九九〇年には、シュミットはほとんど論議されていない）。ベンヤミンとシュミットの失敗した対話と例外状態の理論家についてば、ズザンネ・ハイル『危険な関係――ヴァルター・ベンヤミンとカール・シュミット』、J・B・メッツラー、一九九六年参照。また拙著『炎と血――ヨーロッパの内戦一九一四―一九四五年』、ストック、二〇〇七年、二八二―二九三頁参照。後にベンサイドはシュミット（とアガンベン）の例外的状況理論と対峙している（『世俗政治頌』、アルバン・ミシェル、二〇〇八年、第二章参照）。

(82) ヴァルター・ベンヤミン、前掲「暴力批判」、二三八頁。

(83) ヴァルター・ベンヤミン、前掲「神学・政治的断章」、二六四頁。

(84) レアンドロ・コンダー「ベンヤミンと革命」、イングリートとコンラート・シュールマン、前掲書所収、二三〇―二三五頁参照。

(85) ステファーヌ・モーゼス『歴史の天使――ローゼンツヴァイク、ベンヤミン、ショーレム』、ル・スイユ、一九九二年、一四五頁。

(86) アイザック・ドイチャー「非信者のユダヤ人」、『ユダヤ人問題』、パイヨ、一九六九年、三三―五四頁参照。

(87) ダニエル・ベンサイド、前掲『ヴァルター・ベンヤミン』、一三一頁。

(88) 同書、二四九頁。

(89) ダニエル・ベンサイド『ヴァルター・ベンヤミン』、二〇二頁。

(90) 同書、二〇一頁。

(91) 同書、一〇八頁。

(92) ダニエル・ベンサイド「ユートピアとメシアニズム――ブロッホ、ベンヤミンと虚像の意味」、前掲『時の不一致』、二〇八頁。
(93) ゲルショム・ショーレム、前掲「ユダヤのメシアニズム理解」、三八―三九頁。
(94) ヴァルター・ベンヤミン、前掲「パサージュ論：パリ――十九世紀の首都」、四七―四八頁。ベンヤミンのユートピア的思考の再構成としては、スーザン・バック＝モース『視覚の弁証法』、とくに第五、第八章と、ミシェル・レヴィ「ヴァルター・ベンヤミンのロマンティックなユートピア」、『異端のユダヤ人、ロマンティシズム、メシアニズム、ユートピア』、エディシオン・ド・レクラ、二〇一〇年、一一二―一一三頁参照。
(95) ヴァルター・ベンヤミン、前掲「歴史の概念について」、四三〇頁。
(96) ステファーヌ・モーゼス、前掲『歴史の天使』、一五五頁。
(97) カール・マルクス、フリードリヒ・エンゲルス、前掲「共産党宣言」、四三七頁。
(98) ダニエル・ベンサイド、アラン・クリヴィーヌ『そうだとも！　一九六八―一九八八年：反抗者と懺悔者』、ラ・ブレーシュ、一九八八年参照。
(99) ダニエル・ベンサイド、前掲『われ、フランス革命なり』、一九九頁。
(100) ダニエル・ベンサイド、前掲『ヴァルター・ベンヤミン』、七五頁。
(101) ヴァルター・ベンヤミン、前掲「歴史の概念について」、四三八頁。
(102) リュシアン・ゴルドマン、前掲『隠れたる神』、とくに第十五章。
(103) ダニエル・ベンサイド、前掲『メランコリックな賭け』、二四四―二五八頁。
(104) 同書、二九〇頁。

(1) テーオドア・W・アドルノ『ミニマ・モラリア』、パイヨ、一九九一年。
(2) ジョルジュ・ディディエ＝ユベールマン『涙する民、武器を取る民――歴史の目』、エディシオン・ド・ミニュイ、三八五頁。

訳者あとがき

本書は、Enzo Traverso: *Mélancolie de gauche—la force d'une tradition cachée (XIXe-XXIe)*, Editions La Découverte/Colombia University Press, 2016の全訳である。

本書『左翼のメランコリー——隠された伝統の力　一九世紀〜二一世紀』には三つのヴァリアントがあり、二〇一六年にフランス語版、イタリア語版、英語版と順次刊行されているが、著者はいずれもエンツォ・トラヴェルソで、翻訳ではなく彼本人が執筆しており、それぞれがオリジナル版である。これには、あとで触れるように、トラヴェルソがイタリア人ながらフランス語表記の知識人で、現在コーネル大学教授という事情がある。翻訳するにあたり底本としたのは、当然ながらフランス語版だが、随時英語版を参照した。ただこの二つは章立てからして異なり、原著者トラヴェルソが言うように、確かにそれぞれが全くのオリジナルである。恐らくフランス語、イタリア語、英語版と順番に書き進めるうちに次第に構想が膨らみ、最後に執筆した英語版には別の情報、新たな知見が加わったものと思われる。

なお、母語からフランス語表記に転じた作家、知識人には、既に一八世紀パリで『文学通信』を発行して名を成したドイツ人文芸批評家メルヒオール・グリムという先駆者がいる。「グリム童話」のグリムとは別人の、この「半フランス人」のグリムは一八世紀的なコスモポリタンである。くだって現代では、アイルランド人でありながらフランスの小説家、劇作家とされるサミュエル・ベケットをはじめ、C・カストリアディス（ギリシア）、E＝M・シオラン（ルーマニア）、E・イヨネスコ（ルーマニア）、M・クンデラ（チェコ）、Tz・トドロフ（ブルガリア）、J・クリステヴァ（ブルガリア）、J・センプルン（スペイン）、H・ビアンシオッティ（アルゼンチン）など相当数いるが、トラヴェルソもその一人で、イタリアはピエモンテ出身の一種のコスモポリタンな知識人である。もちろん、すべてをフランス語で書いているわけではないが、恐らく、彼らはフランス語あるいはフランス精神、フランス文化にいわば帰化した〝異邦人〟なのであろう。もっとも、ハインリヒ・ハイネのように、パリで後半生を送り、なかばフランスに帰化した詩人でありながら、自ら「ドイツの詩人」であるとして終生母語のドイツ語で書き続けた者もいるが。

さて、エンツォ・トラヴェルソに関しては、これまで『ユダヤ人とドイツ』（法政大学出版局、一九九六年）、『マルクス主義者とユダヤ問題』（人文書院、二〇〇〇年）、『アウシュヴィッツと知識人』（岩波書店、二〇〇二年）と紹介し、本書で四冊目となるが、その間に時は移り、読者諸氏の世代も当然ながら変わった。そこでまずは、このかつては革命的共産主義者同盟ＬＣＲ（二〇〇九年消滅）に属していた急進左翼で、現在はコーネル大学教授のエンツォ・トラヴェルソのプロフィールを簡単に紹介しておこう。


一九五七年、イタリア、ピエモンテ州ガヴィで生まれ、ジェノヴァ大学で現代史を修める。

一九八五―一九八九年、フランス政府給費留学生としてパリに在住。

一九八九年、パリの社会科学高等研究院で社会主義とユダヤ人問題に関する論文で博士号を取得――この時の指導教授はブラジル系フランス人ミシェル・レヴィだが、この社会学者がトラヴェルソに与えた影響は大きく、思想的・学問的にのみならず、後に彼と南米の緊密な関係が生まれてくるのも、この師のお陰である。南米諸国の大学に招聘されるだけでなく、彼の著作はほぼすべてスペイン語に訳されているし、本書でもとくに映画を介して南米の革命が語られている。

次いで、パリの国際現代文献資料館の研究員となり、パリ第八大学や社会科学高等研究院で社会学を講ずる。

一九九五年、アミアンのピカルディ・ジュール・ヴェルヌ大学講師。

二〇〇九年、ピカルディ・ジュール・ヴェルヌ大学教授。
二〇一三年、コーネル大学教授。

その間、ヨーロッパ、とくにドイツ、イタリア、スペイン、ベルギーなどの大学や南米諸国の大学に招聘教授として招かれ、また各地で開催の政治学や社会学のさまざまなセミナーやコロックにも参加して積極的に活動している。またイタリアの『ヴェンテージモ・セコロ』誌の専門家委員会、フランスの『ラ・カンゼーヌ・リテレール』紙や『リーニュ』誌などの編集委員会のメンバー、アドバイザーを務めた。

本書以外の著作も十数編あり、それらすべてが各国語に翻訳されているという。エンツォ・トラヴェルソの専門は現代社会・政治思想史だが、試みにそのキーワードとなるものを挙げてみると、社会主義、マルクス主義、革命思想、ユダヤ人問題、ナチズム、アウシュヴィッツ、ユダヤ系ドイツ知識人（とくにヴァルター・ベンヤミン）、全体主義、戦争と暴力と文化の問題などであろうか。前記の拙訳三つの書名からもそれがうかがえるが。

ところで、トラヴェルソは「カトリック共産主義的 cattocomunista = catho-communiste」家庭で育ったというが、彼によるとこれは、戦後のイタリアではごく一般的な表現で、彼の場合はただ単に「共産主義者の父とカトリックの母の家庭で生まれた」だけのことであるという。それは、イタリアではごく普通のことで、ピエモンテの人口三〇〇〇人ばかりの小さな町ガヴィでも特別なことではなかったともいうが、これには戦後、フランスの場合と同様、レジスタンスの主力を担った共産党の影響力が大きかったことがあると思われる。とくにイタリア共産党は強勢で、一九九一年に左翼民主党に変わるまで、西側諸国では長らく最大の勢力を誇っていたのだから。なお、cattocomunista や cattocomunismo（キリスト教共産主義）は戦後、キリスト教民主主義と共産党が主要な政治勢力であったイタリアで生まれた造語で、現在は廃れているという。

ともあれ、そうした風土で生を受けたエンツォ少年は長じて、いわば「カトリック共産主義的」な精神風土を背景にして先鋭な批判的知識人、思想家となるのである。ここでは、その生の軌跡をたどることはしないが、興味深いのは、トラヴェルソというユニークな知識人が生まれ育ったその風土と環境である。別な著作『炎と血――ヨーロッパの内戦　一九一四～一九四五年』（二〇〇七）で、彼は小さな町ガヴィでどのように自己形成をしたかを「ポスト・メモリー」を媒介にして、かなり詳細に語っている。この「ポスト・メモリー」とは、彼が「幼年時代からその断片を受け取ってきた集団の記憶」であり、「時には矛盾に満ち、伝説に固められているが、年月とともに形をなしてきた」ものである。もちろんそれは、トラヴェルソにとっては経験なき記憶、語られた記憶、つまりは他者の生きた世界の記憶で、まずは共産主義者で戦後市長になる父と教師の母から語り伝えられたものであり、それが時とともに集団の記憶とひと塊の「ポスト・メモリー」となって、エンツォ少年を育んできたのである。以下は、それを基にして、エンツォ・トラヴェルソという独創的な知識人像の生成過程の一端を見ておこう。

さて、彼のポスト・メモリーによると、フランスと国境を接するピエモンテ州南部の小さな町ガヴィは川と城に挟まれ、丘に取り巻かれた、かなり豊かで穏やかな所である。だが第二次世界大戦中は、ドイツ占領軍と武装レジスタンス、パルチザンの跋扈により、じかに害を被っており、中世の古城は軍事要塞に変わり、英米将校捕虜用の監獄になっていた。

一九四三年九月、ファシズムが崩壊すると、ドイツ軍は建物を占拠し、イタリア人戦争捕虜を収監した。一九四三年末から一九四五年春の恐るべき二年間、ガヴィ周辺の渓谷は、イタリア半島、より一般的にはヨーロッパを荒廃させた内戦の縮図になっていた。一九四四年四月、ガヴィは、イタリア全土で行われたあの殺戮作戦の一つである虐殺事件により喪の町と化した。以後も、ガヴィにはユダヤ人はいなかったのでユダヤ人狩りはなかったが、ヨーロッパの戦闘地域の各地で起こったものと全く同様、レジスタンス狩り、パルチザン掃討作戦が行なわれ、とくにこの地域ではリグーリア海岸への連合軍の上陸を恐れて、ドイツ軍の攻勢は熾烈を極めた。英米部隊がポー平原に達すると、すぐにドイツへの道が開かれるからである。捕えられたレジスタン（対独抵抗派）九七名は翌日即座に処刑され、以後も民間人も含めて処刑は一週間続き、四〇〇名の若者がマウトハウゼン強制収容所に送られ、半数以上が戻ってこなかったという。要するに、ピエモンテの渓谷や片田舎でも、戦いは続いたのである。

そのうえ、ガヴィにはドイツ軍だけでなく、連合軍の空爆も戦禍をもたらした。農民の荷車が英米軍戦闘機に機銃掃射を受け、「彼らは路上で動くものは何でも撃ってきた」という。一九四四年末になると、周辺の村落さえ、軍事基地でも工業地帯でもなく、警報も出たことはなかったのに、爆弾の嵐を浴びて、村役場、学校、教会が破壊された。いずことも同じ戦争の惨禍の光景がここピエモンテでも見られたが、ファシズム崩壊後、イタリア半島はドイツ軍占領と連合軍の攻撃を受けるという特殊状況に置かれていた。

そして戦後の風景も、パリで行われた「コラボ女の丸刈り」のような残忍な見せしめ刑こそなかったものの、フランスのどこかの町や村と同じようなものだった。レジスタンやパルチザンの英雄譚が語られる一方で、ドイツ人というだけで殺され、コラボは罰せられ、追放された。もちろん、ずるがしこく巧妙に社会的批判や追及を免れ、頰かむりしていた厚顔無恥な輩も多数いた。なお、「コラボ女の丸刈り」とは、ドイツ人と関係したパリジェンヌの頭髪を刈り、丸坊主にして市中を引き回した刑罰で、中には赤ん坊を抱いたまま引き回されたコラボ女もいた。リッツホテルのスイートルームで暮らしていた、あのココ・シャネルもチャーチルのお陰で間一髪、丸刈りの危機を免れたという。

要するに、ガヴィとその渓谷一帯には「全面戦争と内戦のあらゆる要素」が集中しており、「ドイツ軍の虐殺とイタリア人の共犯。対独協力の複雑な背景。強いられた適応と反抗。殉教者、ヒーロー、残虐行為を伴うレジスタンス。連合軍の無差別爆撃」があったのである。つまり、ここは「今ではとても穏やかだが、かつては旧世界で演じられたドラマのミニチュア劇場」だったというのである。そして、このミニチュア劇場で語られる「第二次世界大戦の時代がサブリミナル効果の物語」世界として、エンツォ少年にひと塊の「ポスト・メモリー」となって立ち現われたのである。

かくして、一九七三年、彼は、一七歳のとき、「革命的」政治組織に加入した。エンツォ・トラヴェルソにとって、最初の「アンガージュマン」であり、活動家少年の始まりである。そして彼は、「極めて若年の活動家として……ヨーロッパ内戦の時代に遡る、党、大衆、戦術、戦略、蜂起、力関係などの政治的範疇の概念と用語集のセットを遺産として譲り受けた」。こうした過去の時代からの堆積物という遺産も一種のポスト・メモリーであろう。以後、トラヴェルソは、ある者にとっては、テロの様相を呈していた一九七〇年代のイタリアで、「時にはパロディー風の形態で経験したにもかかわらず、自らのものでもあった〔政治的・社会的・革命的〕言語と思考様式 habitus の原点」を踏まえつつ、この「ポスト・メモリー」総体を革命的精神の原風景として独創的批判的知識人への道を歩んでゆくことになる。

＊　＊　＊

ところで、本書『左翼のメランコリー』では、一九世紀から連綿として続く、挫折した革命と夢破れたユートピアの流れをたどり、忘却された「記憶」の世界に宿るメランコリーという隠れた伝統を媒介にして、それが左翼文化や思想にどう影響しているかを分析考察し、さらに、勝利が「敗北の土壌に花咲く」（ローザ・ルクセンブルク）ことを夢みつつ、記憶の喪の作業を通して「敗北を歴史化」し、いかにしたらこの敗北のメランコリーが創造的なユートピア的メランコリーに転換し、明日へのユートピア的世界を生み出す革命的エネルギーの創出へとつながるかを問い直そうとしている。

そこでは、フランス革命以降、一八四八年（二月／三月革命）、パリ・コミューン、スパルタクスの乱、ワルシャワ・ゲットー蜂起、チェ・ゲバラのゲリラ闘争などの敗北した革命が多く語られているが、留意すべきはヨーロッパだけではなく、ラテンアメリカを中心とした、いわゆる第三世界の革命も種々取り上げられていることである。しかも革命思想とその文化を語る際に、この敗北のメランコリーが思想文学のみならず、絵画、映画という視覚芸術分野に「思想の形象」、左翼のメランコリーのアレゴリーとしてどう表れているかを探っている。それは、トラヴェルソが「左翼文化の概念は理論と経験、思想と感情、情熱とユートピアの総体をカバーする」という観点に立脚しているからである。とくに映画は、エイゼンシュテイン、イタリアのヴィスコンティ、ロッセリーニ、デ・シーカなどのネオレアリズモから、テオ・アンゲロプロス、ナンニ・モレッティ、ジッロ・ポンテコルヴォ、クリス・マルケル、ケン・ローチや南米のパトリシオ・グスマン、カルメン・カスティーリョなどに至る、多彩な現代の監督のものまで幅広く検討、吟味している。これは本書の興味深いユニークな特色であろう。

なお最後になるが、本書の題名『左翼のメランコリー』はヴァルター・ベンヤミンから借用したものというが、そのドイツ語原語Linke Melancolieの邦訳は「左翼メランコリー」であり（野村・高原編訳『暴力批判論』、ヴァルター・ベンヤミン著作集1、浅井健二郎編訳『批評の瞬間』、ベンヤミン・コレクション4）、また英語版もLeft-Wing Melancholiaとある。拙訳では「左翼のメランコリー」としたが、何かしら微妙なニュアンスの違いがあるかもしれない。

またもうひとつ触れておくべきは、本書の原注には夥しい数の参考文献がフランス語以外に、イタリア語、ドイツ語、英語、スペイン語など原語のまま引かれており、書名はともかく、人名の読み、発音はあまりに複雑多様で、困惑させられたことである。訳者としては、可能な限り調べたつもりだが、それでも不確かなものがあり、これはあらかじめ読者諸氏にはお断りしておき、ご教示、ご指摘を仰がねばならないと思う次第である。

なお、本書の刊行に際しては、法政大学出版局の郷間雅俊、高橋浩貴の両氏、とくに高橋浩貴氏には諸事万端お世話いただいた。ここに記してお礼を申し上げておきたい。

二〇一七年晩秋　　宇京賴三

人名索引

ア行

アーレント，ハンナ　8, 9, 190, 191, 211, 241, 273, 275
アウグストゥス　100
アガンベン，ジョルジョ　17, 22, 108, 243, 244, 251, 260, 279
アジェンデ，サルバドール　54, 55, 144, 150, 249, 250
アシュカル，ジルベール　176
アスマン，アライダ　80
アドルノ，テーオドア・W.　21, 22, 36, 180, 181, 183, 185, 186, 209, 224, 235, 236, 244, 246, 272, 281
アバンスール，ミゲル　38, 246
アブド・エル・カデル　167, 172
アメリー，ジャン　72, 73, 253
アリ，タリク　19, 243
アリ・ラ・ポワント　124
アルテュセール，ルイ　132
アルトーグ，フランソワ　17, 242, 259
アルブバックス，モーリス　78
アレン，ジム　139
アンゲロプロス，テオ　104, 105, 128, 129, 152
アンダーソン，ベネディクト　177, 271
アンダーソン，ペリー　41, 61, 183, 194, 196, 242, 247, 251, 255, 256, 268, 272, 273
アンデルス，ギュンター　20
イーグルトン，テリー　208, 247, 275, 278
イヴェンス，ヨリス　139
イェルシャルミ，ヨセフ・ハイーム　30, 80, 245, 254
ヴァールブルク，アビ　58-60
ヴァイス，ペーター　20
ベンヤミン，ヴァルター　5, 7-10, 17, 34, 36-38, 53, 64-68, 100, 128, 181, 182, 185, 187, 189, 191-193, 202, 204, 206-211, 213-219, 221-227, 229-232, 241, 242, 245, 246, 249-253, 259, 260, 263, 272-280
ヴァレス，ジュール　44, 49, 248
ヴィスコンティ，ルキノ　111-116, 120, 261
ウィリアムズ，エリック　184, 272
ウィリアムズ，レイモンド　71, 74, 253
ウェーバー，マックス　18, 175, 181
ヴェベール，アンリ　202, 255, 274
ヴェルガ，ジョヴァンニ　113-115, 261
ヴェルディ　175

ヴォルフ，クリスタ　11, 241
ウッド，サム　139
エイゼンシュテイン，セルゲイ　12, 105, 106, 128, 130, 133-136, 151, 236, 237
エーラー，ドルフ　46, 248
エリアス，ノルベルト　17, 242
エリオット，T. S.　129
エルツ，ロベール　63, 251
エンゲルス，フリードリヒ　23, 84, 85, 101, 158, 160, 166, 167, 172, 173, 248, 256, 266-268, 270, 280
エンリケス，ミゲル　137, 144, 146, 149, 152, 265
オヴェルネ，ピエール　137
オーウェル，ジョージ　108, 142-144, 152, 265
オスターハメル，ユルゲン　171, 266, 269
オスマン，ジョルジュ　46

カ行

ガーランド，ヘニー　188
カイテル，ハーヴェイ　129
カウツキー，カール　161, 202
カスティーリョ，カルメン　144, 145, 147-150, 152, 265
カストロ，フィデル　131
カフカ，フランツ　9, 259
カラインドルー，エレニ　129
カラヴァン，ダニ　189
カラパッチオ，ヴィットーレ　56
ガルシア，アルバーロ　102
カルドーソ，フェルナンド　29, 30
ガルトン，フランシス　172
カント　172
カントロヴィッツ，エルンスト　69, 253
カンパネラ，トマソ　55, 89
キェシロフスキ，クシシュトフ　13
ギゾー，フランソワ　33, 36, 246
キャパ，ロバート　144, 265
キャロル，ルイス　264
ギリー，アドルフォ　178
ギロイ，トム　142
ギンズブルグ，カルロ　131, 257, 263, 264
グーハ，ラナジット　34, 162, 246, 267
クールベ，ギュスターヴ　7, 46-49
クストリッツァ，エミール　108
グスマン，パトリシオ　150-153, 266
グッディ，ジャック　169
グットゥーゾ，レナート　69, 70, 116, 117
クラカウアー，ジークフリート　32, 66, 67, 135, 245, 251, 252, 264
グラムシ，アントニオ　9, 69, 75, 85, 115, 116, 183, 185, 198, 204, 232, 254, 256, 261, 274
クランジュ，フュステル・ド　34, 65, 214, 218, 219
クリバンスキー，レイモンド　30, 245, 250
クリンプ，ダグラス　24, 25, 244
クロポトキン，ピエール　45
クロン，ヤツェック　13
ケイル，ポリーン　120, 262

ケストナー，エーリヒ　65, 66
ゲバラ　10, 53, 54, 56, 58, 71, 121, 122, 125, 132, 137, 152, 232
ゲルマン，アレクセイ　107, 108
コゼレック，ラインハルト　16, 17, 33-35, 242, 245
コゾラポフ，アレクサンドル　104
コッホ，ピエトロ　112
ゴビノー，アルテュール　172
コルヴィッツ，ケーテ　56, 57
コルシュ，カール　185
コルテス，エルナン　29
コルテス，ドノソ　35
ゴルドマン，リュシアン　60, 75, 232, 251, 253, 254, 280
コロンブス，クリストファー　162
コント，オーギュスト　202, 220

サ行

サイード，エドワード　120, 125, 126, 175, 199, 262, 270, 272
ザクスル，フリッツ　30, 60, 245, 250
ザスーリチ，ヴェーラ　160
サッチャー，マーガレット　140
ザッパティーニ，チェーザレ　112
サパタ，エミリアーノ　101, 152, 213
サミュエル，ラファエル　78, 84, 254, 256
サルトル，ジャン＝ポール　20, 69, 199, 243
サン・シモン　89
サン・ジュスト　231, 232
サンディーノ，アウグスト・セサル　100, 152
ジェームズ，C. L. R.　10, 177, 179-181, 183-186, 271, 272
ジゲルボイム，ザムエル　52, 53, 249
ジジェク，スラヴォイ　74, 242, 251, 253
シニョレ，シモーニュ　136
ジャクソン，ジョージ　137
シャトーブリアン　30, 31, 245
ジャンヌ・ダルク　195, 200
ジュダーノフ　118
シュミット，カール　34, 35, 226, 246, 279
ジョーゲガン，ヴィンセント　96, 258
ショーレム，ゲルショム　190, 222, 223, 227, 229, 252, 259, 260, 273, 275, 278, 280
ジリー，アドルフォ　82, 256, 271
スターリン，ヨシフ　108, 194
スピノザ，バルフ　227
スミス，アダム　168
セゼール，エメ　20, 184, 243
セニョボス，シャルル　214, 218
セルカス，ハビエ　139, 265
セルジュ，ヴィクトル　83, 256
ソクーロフ，アレクサンドル　107-109
ゾラ　43
ソリナス，フランコ　120
ソレル，ジョルジュ　232

タ行

ダ・ヴォルペード，ペリッツァ　84, 116
ダ・コスタ，ウリエル　227
ダーウィン，チャールズ　161, 203
タヴィアーニ，ヴィットリオ　69, 118, 119, 121, 261
タヴィアーニ，パオロ　69, 118, 119, 121
タトリン，ウラディミール　86, 87, 102, 103, 257
ダルトン，ロック　137
チャクラバーティ，ディペシュ　179, 271
チャップリン，チャーリー　9
チョムスキー，ノーム　20, 199
ツヴァイク，シュテファン　30
ツェラーン，パウル　153, 154, 266
デ・キリコ，ジョルジオ　61
デ・サンティス，ジュゼッペ　113, 260
デ・シーカ，ヴィットリオ　112
デ・ルカ，エルリ　23, 24, 244
デイヴィス，アンジェラ　69
デイヴィス，ナタリー・ゼモン　110, 260, 262
デイヴィス，マイク　171, 269
ディディエ＝ユベールマン，ジョルジュ　236, 281
デカルト　75
デューラー，アルブレヒト　58-61, 67
デュボイス，W. E. B.　179, 184, 185, 272
デュラス，マルグリット　202
デュルケム，エミール　204
デリダ，ジャック　39, 196, 244, 247
ドイチャー，アイザック　20, 82, 98, 227, 249, 255, 259, 279
トゥホルスキー，クルト　65
トックヴィル，アレクシス・ド　31, 34-36, 38, 39, 174, 175, 270
ドネルスマルク，フローリアーン・ヘンケル・フォン　107
ドブレ，レジス　58
トンプソン，エドワード・P.　34, 78, 246, 254
ドラクロワ　46, 47, 116
トリアッティ，パルミーロ　69, 111
トルストイ　118, 261
ドレ，ギュスターヴ　91, 92
トレス，カミロ　152
ドロイゼン，ヨハン・グスタフ　33
トロツキー，レオン　7, 9, 36, 51, 79, 82, 96-98, 183, 204, 222, 232, 249, 254, 255, 258, 277
ナイポール，V. S.　30

ナ行

ナポレオン　31, 172
ナポレオン3世　42
ニーチェ，フリードリヒ　38
ネグリ，アントニオ　196, 247
ノスケ，グスタフ　50
ノラ，ピエール　79, 80, 126-128, 254, 263

ハ行

バーク，エドマンド　23
バーベリ，イサーク　138
ハイネ，ハインリヒ　9, 28, 46
ハウイット，ウィリアム　170
バウマン，ジグムント　13
パスカル　31, 60, 61, 75, 232, 245
パゾリーニ，ピエル・パオロ　69, 70
バック＝モース，スーザン　217, 257, 259, 276, 280
バッハオーフェン　229
バディウ，アラン　196
バトラー，ジュディス　24, 64, 244, 251
パノフスキー，エルヴィン　30, 60, 245, 250
ハベル，バツラフ　13
ハラ，ヴィクトル　137
ハルーテュニアン，ハリー　168, 267, 269
バルガス・リョサ，マリオ　29, 244
パンネクーク，アントン　183
ピカソ　116
ビデラ，ホルヘ　19
ヒトラー　35, 100, 210, 224
ピノチェト　19, 149
ファノン，フランツ　123, 124, 179, 262
フィッツパトリック，シェイラ　161, 257, 267
フィトコ，リーザ　188
フーリエ，シャルル　89, 229
フォイエルバッハ　202
ブニュエル，ルイス　139
フュレ，フランソワ　12, 38, 39, 213, 218, 219, 241, 247, 277
ブライドッチ，ロッシ　15
ブラウン，ウェンディー　16, 63, 242, 251
ブラウン，ジョン　166
フラットレー，ジョナサン　68, 253
ブラトフ，エリック　93
ブランキ，オーギュスト　9, 36-38, 204, 224, 230-232, 246
フランコ　139, 197, 210
ブランド，マーロン　121, 125
ブリューゲル，ピーテル　103
プルースト　95
ブルーメンベルク，ハンス　31, 32, 245
ブルディュユ，ピエール　196
プレオブラジェンスキー，エフゲニー　40, 247
ブレジネフ　93
ブレヒト，ベルトルト　39, 40, 222, 247
フロイト，ジークムント　8, 62-64, 149, 181, 251
ブローデル，フェルナン　212, 275
ブロッホ，エルンスト　16, 18, 42, 94, 95, 153, 229, 233, 243, 258
フロベール　46, 175
フロム，エーリヒ　188
ベイリー，クリストファー　169, 170, 269
ヘーゲル　101, 162, 167, 168, 267
ペギー，シャルル　71, 205, 213,

219, 220, 232, 253, 277
ベッカー，ヴォルフガング　107
ベック，アントワーヌ・ド　109, 260
ベッヒャー，ヨハネス・R.　103, 259
ベリオ，ルチアーノ　130
ヘリング，クリストフ　208, 275
ベルクソン，アンリ　78
ヘルツェン，アレクサンドル　28, 46
ベルリンゲル，エンリコ　69, 125
ベン・アリ　14
ベンサイド，ダニエル　3, 8, 71, 148, 193-200, 202-208, 210-213, 218-223, 225-228, 230-233, 244, 253, 255, 266, 268, 273-280
ボードレール　46, 230-232, 248
ボグダーノフ，アレクサンドル　98, 258
ホッブズボーム，エリック・J.　38, 39, 83, 246, 247, 256
ポメランツ，ケネス　169, 269
ポラニー，カール　171, 269
ボリバール，シモン　101, 152, 172
ポル・ポト　186
ホルクハイマー，マックス　183, 209, 216, 272
ホワイト，ヘイデン　109, 260
ポンテコルヴォ，ジッロ　120, 121, 123-126, 151, 262

マ行

マイヤー，ハンス　103, 259
マインホーフ，ウルリーケ　137
マグリ，ルーチョ　40, 41, 247
マスプロ，フランソワ　130
マティエ，アルベール　82, 255
マラルメ　231
マリゲーラ，カルロス　137
マリネッティ　181
マルクーゼ，ヘルベルト　20, 94, 95, 180, 182, 223, 258, 272, 278
マルクス，カール　5, 7, 23, 24, 28, 34-36, 39, 42, 43, 45, 51, 53, 77, 80, 82, 84, 91-95, 156-182, 184, 201-205, 211, 221, 230, 241, 247, 248, 255-257, 266-271, 277, 280
マルケス，エヴァリスト　121, 125
マルケル，クリス　130-138, 150, 152, 263, 264
マルティ，ファラブンド　101
マルティ，ホセ　177
マルロー，アンドレ　139
マンテーニャ，アンドレーア　56, 57
マンデル，エルネスト　211, 221, 243
ミシェル，ルイーズ　9, 45, 49, 248
ミシュレ　213
ミッチャーリヒ，アレクサンダー　29, 244
ミッチャーリヒ，マルガレーテ　29, 244
ミラネス，パブロ　55, 250
ミル，ジョン・ステュアート　168, 174, 270
ムッソリーニ　100
ムバラク　14

メストル，ジョゼフ・ド　35
メドヴェトキン，アレクサンドル　138
メルヴィル，ハーマン　9, 180
モア，トーマス　89
モーガン，ルイス・ヘンリー　174
モーゼス，ステファーヌ　227, 230, 279, 280
モラレス，エボ　101, 102
モリコーネ，エンニオ　121
モリス，ウィリアム　45, 140, 265
モレッティ，ナンニ　109
モンタルディ，ダニーロ　78, 254
モンテスキュー　168

ヤ行

ヤファン，ボリス　90, 91
ヤング，ロバート　183, 267, 271, 272
ユオン，コンスタンティン　89

ラ行

ラザール，ベルナール　9
ラシーヌ　60, 61, 75
ラス・カサス，バルトロメ・デ　182
ランケ，レオポルド　65, 110
ランズマン，クロード　80
ランデス，デイヴィッド　169
ランツィガー，フーベルト　100
リーグル，アロイス　61, 251
リサール，ホセ　177
リベーラ，ディエーゴ　93, 94
リンカーン　166
ルイ・フィリップ　33
ルヴェルテュール，トゥッサン　122
ルクセンブルク，ローザ　9, 49-52, 183, 232, 249
ルクリュ，エリゼ　45
ルクレティウス　31, 245
ルソー　172
ルナン，エルネスト　220
レヴィ，ベルナール＝アンリ　199
レヴィ，ミシェル　208, 242, 249, 254, 257, 268, 271, 272, 275, 278, 280
レーヴィ，プリーモ　72, 73, 80, 149, 253, 255
レーヴィ，ジョヴァンニ　131
レーニン　36, 69, 89, 104, 105, 108, 129, 183
ローチ，ケン　138-144, 149, 152, 265
ロート，ヨーゼフ　30
ロシフ，フレデリック　139
ロスバーグ，マイケル　20, 243
ロダン，オーギュスト　87, 88
ロッセリーニ，ロベルト　112, 120
ロビンソン，セドリック　184, 272
ロンブローゾ　43, 172

《叢書・ウニベルシタス　1074》

左翼のメランコリー

隠された伝統の力　一九世紀～二一世紀

2018年1月25日　初版第1刷発行

エンツォ・トラヴェルソ
宇京頼三 訳

発行所　一般財団法人　法政大学出版局
〒102-0071 東京都千代田区富士見2-17-1
電話 03(5214)5540　振替 00160-6-95814
組版：HUP　印刷：日経印刷　製本：積信堂

Printed in Japan
ISBN978-4-588-01074-3

著　者
エンツォ・トラヴェルソ（Enzo Traverso）
1957年、イタリアのガヴィに生まれ、ジェノヴァ大学で現代史を修める。1985–89年、フランス政府給費留学生としてパリに滞在。パリの社会科学高等研究院で、ミシェル・レヴィ教授の指導の下に、社会主義とユダヤ人問題に関する論文で博士号を取得。ナンテール－パリ第10大学の国際現代文献資料館研究員となり、サン・ドゥニ－パリ第8大学や社会科学高等研究院で社会学を講ずる。ピカルディ・ジュール・ヴェルヌ大学教授を経て、現在コーネル大学教授。フランス語で著書論文を発表し、各種の新聞・雑誌に寄稿している。日本語訳に『ユダヤ人とドイツ』（宇京頼三訳、法政大学出版局）、『マルクス主義者とユダヤ問題』（宇京訳、人文書院）、『アウシュヴィッツと知識人』（宇京訳、岩波書店）、『全体主義』（柱本元彦訳、平凡社新書）がある。

訳　者
宇京頼三（うきょう・らいぞう）
1945年生まれ。三重大学名誉教授。フランス文学・独仏文化論。著書に、『フランス－アメリカ――この〈危険な関係〉』（三元社）、『ストラスブール――ヨーロッパ文明の十字路』（未知谷）、『異形の精神――アンドレ・スュアレス評伝』（岩波書店）、『仏独関係千年紀――ヨーロッパ建設への道』（法政大学出版局）、訳書に、トラヴェルソ『ユダヤ人とドイツ』（法政大学出版局）、同『マルクス主義者とユダヤ問題』（人文書院）、同『アウシュヴィッツと知識人』（岩波書店）、オッフェ『アルザス文化論』（みすず書房）、同『パリ人論』（未知谷）、ルフォール『余分な人間』（未來社）、同『エクリール』（法政大学出版局）、フィリップス『アイデンティティの危機』（三元社）、同『アルザスの言語戦争』（白水社）、カストリアディス『迷宮の岐路』（法政大学出版局）、同『細分化された世界』（法政大学出版局）、ロレーヌ『フランスのなかのドイツ人』（未來社）、バンダ『知識人の裏切り』（未來社）、トドロフ『極限に面して』（法政大学出版局）、アンテルム『人類』（未來社）、センプルン『ブーヘンヴァルトの日曜日』（紀伊國屋書店）、オルフ＝ナータン編『第三帝国下の科学』（法政大学出版局）、フェリシアーノ『ナチの絵画略奪作戦』（平凡社）、リグロ『戦時下のアルザス・ロレーヌ』（白水社）、ソゼー『ベルリンに帰る』（毎日新聞社）、ファーブル＝ヴァサス『豚の文化史』（柏書房）、ブラック『IBMとホロコースト』（柏書房）、ボードリヤール／モラン『ハイパーテロルとグローバリゼーション』（岩波書店）、クローデル『大恐慌のアメリカ』（法政大学出版局）、ミシュレ『ダッハウ強制収容所自由通り』（未來社）がある。